제2판

아동연구방법론

전경원 · 김누리

창지사

| 머리말 |

본서는 학생이 아동연구를 좀 더 쉽게 이해하고, 연구를 수행할 수 있는 교과서의 필요성을 절감하여 집필하게 되었습니다. 기존의 교과서들은 이론을 소개하는 정도에 그쳐 학생이 제대로 활용하고 있지 못하고 있어 이런 한계점을 극복하고자 본서를 준비하게 되었습니다. 예컨대, 연구 방법과 관련된 교과서는 공통적으로 신뢰도나 타당도를 소개하기는 하지만, 대부분 신뢰도의 개념이나 타당도의 정의만을 소개하고 있기 때문에 단순히 그 내용을 암기하여 좋은 시험 성적을 얻는 데 그치고 만다는 한계점이 있습니다. 신뢰도나 타당도의 개념을 정확하게 이해하려면 이와 관련된 구체적인 예를 이해하고, 기회가 된다면 한 번쯤은 실제로 그런 경험을 할 수 있는 기회를 제공하는 것이 산교육이라고 생각했습니다. 그래서 아동연구 방법 책이 속의 지식이 아니라 현장에서 연구할 때 사용할 수 있는 실용적인 지식으로 전달되었으면 하는 바람으로 본서를 준비하게 되었습니다.

아동을 연구하는 분들에게는 능동적인 '관찰력'이 제일 중요합니다. 아동을 연구하기 위해서는 무엇보다도 세심한 관찰을 해야 합니다. 질적 연구는 물론 양적 연구에서도 연구의 기본은 '관찰'에서 시작합니다. 그런데 요즘 대학생은 점점 더 관찰력이 저하되고 있기 때문에 연구를 하려면 '관찰'을 할 수 있는 교육을 받아야 합니다. 관찰력이 뛰어나야 연구에 대한 통찰력과 창의적인 영감을 가지게 됩니다. 관찰은 비단 연구뿐만 아니라 모든 분야에서 가장 기본이 되므로 학부학생은 물론 석·박사 과정의 학생도 제대로 된 연구를 하기 위해서는 관찰하는 능력을 발달시켜야 합니다.

애니메이션 '토이스토리', '니모를 찾아서' 등으로 잘 알려진 영화제작사 '픽사'에서는 영업직원에게까지도 데생교육을 시키는데, 그 이유가 사물을 유심히 관찰하는 과정을 거쳐서 습관이 되면 직원 모두 통찰력과 영감을 가지게 때문이라고 합니다. 예일대학교 의과대학에서는 레지던트 학생의 관찰력과 진단능력이 추락한다는 판단을 내리고, 미래의 의사에게 미술관에서 그림을 관찰하고 세세한 부분을 분석해서 작품 안에 담긴 의미를 찾아내라 요구했습니다. 이 과정에서 학생은 미대 교수와의 격의 없는 대화를 통해 사물을 충실히 관찰하는 방법을 배웠습니다. 그 결과 학생의 관찰력과 진단능력이 눈에 띄게 향상되어, 미술작품 감상 수업이 필수 과목이 되었고, 그 이후 20여 개 의과대학에서 이 훈련법을 받아들였습니다. 이와 같이 관찰력은 영화제작사나 의과대학에서 뿐만 아니라 아동을 연구하는 학문 분야에서도 가장 중요합니다.

관찰력 다음으로 중요한 것은 연구자의 '창의력'입니다. 연구할 때 가장 먼저 고려해야 할 것은 독창적인 연구 주제를 찾는 일입니다. 그 전에 다뤄지지 않았던 연구 주제를 찾고, 연구 문제를 찾는 일이 가장 중요한 일입니다. 아동연구 분야에 기여할 수 있는 참신한 연구 주제를 찾을 수 있도록 연구자 자신의 상상력을 최대한 발휘하여 창의적인 사고를 하기를 바랍니다.

본서의 저자 전경원과 김누리는 학부와 대학원에서 아동연구를 강의하면서 학생이 원하는 아동연구의 책에 관한 설문 내용을 토대로 하여, 실제 현장에서 이용 가능하고, 흥미 있는 내용으로 구성하고자 노력했습니다. 특히 학생들의 요구 사항을 최대한 반영하여 전체 17장과 부록으로 구성했습니다. 1장은 아동연구의 기초가 되는 내용으로, 유아 · 아동의 개념, 아동연구의 역사, 아동연구의 필요성을, 2장은 연구의 유형, 3장은 연구의 일반적 과정, 4장은 정의·개념·변인, 5장은 연구 문제와 가설, 6장은 연구계획서, 7장은 문헌 고찰, 8장은 연구대상, 9장은 검사, 10장은 신뢰도와 타당도, 11장은 실험 연구, 12장은 조사 연구, 13장은 상관 연구와 발달 연구, 14장은 질적 연구, 15장은 관찰 연구, 16장은 연구 결과 분석 및 해석, 17장은 연구보고서 작성 및 표현 양식을 다루고 있습니다. 16장에서 소개하는 통계의 기초는 통계와 관련된 서적에서 접할 수 있는 내용이므로, 기본적인 통계만 다뤘습니다. 특히 제2판에서는 17장 연구보고서 작성 및 표현 양식 내용에 최근의 연구물 탐색 방법을 추가하였습니다.

본서는 한 학기(15주 또는 16주)를 고려하여 한 주에 한두 장씩의 내용이 다뤄질 것으로 생각하여 집필하였습니다. 본서는 학부와 대학원 수준에서 아동연구 절차, 연구계획서 작성, 다양한 연구 유형을 이해하기 쉽도록 씌어졌으므로, 학부생이나 대학원

생의 연구계획서나 논문을 작성하는 데 도움이 되리라 생각합니다. 각자의 연구 방법에 따라 연구 절차가 다르겠지만 다양한 내용의 연구 방법을 알고 있으면 다양한 형태의 연구를 수행할 수 있으므로, 이 책에 소개된 내용을 기본적으로 알아두면 양적 연구는 무난하게 수행할 수 있으리라 생각합니다.

미래의 교사에게는 아동연구가 필수적입니다. 석사나 박사 논문을 쓰기 위해서 뿐만 아니라 자질 있는 교사로서 아동연구가 필요합니다. 단지 아동을 가르치는 것뿐만 아니라 아동의 문제를 해결해 나가는 방법까지 연구해 나가는 역량 있는 교사가 되기 위해서입니다. 그러므로 아동연구를 어렵게 생각하지 말고 아동이 궁금한 것에 대해 해결책을 찾아나가는 프로젝트 접근과 같은 것이라 생각하고 흥미롭게 접근해 보도록 노력해야 합니다.

본서는 아동의 행복한 삶을 위해 준비되었고, 독자들의 관심 속에 제2판을 선보이게 되었습니다. 아동연구의 축적된 결과는 다양한 학문 분야에 도움을 주게 되고, 이러한 도움이 아동의 복리 증진으로 귀결된다고 봅니다. 아무쪼록 본서를 학습한 이후에 학습자 본인과 아동 모두가 행복하기를 바랍니다.

미래를 내다보는 혜안으로 좋은 아이디어를 제공해 주시는 나기영 부대표님과 창의적으로 책을 편집하고 디자인해 주신 창지사 편집부 여러분께 감사드립니다. 끝으로, 독자 여러분께서 본서에 대해 조언을 해 주시면(email : 전경원 jeonkw333@naver.com, 김누리 edunooree@mmu.ac.kr), 개정판에 참고하도록 하겠으니 많은 연락 주시기를 바랍니다.

2020년 2월

저자 전경원 · 김누리

| 차 례 |

▣ 머리말 / 3

Chapter 1 아동연구의 개념

1. 아동과 연구의 개념 ······17
2. 아동연구의 필요성 ······19
3. 아동연구의 역사 ······21
   1) 고대(기원전~4세기) / 21
   2) 중세(4~17세기) / 21
   3) 근대(18~19세기) / 22
   4) 현대(20세기) / 23
4. 아동연구의 제한점 ······24
   1) 윤리적 기준 / 26
   2) 연구자가 고려해야 할 문제 / 26
5. 아동에 관한 윤리적 문제 ······27
   1) 비밀 보장 / 27
   2) 연구 참여를 위한 사전 동의 / 27
   3) 심신 상해 문제 / 27

Chapter 2 연구의 유형

1. 양적 연구(Quantitative Research) ······32
   1) 실험 연구 / 32
   2) 비실험 연구 / 33
2. 질적 연구(Qualitative Research) ······34
   1) 질적 연구의 역사 / 34
   2) 질적 연구의 향상 / 35
   3) 질적 연구의 유형 / 35
3. 양적 연구와 질적 연구의 차이 ······37

Chapter 3 연구의 일반적 과정

1. 문제 발견 ······ 42
2. 문헌 고찰 ······ 42
3. 연구 문제 및 가설설정 ······ 42
4. 연구 설계 ······ 43
5. 측정 도구 선택 및 제작 ······ 43
6. 연구 대상 선정 ······ 44
7. 자료수집 ······ 44
8. 자료분석 ······ 44
9. 연구 결과 평가 ······ 45
10. 결과 보고 ······ 45

Chapter 4 정의·개념·변인

1. 개념과 구성 개념 ······ 49
2. 정의(Definition)와 조작적 정의(Operational Definition) ······ 51
3. 변인(Variable) ······ 51
   1) 독립변인과 종속변인 / 52
   2) 연속적 변인과 비연속적 변인 / 53
   3) 양적 변인과 질적 변인 / 53
4. 척도 ······ 53
   1) 명명 척도 / 54
   2) 서열 척도 / 54
   3) 동간 척도 / 54
   4) 비율 척도 / 55

Chapter 5 연구 문제와 가설

1. 연구 문제 ········· 59
1) 연구 주제 / 59
2) 연구 제목 / 60
3) 연구 문제 / 61
2. 연구 문제 진술 ········· 61
1) 연구 문제 선정 기준 / 63
2) 연구 문제의 원천 / 67
3. 가설 ········· 68
1) 가설의 유형 / 68
2) 가설의 진술 방식 / 71

Chapter 6 연구계획서

1. 연구계획서의 중요성 및 기능 ········· 75
2. 연구계획서의 작성 기준 ········· 76
3. 연구계획서 양식 ········· 77
4. 연구계획서 작성 방법 ········· 80
1) 서론 / 80
2) 이론적 배경 / 82
3) 연구 방법 / 82
4) 기대되는 결과 / 85
5) 연구 일정 및 예산 / 85
6) 참고 문헌 / 87

Chapter 7 문헌 고찰

1. 자료 검색 92
1) 도서관 이용 / 92
2) 인터넷 자료원 이용 / 92
2. 관계 문헌 연구 95
1) 문헌 연구의 중요성 / 96
2) 문헌 연구 자료의 유형 / 98
3) 문헌 연구의 절차 / 100

Chapter 8 연구 대상

1. 전집과 표집 105
2. 표집 방법 106
1) 확률적 표집(Probability Sampling) / 107
2) 비확률적 표집 / 111
3) 표집의 크기 / 112

Chapter 9 검 사

1. 표준화 심리검사 115
2. 규준 및 표준점수 117
1) 규준 / 117
2) 규준 집단 / 117
3) 백분위 점수 / 118
4) Z점수 및 T점수 / 118
5) 정상분포 / 118

3. 검사의 선정 119
1) 검사의 전반적인 측면 / 120
2) 검사 특성과 목적에 관한 측면 / 120
3) 검사의 실용적 측면 / 120
4) 검사의 기술적 측면 / 120
4. 아동용 심리검사 121
1) 심리검사 장소 / 122
2) 검사자가 유의해야 할 아동의 특성 / 122
3) 아동용 검사의 종류 / 125
5. 아동용 표준화 검사 사용의 지침 137

Chapter 10 신뢰도와 타당도

1. 신뢰도 141
1) 재검사 신뢰도(Test-Retest Reliability) / 142
2) 동형 검사 신뢰도(Alternate Form Reliability) / 143
3) 반분 신뢰도(Split-Half Reliability) / 143
4) 문항 내적 합치도(Inter-Item Consistency) / 144
2. 타당도(Validity) 145
1) 내용타당도 / 146
2) 준거타당도 / 147
3) 구인타당도 / 148
3. 객관도 149
4. 실용성 150

Chapter 11 실험 연구

1. 실험 연구의 내적·외적 타당성 153
1) 내적 타당도 / 154
2) 외적 타당도 / 157

2. 준실험 설계 ······159
1) 단일 집단 설계(One Group Design) / 159
2) 두 집단 설계(Two-Group Design) / 161
3. 진실험 설계 ······163
1) 전후 검사 통제 집단 설계(Pretest-Posttest Control Group Design) / 163
2) 사후 검사 통제 집단 설계(Posttest-Only Control Group Design) / 164
3) 솔로몬 4집단 설계(Solomon Four-Group Design) / 164
4. 실험 연구 대상 선정 ······165
1) 무선 할당 / 165
2) 무선 할당의 방법 / 165

Chapter 12 조사 연구

1. 질문지법 ······170
1) 질문지 문항의 종류 / 171
2) 질문지 작성 요령 / 175
3) 질문지법의 장·단점 / 176
4) 회수율 / 177
2. 면접법 ······178
1) 면접의 유형 / 178
2) 면접법의 장단점 / 180
3) 면접 준비 사항 / 180

Chapter 13 상관 연구와 발달 연구

1. 상관 연구 ······185
1) 상관 연구의 목적 / 186
2) 상관의 크기와 방향 / 186
3) 상관 계수의 종류 / 187
4) 유의점 / 188
2. 발달 연구 ······189
1) 발달 연구의 종류 / 189

Chapter 14 질적 연구

1. 사례 연구의 정의 ···196
1) 부정적 사례 / 197
2) 긍정적 사례 / 197
2. 사례 연구의 방법 ···198
1) 자료수집의 준비 / 198
3. 사례 연구를 위해 수집될 각종 자료원 ···200
1) 각종 문서(Documents) / 200
2) 정리 보관된 기록물(Archival Records) / 200
3) 면접(Interview) / 201
4) 직접 관찰법(Direct Observation) / 201
5) 참여 관찰(Participant Observation) / 201
6) 물질적 인공물(Physical Artifacts) / 201
4. 자료수집의 기준 (Yin, 1981, 1984) ···202
1) 다양한 자료원을 이용하는 것 / 202
2) 사례 연구를 위한 데이터베이스를 구축하는 것 / 202
3) 자료의 상호 연계를 구축하는 것 / 202
5. 질적 연구와 아동사례 연구의 예 ···203
1) 한진주·윤재희(2015)의 유아들의 또래문화에 대한 질적 연구 / 203
2) 정혜윤과 이경화(2019)의 수학적 모델링 활동에서의 집단 창의성 발현 사례연구 : 수학적 표현과 모델 도출 활동을 중심으로 / 204
6. 사례 연구의 제한점 ···205
7. 바람직한 사례 연구의 기본 조건 ···207

Chapter 15 관찰 연구

1. 관찰법의 분류 ···212
1) 자연적 관찰 / 212
2) 통제적 관찰 / 213

2. 관찰 기록의 유형 ······ 214
1) 일화 기록 / 214
2) 시간 표집 / 216
3) 사건 표집 / 219
4) 평정법 / 222
3. 관찰의 오류 ······ 222
1) 후광 효과 / 223
2) 중심화 현상 / 223
3) 엄격화 경향과 관대화 경향 / 223
4) 관찰의 오류 해결 방안 / 224
4. 관찰자 간 신뢰도 ······ 225

Chapter 16 연구 결과 분석 및 해석

1. 통계의 개념 ······ 229
2. 통계의 종류 ······ 229
3. 변수 ······ 230
1) 인과관계에 의한 변수 구분 / 231
2) 특성에 의한 변수 구분 / 231
4. 오류와 유의수준 ······ 233
1) 1종 오류와 2종 오류 / 233
2) 유의수준 설정과 해석 / 234
5. 연구 목적에 따른 통계 방법 ······ 234
1) 집단비교를 위한 통계 방법 / 234
2) z검정 / 235
3) t검정 / 237
4) 분산분석 / 239
5) 다변량분산분석 / 240
6) χ^2검정 / 241

Chapter 17 연구보고서 작성 및 표현 양식

1. 연구보고서의 체제 ······246
2. 본문 부분의 구성 ······248
1) 서론 / 248
2) 이론적 배경과 관계 문헌의 고찰 / 249
3) 연구 방법 / 250
4) 결과 및 논의 / 252
5) 요약 및 결론 / 255
3. 참고 부분 ······256
1) 참고 문헌 / 256
2) 부록 / 256
4. 연구논문의 표현양식 ······257
1) 인용문 작성 요령 / 257
2) 참고 문헌 작성 요령 / 262
3) 참고 문헌 표기의 실례 / 266

▣ 부 록 ······273
1. 다양한 연구논문 기사의 예 ······275
2. 아동관련 학회지 논문 투고 규정 ······281

▣ 참고 문헌 / 304
▣ 찾아보기 / 310

CHAPTER

1 아동연구의 개념

학습 목표

연구란 과학적 방법에 의해 이루어지는 것을 의미하므로, 가만히 있다가 발견한 사실은 연구라고 하지 않는다. 연구란 증거가 없는 상식을 체계적 · 구체적 · 논리적인 방법으로 증거를 확인하여 이론을 정립하는 작업이다.

아동연구는 아동심리학의 이론 확립에도 기여할 뿐 아니라 사회과학이나 생물과학 분야의 발달에도 실질적인 기여를 한다. 뿐만 아니라 아동과 부모와 교사 및 전문가에게 현상에 기초한 객관적인 정보를 제공해 준다.

아동연구는 고대, 중세, 근대, 현대에 걸쳐 지속적으로 수행되어 왔고, 제1차 세계대전 이후에 본격적으로 연구가 진행되었다. Rockefeller 재단의 후원으로 많은 아동발달연구소가 설립됨으로써 아동에 관한 체계적인 연구가 시작되었다. 또한 국가적인 차원에서의 재정적인 지원은 아동연구의 위치를 확고히 하는 계기가 되었으며, 이를 통해 아동에 관한 종단적인 연구도 진행되었다.

연구 수행에 몰두하여 연구에서 발생할 수 있는 윤리적 문제에 소홀히 해서는 안 된다. 연구자는 언제나 연구에 앞서 이 연구로 인해 연구 대상자에게 심신의 상해, 사생활 침해 및 부정적 영향을 미칠 수 있는 문제 등을 고려해야 하고, 또한 그 연구 결과로 인하여 사회에 미치는 영향에 대해서도 생각해야 한다.

아동연구의 개념

CHAPTER 1

1. 아동과 연구의 개념

『교육학대사전』(1994)에 의하면 "아동이란 넓은 뜻으로 어린이를 의미한다. 즉 신생아나, 유아까지 포함하고 사춘기, 청년기에 도달하기 전까지를 말한다. 그러나 엄격히 말하면 초등학교 시기, 즉 6~12세경 사이를 말하는 것이 원칙이다. 특히 발달 단계를 구분하는 데 그러한 정의를 사용한다."라고 밝히고 있다.

아동의 개념 안에 유아가 포함되며, 유아교육은 초등학교 입학 전까지의 교육을 의미하였으나, 현대에는 학령전기의 교육과 초등학교 입학 후의 교육의 연계성을 갖게 하는 데 목적을 두어 유아 교육의 대상에 대한 개념이 확장되어 초등학교 저학년까지를 유아라 일컫게 되었다. 본 저서에서는 발달단계를 고려하여 초등학교 6학년까지의 아동에 관한 연구의 중요성, 연구 방법, 문제점, 연구 동향 등을 다루고자 한다.

『교육학용어사전』(1994)에 의하면 "연구란 문제를 명백히 하거나 해결하기 위하여 여러 가지 방법을 사용하는 조심성 있고 비판적인 학문적 탐색을 말하며, 크게 문헌 연구와 관찰 연구로 나누어진다."라고 되어 있다. 또한 '연구와 개발'이라고 할 때의 '연구'는 주로 실험 연구(experimental research)나 기술적 연구(descriptive research)인 관찰을 의미한다. 이러한 관찰 연구에 의하여 찾아진 원리나 방법을 일선 학교나 산업체에서 이용할 수 있도록 보급하는 노력을 '개발'이라고 할 수 있다.

만 4, 5세 아동에게 '연구'란 무엇인가 물어보았더니 아동은 무엇인가 잘 만드는 것, 성공하는 것, 실패하는 것, 고치는 것이 연구라고 대답했다. 또한 구체적으로 이름표를 만드는 방법을 생각해 내는 것, 피아노를 더 잘 칠 수 있는 방법을 생각해 내는 것, 발명하는 것, 책을 읽는 것 등이라고 생각했다.

사전적 의미나 아동들의 연구에 대한 개념은 공통적으로 어떤 문제를 해결하기 위해 더 나은 방법을 찾는 것이라고 볼 수 있다. 그런데 연구자가 사용하는 '연구'란 좀 더 과학적인 탐색 방법을 사용하는 문제 해결을 의미하고, 아동은 나름대로 과거의 경험과 지식을 토대로 하여 상식 수준에서 비과학적인 방법을 사용하여 문제 해결 방법을 찾게 되는 것이다. 그러므로 아동이 생각하는 연구의 의미는 진정한 의미의 연구(research)라고 보기는 어렵다.

'연구'란 인간과 자연을 둘러싼 다양한 현상을 이해하는 한 방식이다. 이를 위해 '과학적인 방법'을 사용하여 세계에 대한 지식을 얻고자 하는 탐구 과정이다(김석우, 1997). 즉, 연구란 과학적 방법에 의해 이루어지는 것을 의미하므로, 가만히 있다가 발견한 사실은 연구라고 하지 않는다. 연구란 증거가 없는 상식을 체계적·구체적·논리적인 방법으로 증거를 확인하여 이론을 정립해 주는 작업이다(성태제, 1998).

Macmillan과 Schumacher(1989)도 연구란 어떤 목적을 위해서 정보나 자료를 수집하고 분석하는 체계적인 절차라고 했고, Kerlinger(1986)도 과학적 연구란 가설이나 이론에 의하여 유도된 자연 현상에 대한 체계적이며 경험적인 탐구라고 정의하였다.

2. 아동연구의 필요성

아동에게는 어떤 문제가 있을지 생각해 본다. 예컨대, 편식을 한다거나, 언어 발달이 지연되거나, 친구를 잘 사귀지 못하거나 하는 등의 구체적인 문제를 생각해 본다.

여러분은 아동의 문제를 해결하기 위한 지식을 얻기 위해 무엇에 의존하는가? 특히 과학적 지식이 없을 때 문제를 해결하기 위해 무엇에 의존하는지 토의해 본다.

아동연구는 아동심리학의 이론 확립에도 기여할 뿐 아니라 사회과학이나 생물과학 분야의 발달에도 실질적인 기여를 한다고 볼 수 있다. 이런 연구 분야에서만 기여를 하는 것이 아니라 실제로 아동과 부모와 교사 및 전문가들에게 많은 도움을 준다(이은해, 1985; 임재택, 1990). 아동연구의 필요성은 다음과 같이 5가지로 정리할 수 있다.

(1) 아동의 복지 증진에 도움을 준다.

아동연구는 아동에 대한 문제를 해결하고자 하는 과학적인 활동으로 아동에 대한 이해를 증진시켜 준다. 그러므로 아동에게 좀 더 바람직한 교육 환경과 성장 환경을 제공해 줄 수 있게 되고, 그 결과 아동은 편안하고 창의적인 생활을 할 수 있는 기회를 갖게 된다.

(2) 부모에게 도움을 준다.

아동연구는 아동의 다양한 측면을 과학적으로 연구하는 것이다. 문제 청소년의 비행 행동은 아동기에 잘못된 가정교육에서 시작된 것으로, 부모가 아동의 발달적인 특성을 잘 모르고 양육하였기 때문에 이러한 문제가 된 예라고 할 수 있다. 아동연구의 결과는 부모에게 자녀를 양육하는 데 안내와 지도의 역할을 하고, 후에 발생할지도 모르는 아동의 심리적, 행동적 문제를 경감시켜 줄 수 있는 데 큰 의의가 있다.

(3) 교사 및 교육 행정가에게 도움을 준다.

아동연구의 결과는 아동 교육 현장에 적용될 수 있기 때문에 아동 교육 교사 및 행정가에게 참고 자료가 된다. 왜냐하면 아동연구의 결과를 토대로 하여 교육 환경 구성이나, 교수 방법, 아동 상담 등에 대한 효과적인 방법을 모색할 수 있기 때문이다. 아동연구의 결과를 토대로 하여 분리 교육에서 통합 교육을 시도하는 특수교육도 그런 예라고 할 수 있다. 또한 열린 교육이나 몬테소리 교육과 같은 교수 방법도 아동에 대한 연구의 결과라고 할 수 있고, 교사에게 큰 도움을 준다.

(4) 아동과 관련된 전문 분야에 도움을 준다.

아동연구의 결과는 아동에 대한 견해의 변화를 가져올 수 있기 때문에 소아의학, 정신의학 및 아동과 관련된 학문 분야에 변화를 가져오게 한다. 아동의 정서장애 문제를 연구하기 위해 소아과의 한 분야로 소아정신과가 발전하게 된 것이 대표적인 예라고 할 수 있다.

(5) 사회에 이익을 준다.

약물 중독, 청소년 문제나 입시 제도와 같은 중요한 사회 문제는 아동연구와 밀접한 관련이 있다. 아동연구의 결과로 암기 위주의 교육 방법에서 탈피하여 창의적인 교육을 할 수 있는 방법을 모색하여 사회 발전에 이바지할 수도 있다. 또한 최근에 대두되고 있는 약물 복용이나 과열 입시로 인한 정서적 문제는 아동에 관한 체계적인 연구를 통하여 미연에 방지할 수 있다.

아동연구의 결과는 많은 사람과 다양한 학문 분야에 도움을 주지만 이러한 도움은 궁극적으로 아동의 복리 증진으로 귀결된다고 볼 수 있다. 즉, 아동을 배제한 연구란 존재하지 않는다는 사실을 염두에 두고 아동이 편안한 상태로 생활할 수 있도록 문제를 해결해 주는 것이 아동연구의 가장 큰 목적이라고 하겠다.

3. 아동연구의 역사

아동연구의 과학적인 연구의 첫 시도라고 할 수 있는 아동 전기(baby biography)에 대하여 조사해 보자.

고대, 중세, 근대, 현대에 걸쳐 아동연구가 어떻게 발전되어 왔는지 살펴보자.

1) 고대(기원전~4세기)

17세기 이전까지는 아동은 특별한 처치를 필요로 하는 존재로 생각되지 않았다. 고대인은 아동을 성인과 다른 존재로 생각하지 않았고, 특별한 관심을 기울이지도 않았으며, 단지 경제적인 가치로서 인식하였다. 그러나 그 당시에도 Platon과 Aristoteles는 아동의 발달에 관심을 가졌다. Platon은 그의 저서 『공화국』에서 아동은 그의 적성에 따라 훈련해야 하고, 아동 훈련을 위한 국가 차원의 전담 기구 설립을 제안하였다. 또한 Aristoteles는 아동은 각자 서로 상이한 잠재 능력을 지니고 있기 때문에 개별적으로 가정에서 아동의 잠재 능력 훈련에 관심을 기울여야 한다고 강조하였다.

2) 중세(4~17세기)

중세의 아동은 작은 성인으로 취급되었고, 단지 크기만 작은 성인의 의복을 입었다. 영아 사망률이 상당히 높았기 때문에 부모는 언제 사망할지 모르는 아동에게 강한 애착을 보이지도 않았고 아동 양육에도 많은 관심을 두지 않았다.

7세경에 이르면 대부분의 아동이 성인의 활동을 수행하였다. 소녀는 청소, 바느질, 요리, 세탁 및 동생 돌보기와 같은 여성의 일을 배우고 행하였으며, 소년은 보통 도제가 되어 각종 기술을 익혔다.

1600년경에 이르러 아동은 성인과 다른 옷을 입기 시작했고 이제 더 이상 성인 활동에 참여하지 않게 되었다. 아동 훈육의 중요성이 강조되면서 도덕적, 윤리적 가치관을 가르치기 위한 기관으로 학교와 같은 교육 기관의 필요성이 강조되었다.

이 시대의 많은 철학자와 교육학자는 아동기에 관한 관심을 불러일으키는 데 기여하였다.

Rousseau는 "아동은 날 때부터 선하고, 옳고 그름에 대한 직관적 이해를 지니므로, 사회가 그들의 자연적 경향성을 방해하지 않는 한 긍정적 방향으로 발달한다."라는 입장을 취하였다. Rousseau는 그의 저서 『에밀』에서 "최상의 학습 방법은 아동 자신의 속도에 맞춰 스스로 경험하게 하는 것이다."라고 강조하였다.

반면에 Hobbs는 "아동은 태어날 때부터 악한 존재이기 때문에 그들의 이기적, 공격적 충동을 통제하기 위해서 사회의 역할이 중요하다."라고 주장하였다.

Rousseau나 Hobbs와 달리 영국의 Locke는 "아동은 선천적으로 선하지도 악하지도 않으며 단지 백지 상태로 태어나기 때문에 경험에 의해 각기 다른 방향으로 발달될 수 있도록 학습과 경험을 제공해야 한다."라고 주장하였다.

3) 근대(18~19세기)

(1) 18세기 후반

아동에 관한 과학적 연구는 '아동 전기'에서 시작된다고 볼 수 있다. 아동 전기는 영아와 어린 아동의 매일의 생활에 대한 일기 형식의 기록으로서 보통 부모에 의해 기록되었다. Pestalozzi가 자신의 3세 된 아들에 관한 『아동 전기』와, 1년 이상의 기간 동안 정상적 아동의 심리적 발달을 추적한 독일의 Tiedemann의 『아동 전기』가 18세기 후반에 출판되었다.

(2) 19세기

19세기에 들어와서는 많은 '아동 전기'가 쏟아져 나왔다. 특히 Darwin과 Preyer의 『아동 전기』가 아동연구에 기여하였다. Darwin은 자신의 아들을 대상으로 분노나 즐거움과 같은 정서 표현을 관찰하였으며, Preyer는 출생 후 4년 동안 그의 아들의 지적 발달을 기술하였다.

Darwin의 『종의 기원』의 출판은 '과학적 학문으로서 아동심리학의 확립에 가장 중대한 영향을 끼친 단일적 사건'이었다(Mussen, Conger, & Kagan, 1979). 다윈의 『종의 기원』은 인간의 기원에 대한 관심을 불러일으켰고, 그것은 곧 아동기에 대한 사람들의 관심을 증대시킴으로써 아동연구를 중요하게 여기게 되었다.

또한 과학으로서의 아동연구에 공헌을 한 사람은 Hall이다. 1890년대에 Hall은 조사 연구를 하여 학교 현장에 제공함으로써 교육자에게 도움을 주고자 노력하였다. 인간 발달의 유전적 측면을 중요시한 Hall은, 교육은 아동의 자연적 성장 단계에 맞추어서 실시되어야 한다고 주장했다.

그는 질문지 기법을 개발하여 아동에 관한 과학적 연구를 하려고 노력하였고, 아동을 좀 더 객관적이고 과학적으로 연구할 수 있도록 도와주는 역할을 하였다.

4) 현대(20세기)

20세기 초에 들어서 Freud의 심리성적 이론, Watson의 행동주의 이론, Piaget의 인지 발달 이론 등이 등장하여 아동연구에 큰 기여를 했다.

(1) Binet

프랑스의 Binet의 지능 검사 도구지가 미국으로 건너와서 스탠퍼드 대학에 재직하고 있던 Terman이 이를 연구하고 이 검사 도구지의 이름을 '스탠퍼드-비네 지능검사 도구지'라 명명하게 되어 오늘날 널리 사용하게 되었다.

(2) Gesell

클라크 대학 재학 시에 Hall의 제자로서 Hall의 인간 발달에 대한 유전적인 입장을 지지하였으나, 질문지법을 사용하기보다는 주의 깊게 통제된 실험실 상황에서 아동의 행동에 관한 관찰 연구를 수행하였다. 또한 종단적 접근 방법을 개척한 사람으로 평가되었고, 그는 아동 발달을 위한 규준(norm)을 제작하였다. 그 이후에는 정서적 발달과 사회적 발달을 위한 규준을 제작하기도 하였다.

아동연구가 본격적으로 실시된 것은 제1차 세계대전 이후에 이루어졌다. Rockefeller 재단의 후원으로 많은 아동발달연구소가 설립됨으로써 아동에 관한 체계적인 연구가 시작되었다. 대표적인 대학의 연구소로는 Merril-Parlmer 연구소와 Fels Institute가 있다. 또한 국가적인 차원에서의 재정적인 지원은 아동연구의 위치를 확고히 하는 계기가 되었다. 이로 인하여 아동에 관한 종단적인 연구도 진행되었다.

연구를 하기 위해서는 연구 자금이 있어야 한다. 그러나 한국은 연구 자금이 부족하여 아동에 관한 연구를 제대로 못 하고 있는 실정이다.

4. 아동연구의 제한점

국내에서 1980년대 초 이후 20년간 아동을 대상으로 한 연구는 이론 연구와 실천 연구를 포함하여 4.5배나 증가했다(이옥, 2000). 정선아와 이혜경(2003)의 연구에 의하면 아동연구 방법상 경험적 접근이 주로 시행되고 있어 아동이 직접 연구 과정에 참여하는 사례가 증가하고 있음을 알 수 있다. 아동에 대한 학문적 관심의 증가로 연구 대상자인 아동이 연구에 개입되고 있음을 알 수 있다. 이와 같이 아동을 대상으로 한 연구가 증가됨에 따라 아동의 권리가 보호될 수 있는 제도를 주창하기 위해 한국에서의 연구자 윤리 지침 제정의 필요성에 대한 연구도 진행되었다(이옥, 2003).

나이가 어린 아동에 대한 연구를 하려면 실제적으로 아동의 의사소통 능력 부족, 주의 집중력 결여로 인해 연구 결과의 타당성에 문제가 생기게 된다. 따라서 아동의 발달 특성을 고려하여 연구를 수행해야 한다. 이와 같은 실제적인 문제점보다 더 큰 문제점은 윤리적인 제한점이다. 아동은 12세 정도는 되어야 연구 참여를 스스로 결정할 수 있는데, 우리나라의 아동 대상 연구를 분석한 결과는 보면 12세 이전인 유아와 초등학생을 대상으로 한 연구가 아동연구의 다수를 차지하는 것으로 나타났다(이옥, 2003).

우리나라에서는 연구자가 연구를 하는 과정에서 지켜야 할 윤리에 대해서 강조하지 않고 있어, 아동의 인권과 관련된 문제가 발생할 수 있다. 아동을 대상으로 한 연구를 할 때 고려해야 할 윤리적, 도덕적 지침이 없어서 연구의 법적 기준도 없고 제도적인 장치도 없다. 그렇기 때문에 연구자는 연구 문제를 해결하기 위해 온갖 가능한 방법과 수단을 생각해 내고, 연구의 신뢰성과 타당성이 보장되는 범위 내에서 어떤 방법이든 적용하려고 한다. 그러나 연구 수행하는 것에 몰두하여 연구에서 발생할 수 있는 윤리적 문제에 소홀히 해서는 안 된다. 연구자는 언제나 연구에 앞서 이 연구로 인해 연구 대상자에게 심신의 장애, 사생활 침해 및 부정적 영향을 미칠 수 있는 문제 등을 고려해야 하고, 그 연구 결과로 인하여 사회에 미치는 영향에 대해서도 생각해야 한다.

1) 윤리적 기준

아동을 연구하는 데 발생할 수도 있는 문제를 해결하기 위해 '미국 심리학협회, 심리연구윤리기준위원회(American Psychological Association's Committee on Ethical Standards in Psychological Research)에서는 연구의 지침으로 윤리적 기준을 제시했다(1981). 미국 연방정부 차원에서도 생물 의학적 · 행동적 연구로부터 인간을 보호하기 위한 국가위원회를 구성하였다. 또한 많은 연구 단체에서 연구 설계가 윤리 기준에 알맞은지를 심사하는 검열국을 설치하였다.

우리나라의 경우 아동연구의 윤리적 문제에 대해 구체적인 윤리 지침이 없어 '아동발달연구회'의 윤리 지침을 사용하고 있으나, 아동의 특성에 적합한 윤리적 지침이 필요하다.

2) 연구자가 고려해야 할 문제

연구자가 고려해야 할 기본적인 윤리적 문제는 다음과 같이 사회적 책임과 윤리적인 문제로 나눌 수 있다.

첫째, 연구자는 연구 결과를 발표하기에 앞서 이 연구 결과가 사회에 어떤 영향을 미칠 것인가를 고려해야 한다. 연구의 결과가 사회 정책적인 문제에 중요한 시사를 줄 경우에 신중해야 한다. 예컨대, 연구자의 연구 결과가 아동과 관련된 사회의 중요한 정책(아동 교육을 위한 프로그램 개발을 위한 예산 투입, 저소득층 가정의 아동을 위한 복지 정책 등)을 결정하는 데 큰 영향을 미칠 수 있다는 것을 생각해야 한다. 이에 대해서는 뒤에서 자세히 알아보도록 하자.

둘째, 아동에 관한 윤리적인 문제는 다음과 같이 비밀 보장, 사전 동의 및 심신 상해에 대한 것으로 구분할 수 있다.

5. 아동에 관한 윤리적 문제

1) 비밀 보장

일방경이나 숨겨진 카메라, 녹음기 등은 연구자로 하여금 연구 대상자가 의식하지 못하는 상태에서 행동을 관찰, 기록할 수 있게 해 준다. 또한 개별 면담을 통해 더욱 개인적인 정보－수입, 교육 정도, 아동 양육 방법, 부모, 아동 관계－를 얻게 되는데, 이로 인하여 사생활이 위협을 받기도 한다. 또한 입양, 아동 학대, 장애아 등과 같은 첨예한 문제를 연구함에 있어서 연구가 진행되는 동안에는 물론 연구가 완료된 이후에도 이와 같은 자료가 연구 목적 이외의 용도로 사용되지 않도록 잘 보관하여야 한다. 이러한 정보를 수집하고 유지하기 위한 연구자의 책임과 의무는 무엇인가에 대해 꼼꼼하게 생각해 보아야 한다.

2) 연구 참여를 위한 사전 동의

'아동발달연구회'의 윤리적 표준에서도 제시된 것과 같이 연구자는 보호자나 아동으로부터 연구 참여를 위한 허락을 사전에 받아야 한다. 그리고 연구를 진행하는 도중에라도 아동이 연구에 참여하기 싫다는 의사를 표현했을 때는 연구를 중단해야 한다. 나이가 어린 아동의 경우에는 부모의 동의만으로도 연구가 진행될 수 있지만, 이러한 동의가 법적으로 유효하기 위해서는 보호자 및 연구 대상자의 서명이 기재된 서면 형식의 사전 동의서를 작성해야 한다.

3) 심신 상해 문제

나이가 어린 아동은 성인보다 판단 능력이 부족하여 성인보다 긴장이나 좌절로 인해 심신의 상해를 입을 수 있다. 그러므로 아동을 연구하는 연구자는 아동의 올바른 성장을 위해 윤리적인 책임감을 느껴야 한다.

예컨대, 공포와 실패의 경험을 하는 연구로 인하여 연구가 완료된 이후에 이와 같은 경험이 아동의 성장 발달에 영향을 미친다면 다른 연구 방법을 모색해야 한다. 또한 신체적 피해를 줄 수도 있는 연구로 인해 아동의 신체적 발달에 영향을 미치게 된다면 대안적인 연구 방법을 찾아야 한다. 만약에 특정한 신체 부위의 발달 상황을 알아보기 위해 신체의 한 부위의 활동을 제한하는 연구를 수행할 때 아동의 신체 건강에 문제가 야기되므로 주의해야 한다.

아동을 대상으로 연구하는 연구자는 아동이 성인과 달리 의사 표현을 제대로 할 수 없으므로 연구에 참여하는 아동에게 신체적·정신적 피해가 발생하지 않도록 최대한 유의하도록 한다.

CHAPTER

2 연구의 유형

학습 목표

양적 연구는 현상을 설명하고 이해하기 위해서 객관적인 척도에 의한 측정을 통해 자료를 수집한다. 그리고 이를 토대로 통계적인 추리과정을 거쳐 특정 변인 간의 인과관계를 제시한다. 이러한 연구 과정의 목적은 현상을 예언하고 통제할 수 있는 보편타당한 법칙을 찾아내는 것이다.

양적 연구에는 실험 연구와 비실험 연구로 구분되고 이는 다시 실험 연구 내에서 준실험 연구와 진실험 연구로 나눠지고 비실험 연구 내에서는 상관 연구, 조사 연구, 발달 연구, 관찰 연구로 나뉜다.

질적 연구는 현상을 개념화, 범주화, 계량화, 이론화 이전의 자연 상태로 환원하여 최대한 '있는 그대로' 혹은 '그 본래 입장에서' 접근하는 연구의 유형 또는 방법이다. 질은 비교하기 이전의 상태, 또는 측정하기 이전의 상태이다. 다시 말해서, 질은 개별적 사물의 고유한 속성이며, 그것을 그것답게 만드는 내재적 특징이다.

질적 연구는 사례 연구와 문화기술 연구, 근거이론 연구, 역사적 연구로 구분된다.

CHAPTER 2

연구의 유형

연구 유형 혹은 연구 방법을 몇 가지 기준에 의해 분류해 놓으면 직접 연구를 수행하거나 연구를 평가하는 데 도움이 된다. 분류의 기준에는 "연구의 목적, 연구의 방법 또는 연구 대상이나 자료를 수집하는 방법"으로 구분해 볼 수 있다. 이 밖에도 연구를 분류하는 방법은 다양하지만 본서에서는 [그림 2-1]과 같이 아동연구의 유형을 크게 양적 연구와 질적 연구로 분류하고자 한다.

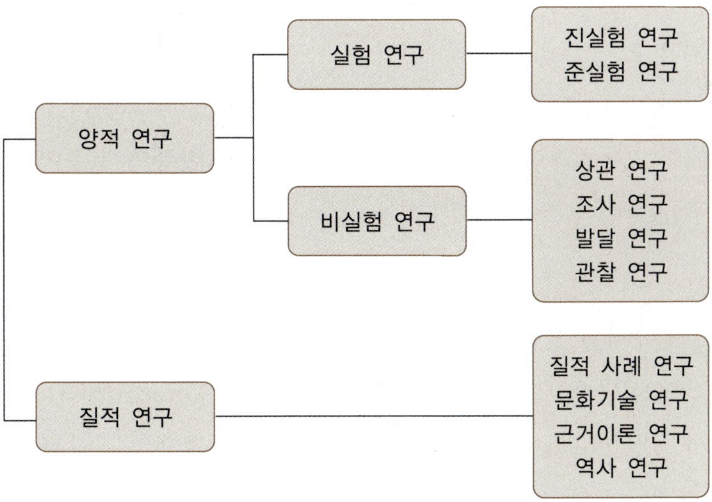

[그림 2-1] 교육연구의 유형

1. 양적 연구(Quantitative Research)

양적 연구(Quantitative Research)는 물리학과 생물학에 의해서 주도되고 발전된 연구 방법으로 전통적 방법 혹은 실증주의적 방법이라고 불린다(김석우·최태진·박상욱, 2015). 사회과학에서 양적 연구는 현상을 설명하고 이해하기 위해서 객관적인 척도에 의한 측정을 통해 자료를 수집한다. 그리고 이를 토대로 통계적인 추리과정을 거쳐 특정 변인 간의 인과관계를 제시한다. 이러한 연구 과정의 목적은 현상을 예언하고 통제할 수 있는 보편타당한 법칙을 찾아내는 것이다.

양적 연구에는 실험 연구와 비실험 연구로 구분되고 이는 다시 실험 연구 내에서 준실험 연구과 진실험 연구로 나뉘며 비실험 연구 내에서는 상관 연구, 조사 연구, 발달 연구, 관찰 연구로 나뉜다.

1) 실험 연구

실험 연구는 크게 준실험 연구와 진실험 연구로 구분된다. 이에 대한 구체적인 설명은 11장에 제시되어 있다.

(1) 준실험 연구

준실험 연구에서는 조건 통제가 느슨하고 처치 변수의 조절이 철저하지 않은 자연 상태에서 그대로 처치가 가해지지만, 아동 교육 현장에서 수행하고 있는 대부분의 연구 유형이라고 할 수 있다.

(2) 진실험 연구

진실험 연구에서는 실험 집단과 통제 집단이 있고, 연구 대상자를 무선으로 표집하여 각각의 집단에 무선적으로 배치한다. 그래서 준실험 연구보다 타당성이 훨씬 높아서 실험 연구를 하고자 하는 사람에게 우선적으로 권장하고 싶은 연구 유형이다. 그러나 실제로 진실험 연구를 하기 어려운 상황이 많기 때문에 많이 사용되지 않고 있다.

2) 비실험 연구

비실험 연구는 크게 조사 연구, 상관 연구, 발달 연구, 관찰 연구로 구분된다.

(1) 조사 연구

조사 연구란 무엇이 존재하고 있는지를 파악하여 사실대로 기술하고 해석하는 연구다. 조사 연구를 하는 연구자는 그가 관심을 갖고 있는 어떤 사건이나 현상에 대해 자연적인 상황에서 그것을 조사하여 정확하게 기술하는 것이 연구의 목적이다. 조사 연구에서는 대개 전집을 대표할 수 있는 일부 대상만을 뽑아서 하는 표본조사를 많이 한다. 조사 연구에 대한 구체적인 안내는 12장에 제시되어 있다.

(2) 상관 연구

상관 연구란 자연적 상황에서 변인들의 통제나 조작이 어려운 문제를 다룰 때 많이 사용하며, 변인 간의 변화와 관련성을 파악하는 것이다. 즉, 연구자가 조건을 통제하거나 변인을 조작할 수 없지만, 변인 간에 어떤 관계가 존재하고 있는지 파악하고자 할 때 상관 연구를 하게 된다. 예컨대, 지능 수준, 창의성 수준, 연령, 성별 등의 변인은 연구자가 인위적으로 조작하거나 통제할 수 없는 변인으로서 변인 간에 서로 관련이 있는지 알아볼 수 있다. 상관 연구에 대한 구체적인 안내는 13장에 제시되어 있다.

(3) 발달 연구

발달 연구란 인간의 생명이 시작되는 순간부터 죽음에 이르기까지의 전 생애에 걸친 모든 변화의 과정을 연구한다. 즉, 발달 연구란 유기체의 발달 과정에 따른 변화에 관심을 두는 연구로서 지능, 운동 기능, 사고, 언어, 사회성, 창의성 등 모든 특성이 연구 내용이 될 수 있다. 발달 연구에 대한 구체적인 안내는 13장에 제시되어 있다.

(4) 관찰 연구

관찰 연구란 관찰자에 의해 연구 대상의 특성을 분석하고 파악하는 연구로서 아동연구에서 널리 사용되고 있는 연구 방법이다. 관찰하는 대상이 여러 명의 아동일 때 관찰한 내용이 숫자로 양화가 되어 분석하면 양적 연구가 되고, 관찰 대상이 소수일 때 관찰한 내용이 관찰자의 기록에 의하여 분석된다면 질적 연구가 된다. 관찰 연구에 대한 구체적인 안내는 15장에 제시되어 있다.

2. 질적 연구(Qualitative Research)

1) 질적 연구의 역사

자신의 세 딸의 발달 과정을 관찰하고 인간의 지적 발달에 관한 이론을 정립한 Piaget가 주로 사용한 임상적 연구 방법은 대표적인 질적 연구다. 이러한 질적 연구가 1930년대까지는 아동의 발달을 효과적으로 설명하기 위해 널리 사용되었다. 그러나 20세기 중반에 들어서면서 실증주의와 양적 패러다임을 강조하게 되어 질적 연구는 점차 감소되었고, 아동연구에서도 통계적 분석법을 사용한 양적 연구가 주로 사용되었다.

지금까지도 아동을 연구하는 방법으로 양적 연구가 주로 사용되고 있으나, 특히 아동의 경우 양적 연구만으로는 아동의 특성을 규명하는 데 많은 한계가 있어, 질적 연구의 중요성이 대두되었다. 아울러 컴퓨터와 비디오 기술의 발달로 질적 연구도 증가하는 추세이다. 뿐만 아니라 최근의 아동 교육 경향은 양적 연구와 질적 연구를 병행하는 추세이다. 이러한 사태를 놓고 질적 연구의 질 저하를 초래한다고 보지만, 질적 연구 논리를 견지하면서 양적 연구 기법을 활용하는 것은 별문제가 없다(조용환, 1998). 예컨대, 창의적인 아동과 그의 부모를 대상으로 심층 면담이나 참여 관찰을 주로 하는 연구 방법을 사용하면서, 전체적인 윤곽을 파악하기 위해 질문지 조사를 병행하여 연구를 수행할 수도 있다. 그러므로 질적 연구를 하기 위해서는 질적 연구의 논리를 충실하게 따라야 한다.

2) 질적 연구의 향상

질적 연구는 새롭고 잠정적이기 때문에 질적 연구의 결과가 좀 더 타당하도록 다양한 전략을 고안해 내야 한다.

Denzin(1978)은 연구자료의 타당성을 높이기 위한 방법으로 삼각화(triangulation)를 제안하고 있다. 그는 삼각화의 4가지 중요한 유형을 다음과 같이 설명한다.

① 자료의 삼각화 : 다양한 자료원을 사용하기
② 연구자의 삼각화 : 여러 명의 연구자와 평가자
③ 이론의 삼각화 : 한 가지의 자료를 해석하는 데 다각도로 해석하기
④ 연구 방법론적인 삼각화 : 한 가지 문제를 연구하기 위해 다양한 연구 방법을 동원하기

3) 질적 연구의 유형

질적 연구는 사례 연구와 문화기술 연구, 근거이론 연구, 역사적 연구로 구분된다.

(1) 사례 연구

사례 연구는 특정한 한 사회적 단위, 즉 개인, 집단(기관), 가족, 제도, 문화 또는 전 지역 사회의 생활을 대상으로 조사 의뢰자가 당면하고 있는 상황과 유사한 사례를 찾아내어 깊이 분석하는 기술 연구 방법이다. 이를 통해서 주어진 문제에 대한 간접적인 경험과 사전 지식을 갖게 됨으로써 현 상황에 대한 논리적인 유추를 하는 데 도움을 주는 방법이다.

(2) 문화기술 연구(Ethnographic Research)

문화기술 연구는 인류학적 전통에서 발전하였으며 특정한 문화 또는 사회적 집단의 행동이나 태도에 대해 심층적인 기술과 해석을 하는 연구이다. 문화기술 연구에서 주로 이루어지는 주제는 '문화'이다.

여기서 문화는 참여자 간에 공유하는 이해, 상징, 전통, 산출물까지 포함한다. 연구는 참여자의 지식, 이해, 신념, 태도, 관점에 초점을 맞추어 이루어지며, 연구 참여자의 주관적인 내부자적 관점에 대한 서술과 함께 보다 객관적이고 통합적인 해석을 위하여 연구자의 외부자적 관점이 덧붙여진다. 얼핏 보기에 사례 연구와 유사한듯하나 문화기술자가 문화적 측면에 더 초점을 맞추며 사례 연구보다 더 오랜 시간을 연구에 투여해야 한다. 그리고 연구 현상을 더 체계적으로 설명하고 탐구하기 위해 다른 문화 간의 상호 비교를 하기도 한다. 일반적으로 질적 연구가 문화기술 연구를 활용하고 있기 때문에 때로는 질적 연구 전체가 문화기술 연구로 언급되기도 한다.

(3) 근거이론 연구(Grounded Research)

근거이론은 어떤 특수한 상황이나 현상이 내포하고 있는 이론을 발견하거나 이론을 생성하는 것을 목적으로 하는 연구이다. 여기에서 상황이란 개인이 한 현상에 대한 반응으로 상호작용하고 행동하거나 하나의 과정에 관여하는 것을 의미한다. 사람들이 현상에 어떻게 반응하고 어떤 행동을 하는지 연구하기 위해, 연구자는 우선 현장을 방문하여 면밀하게 관찰자료 및 면접 자료를 모으며, 정보의 범주를 개발하고 상호 관련시키며 이론적 명제 혹은 가설을 쓰거나 이론에 대한 시각적 그림을 제시하게 된다. 결과적으로 이론은 현장의 수집된 자료에서 발견되는 유형, 주제, 공통적인 어떤 범주의 분석에 '근거하여' 만들어진다. 이에 근거이론에 기반한 연구의 조사절차 및 자료의 타당성을 갖추기 위해서는 체계적 코딩이 필요하다. 그리고 수집된 자료는 귀납법을 통해 검증된다(Gall et al., 1999).

(4) 역사연구(Historical Research)

역사연구는 연구자가 설정한 가설의 논리성과 관련지어 과거의 문서를 추적하여 분석하거나, 그 시대에 살았던 개인을 만나서 면담을 함으로써 그 당시에 무슨 일이 발생하였고, 왜 그랬는가를 가능한 한 정확하게 과거를 객관적으로 재구성하는 방법이다. 예컨대, 과거 40년 동안의 한국의 교육 개혁의 사례를 재구성하여 교육 개혁의 변화를 살펴보는 것이 역사적 연구라고 할 수 있다. 과거의 거울을 통해 현재의 문제를 진단하거나 이해하고, 나아가 미래에 전개될 양상을 예견해 보고자 하는 것이다.

3. 양적 연구와 질적 연구의 차이

양적 연구를 추종하는 학자들과 질적 연구를 추종하는 사람들 간에 각각의 연구 방법의 우월성에 대해 논쟁을 벌이고 있다. 질적 연구를 추종하는 사람들은 양적 연구는 일종의 수 놀음이라고 비난하고, 양적 연구를 하는 사람들은 질적 연구는 일기나 소설이라고 비난하고 있다(성태제, 2016).

그러나 어떤 특정한 방법이 더 좋다고 말할 수 있는 성질의 것은 아니다. 연구의 목적과 연구 대상 및 연구 상황에 따라 적절한 방법을 선택하면 된다. Bryman(1988)은 질적 연구를 선호하는 입장에서 양적 연구와 질적 연구의 차이점을 다음과 같이 요약하고 있다.

〈표 2-1〉 양적 연구와 질적 연구

양적 연구	질적 연구
객관적인 사회적 실체를 가정함	사회적 실체란 그 속에 참여하고 있는 참여자에 의해 구성된다고 가정함
사회적 실체란 시간과 장면에 걸쳐 비교적 항상적이라고 가정함	사회적 실체는 특정한 국지적인 상황 내에서 끊임없이 구성됨을 가정함
기계론적인 관점에서 사회적 현상들 간의 인과관계를 파악함	사회적 현상들 간의 인과관계를 설명하는 데 인간의 의도가 중요한 역할을 한다고 가정함
연구참여자들과 그들이 놓인 장면을 분리해 객관적이고 동떨어진 자세를 취함	연구참여자들과 관점을 공유하고 서로 배려하는 태도를 지닐 정도로 사적으로 얽혀 있음
모집단을 연구하거나 모집단을 대표하는 표본을 대상으로 연구함	사례를 연구함
사회적 실체들을 변인으로 분석함	사회적 행위가 일어나는 전체 맥락 속에서 총제적인 관찰을 함
사회적 환경을 표현하기 위해 수량적 데이터를 생성함	사회적 환경을 표현하기 위해 언어적 및 그림 자료를 사용함
표집을 통해 발견된 결과를 제한된 모집단으로 일반화하기 위해 통계적 추론 절차를 사용함	자료를 분석하기 위해 분석적 귀납을 사용하고 다른 유사한 사례들을 조사함으로써 사례 결과를 일반화함

출처: 김석우 외(2015).

CHAPTER

3 연구의 일반적 과정

학습 목표

연구 문제는 연구에서 가장 핵심적인 부분으로서, 연구자가 교육 현장에서 일어나는 다양한 문제를 접하고 새로운 이론이나 학문적 경험을 쌓아가면서 관심을 갖게 되면서 발견하게 된다.

연구를 하기 위한 연구 문제가 어느 정도 구체화되면 그 문제와 관련된 이론이나 선행 연구를 고찰한다. 교재나 학술지 및 연구보고서 등을 통하여 연구 문제와 관련하여 어떤 연구가 진행되어 어떤 연구 결과가 나왔는지 고찰한다.

연구 설계란 연구 문제의 해결 방안과 가설을 검증할 수 있는 계획 및 절차를 말한다. 연구 설계 시 연구자는 연구 대상의 표집, 자료의 수집과 분석 방법, 연구 설계의 실행 방안, 연구의 제한점 등을 고려해야 한다. 그리고 연구 설계를 하는 과정에서 이를 실행에 옮기기 어렵거나 연구 설계 방법이 부적당하면 연구 문제나 가설을 수정해야 한다.

연구자는 연구 대상 선정 시 모집단을 대표할 수 있는 표본 집단을 설정해야 하고 이는 연구 유형에 따라 표본의 크기 및 추출 방법이 달라지므로 신중하게 고려해야 한다.

타당하고 객관적인 연구 결과를 수집하기 위해 검사 도구를 사용할 때는 검사 실시 요강에 충실히 따라야 하고, 관찰이나 면접을 위해서는 사전에 훈련받은 사람이 이를 담당해야 한다.

수집된 자료는 질서가 없으므로 연구 문제의 답을 구하기 위해서는 수집된 자료를 잘 유목화하고, 서열을 정하고, 조작 및 요약하여 보고하게 되며, 연구 결과가 연구자가 원하는 방향으로 나오지 않더라도 정직하게 연구 결과를 소개해야 하고, 이때 지나친 일반화를 피해야 한다.

CHAPTER 3

연구의 일반적 과정

연구의 목적과 유형에 따라 다소 차이가 있겠지만 일반적으로 연구자들은 아래와 같은 절차에 의해 연구를 수행하게 된다.

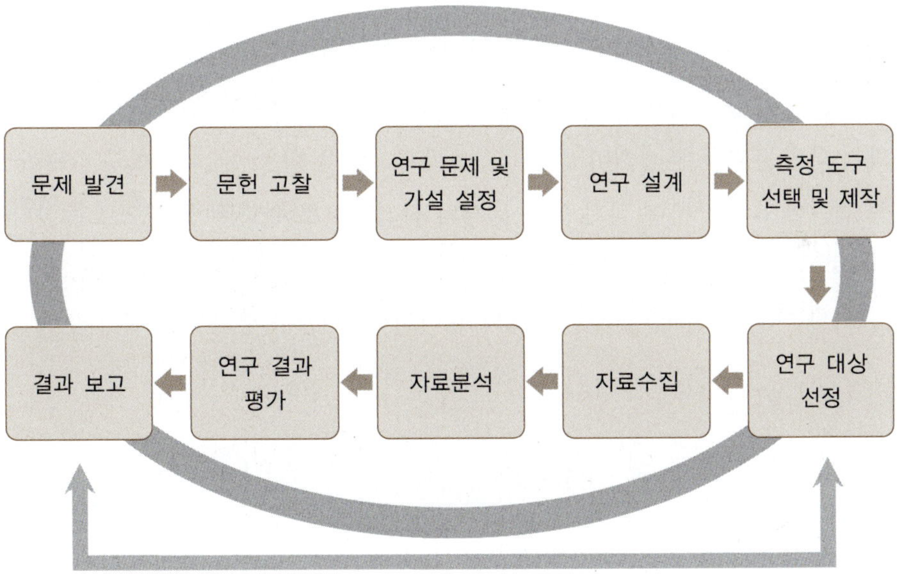

[그림 3-1] 연구의 일반적 과정

1. 문제 발견

연구는 연구자의 호기심에서 시작된다. 연구 문제는 연구에서 가장 핵심적인 부분으로서, 연구자가 교육 현장에서 일어나는 다양한 문제들을 접하고 새로운 이론이나 학문적 경험을 쌓아가면서 관심을 갖게 되면서 발견하게 된다. 참신하면서도 수행 가능한 연구 문제를 설정하고 이론적으로나 실제적으로 의미 있는 문제를 찾기 위해서 연구자는 예리한 통찰력 그리고 해당 연구분야에 대한 깊은 학문적 식견 및 지식을 갖추고 있어야 한다.

2. 문헌 고찰

연구자는 해당 연구의 연구 문제를 어느 정도 구체적으로 설정하게 되면, 그 문제와 관련된 이론이나 선행 연구를 고찰한다. 연구자는 일차적으로 교재나 학술지 및 연구보고서 등을 통하여 연구 문제와 관련하여 어떤 연구가 진행되어 어떤 연구 결과가 나왔는지를 분석해야 한다. 또한 문헌고찰을 할 때에는 주제와 관련한 포괄적 접근에서 시작하여 점차 연구 문제와 직접적으로 관련된 문헌으로 좁혀나간다. 이렇게 다양하고 면밀한 문헌 고찰 과정을 통하여 연구 문제와 가설을 설정하는 근거를 마련하게 되고, 연구 문제와 관련된 다른 연구 결과들을 접하게 된다.

3. 연구 문제 및 가설설정

문헌 고찰을 통해 가지고 있었던 연구 문제를 연구 주제로 구체화시키고 연구의 목적에 기초하여 구체적인 연구 문제와 가설을 설정한다.

가설이란 연구자가 실제 연구를 하기 전에 둘 혹은 그 이상의 변인과 변인과의 관계에 대한 잠정적 결론이다. 가설을 설정하기 위해서는 문헌 고찰을 통하여 이미 밝혀진 사실이나 이론을 검토하고, 선행 연구의 결과를 자세히 분석하여 이를 토대로 해야 한다. 또한 연구 문제와 가설을 진술할 때는 연구에 사용되는 중요한 용어들을 구체적이고 명확하게 설명해야 한다.

4. 연구 설계

연구 설계란 연구 문제의 해결 방안과 가설을 검증할 수 있는 계획 및 절차를 말한다. 마치 집을 지을 때 건축설계도를 가지고 이를 기반으로 건축을 시작하는 것과 유사하다. 따라서 이 단계에서 연구자는 연구 대상의 표집, 자료의 수집과 분석 방법, 연구 설계의 실행 방안, 연구의 제한점 등을 고려해야 한다. 그리고 연구 설계를 하는 과정에서 이를 실행에 옮기기 어렵거나 연구 설계 방법이 적당하지 않으면 연구 문제나 가설을 수정해야 한다.

5. 측정 도구 선택 및 제작

연구에서 사용되는 도구는 크게 두 가지가 있다. 하나는 어떤 현상이나 행동 특성을 관찰하고 조사하는 데 사용되는 도구이며, 하나는 연구의 조건이나 상황을 제시하고 규명하는 처치 도구로 실험 또는 실제 방안이다(김석우 외, 2015).

기존의 연구 도구를 선택하거나 제작할 때 적절한 연구 도구를 사용하도록 해야 한다. 연구 도구가 부적절하면 연구 결과가 연구의 목적과 다를 수도 있으므로 연구 계획 단계에서 연구 도구를 선택하거나 제작할 때 검사 도구의 내용, 타당도, 신뢰도 등을 신중하게 고려해야 한다.

6. 연구 대상 선정

연구자가 관심을 갖고 있는 아동, 교실 현상, 교사, 교육정책 등이 연구의 대상이 될 수 있다. 연구자가 연구의 결과를 일반화하려는 전체 집단을 모집단이라고 하는데, 사회과학 연구에서는 모집단 전체를 현실적으로 연구하기 매우 어려우므로 전체 집단을 대표할 수 있는 표본 집단을 선정하게 된다. 이를 표집 집단이라고 한다. 이때 연구 유형 및 방법에 따라 표본의 크기 및 추출방법이 달라지므로 신중하게 고려해야 한다.

7. 자료수집

이 단계에서는 연구 설계의 방법에 따라 다양한 방법으로 자료를 수집하게 되는데, 이때 유의할 점은 조건 통제를 잘해야 한다는 것이다. 특히, 아동 교육 현장에서는 통제하기가 어렵기 때문에 실험 결과의 타당성을 높이기 위해서는 연구 결과에 영향을 미칠 수 있는 변인을 잘 관리해야 한다.

타당하고 객관적인 연구 결과를 수집하기 위해 검사 도구를 사용할 때는 검사 실시 요강에 충실히 따라야 하고, 관찰이나 면접을 위해서는 사전에 훈련을 받은 사람이 이를 담당해야 한다.

8. 자료분석

앞의 단계에서 수집된 자료는 질서가 없으므로 연구 문제의 답을 구하기 위해서는 수집된 자료를 잘 유목화하고, 서열을 정하고, 조작 및 요약하는 일이 필요하다. 그다음에 자료의 특성에 적합한 통계 방법을 선택하여 분석한다. 양적 연구에서는 주로 추리통계 방법을 사용하여 자료를 분석하고 질적 연구에서는 통계적 분석방법은 사용하지 않거나 빈도, 백분위 등 기술 통계만을 제한적으로 사용하는 것이 일반적이다.

9. 연구 결과 평가

연구 결과에서는 연구에서 발견한 사실을 근거로 하여 가설의 지지 여부를 판단해야 한다. 또한 결과에 대한 논의 및 연구의 결론을 도출해 내야 한다. 연구 결과가 연구자가 원하는 방향으로 나오지 않더라도 정직하게 연구 결과를 소개해야 하고, 이때 지나친 일반화를 피해야 한다.

10. 결과 보고

지금까지의 연구 수행 과정을 다른 사람들에게 알려 주기 위해서 연구 보고서를 작성한다. 이때 독자들이 연구 내용 및 결과를 이해하기 쉽게 연구 보고서를 작성해야 한다. 아무리 훌륭한 연구를 했어도 연구보고서의 내용이 구체적이지 않거나 체계적이지 않다면 연구 전체를 잘못 평가받을 수 있기 때문이다. 연구보고서의 형태는 연구 유형이나 제출기관의 요구 등에 따라 다소 차이가 있으나 일반적으로 연구의 목적과 필요성, 연구대상 및 연구방법, 연구결과, 논의 및 결론, 참고문헌, 연구의 초록 등이 포함된다.

CHAPTER

4 정의 · 개념 · 변인

학습목표

개념이란 일반적으로 자연과 사회 속에 있는 여러 가지 사물, 사건, 현상이 각기 가지는 의미나 공통적인 속성이라고 볼 수 있다. 이러한 개념은 다음과 같은 세 가지 방법에 의해 만들어진다.

구인은 경험적 구인과 가설적 구인으로 구분되는데, 경험적 구인은 관찰된 사실이나 자료에 토대를 두며, 연구 장면에서 실제적으로 측정될 수 있는 변인에 해당되고, 가설적 구인은 실제로 존재하면서 측정될 수 있는 현상을 일으키는 기능을 하리라고 추측되는 변인을 지칭하는 것이다.

어떤 개념 및 구인을 정의할 때 그 개념 또는 구인이 포함된 진술문의 진위를 판별할 수 있는 조건이나 조작을 정의의 일부로 포함시키는 것을 조작적 정의라고 한다.

변인이란 숫자나 값이 부여되는 일종의 기호이다. X가 변인이라면, 그것은 수치가 할당된 기호이다.

연구자가 관심을 갖는 변인을 측정하기 위해 먼저 수를 부여하는 규칙이 필요하다. 수치를 부여하는 규칙을 측정 단위라고 하고, 이를 척도라고 한다.

정의 · 개념 · 변인

CHAPTER 4

이 장에서는 연구를 하기 위해 연구의 기본적 논리이자 구성 요소인 개념, 변인 등을 살펴보기로 하자. 경험의 세계에서는 관찰한 사실들을 중심으로 여러 가지 개념들이 만들어진다. 이러한 개념들 중에는 몇 개의 하위 수준으로 분류되거나 수량적인 값을 가질 수 있는 변인들이 있다. 연구에서는 개념과 변인들이 연구를 구성하는 주요한 토대가 된다.

1. 개념과 구성 개념

개념이란 연구 논리를 이루는 첫 출발점으로 과학적 언어의 기본 단위이다(전경원, 2001). 그러므로 연구자는 객관적이고 원활한 의사소통을 위해 개념에 대한 명확한 인식을 해야 하고 올바로 사용해야 한다.

즉, 개념이란 일반적으로 자연과 사회 속에 있는 여러 가지 사물, 사건, 현상이 각기 가지는 의미나 공통적인 속성이라고 볼 수 있다. 이러한 개념은 다음과 같은 세 가지 방법에 의해 만들어진다(김석우 외, 2015).

- 사물이나 현상의 공통된 특징을 통해 새로운 개념을 만드는 방식
- 기존의 개념을 의미 있게 결합하는 방식
- 현상의 원인이나 유추를 통해 형성하는 가설적 개념

'길이'는 하나의 개념으로 그것은 조금 '길거나' '짧은' 사물에 대한 여러 차례의 관찰 결과에 의해 '길이'라는 개념이 생기는 것이다. 마찬가지로 '무게'도 하나의 개념으로, 그것은 다소 '무거운' 혹은 '가벼운' 사물에 대한 수많은 관찰 결과를 나타낸다. 예컨대 우리가 많이 사용하는 개념으로 '학업 성취'가 있다. 이 개념은 아동의 어떤 행동을 수없이 관찰하여 형성된 하나의 추상적 개념이다. 이러한 행동은 읽기, 수학 문제 풀기, 그림 그리기 등의 학교 수업의 과제 완성이나 '학습'과 관련되어 있다. 뿐만 아니라 아동의 관찰 가능한 행동들을 묶어 '학업 성취'라는 개념으로 표현된다.

개념과 아울러 '구인'(구성 개념, construct) 또는 '가설적 개념'이란 용어를 많이 사용하는데, 경험적으로 증명할 수 있는 사건 · 과정을 지칭하는 개념을 말한다. 이 개념은 과학에서 널리 쓰이고 있는바 여기에는 경험적 구인(empirical constructs)과 가설적 구인(hypothetical constructs)이 포함된다. 경험적 구인은 관찰된 사실이나 자료에 토대를 두며, 연구 장면에서 실제적으로 측정될 수 있는 변인에 해당된다.

한편, 가설적 구인은 실제로 존재하면서 측정될 수 있는, 현상을 일으키는 기능을 하리라고 추측되는 변인을 지칭하는 것이다. 예컨대, 전자 · 온도 · 전력 · 중력(重力) · 공격성 · 학습 · 유전 등은 그들이 실재한다고 가정함으로써 많은 현상이 효과적으로 설명되리라는 기대를 가지고 창조된 가설적인 구인들이다(교육학용어사전, 1995).

2. 정의(Definition)와 조작적 정의(Operational Definition)

앞서 설명한 개념은 정의에 의해서 그 의미가 분명해진다. 개념의 의미를 구체적으로 밝히는 것이 정의라고 할 수 있다. 정의에는 여러 종류가 있으나 여기서는 연구자가 꼭 알아야 할 '조작적 정의'에 대해 살펴보기로 하자.

아동 교육에서 사용하는 개념 중에는 우리가 실제 눈으로 볼 수 없는 특성들이 많다. 이렇게 눈으로 관찰할 수 없는 개념, 구인들의 특성을 알아보기 위해 어떤 조건이나 조작이 요구된다.

즉, 어떤 개념 및 구인을 정의할 때 그 개념 또는 구인이 포함된 진술문의 진위를 판별할 수 있는 조건이나 조작을 정의의 일부로 포함시키는 것을 조작적 정의라고 한다(이종승, 1989). 즉, 다시 말해 조작적 정의란 어떤 개념을 과학적으로 정의하는 방식이다. 예컨대, 온도를 '수은주에 나타난 눈금'으로 정의하는 것은 조작적 정의다. 온도는 육안으로 볼 수 없으나, 조작적으로 정의된 온도 개념에 의하면, 누구든지 온도계의 눈금을 보면 오늘 온도가 몇 도인지를 알 수 있기 때문이다. 뿐만 아니라 실험과 같은 양적 연구에서 연구 가설을 세우거나 실험을 시작할 때 연구 목적에 맞게 용어를 정의하는 것도 일종의 조작적 정의에 포함된다(교육평가용어사전, 2004).

3. 변인(Variable)

앞에서 설명한 개념 중에서는 그 특징에 따라 여러 수준으로 분류되거나 다른 값으로 표현될 수 있는 것, 단순히 어떤 사물이나 대상을 지칭할 뿐 더 이상 세분화할 수 없는 불변하는 것으로 나뉜다. 여기서 전자에 속하는 개념이 연구자가 연구에서 사용하는 변인(Variable)이다.

변인(variable)이란 숫자나 값이 부여되는 일종의 기호이다. X가 변인이라면, 그것은 수치가 할당된 기호(symbol)이다(전경원, 2001). 변인 X는 측정치로 지능검사의 지능지수, 적성검사의 하위요인에 따른 점수들이 이에 해당된다. 아동연구에서 주로 사용되는 중요한 변인으로는 지능, 창의성, 성별, 학년, 학업성취, 자기조절학습능력, 부모의 양육태도, 부모의 사회·경제적 지위(SES) 등을 들 수 있다.

연구자가 연구를 수행할 때 이들 변인을 그대로 사용할 수 있고, 여러 개의 하위수준으로 나누어 연구할 수도 있다. 변인의 종류는 다음과 같이 독립변인과 종속변인, 연속적 변인과 비연속적 변인, 질적 변인과 양적 변인으로 구분해 볼 수 있다.

1) 독립변인과 종속변인

연구자가 설정한 연구 문제 중에서 한 변인이 다른 변인에 어떤 영향을 주는지를 살펴보는 것이 있다. 이때 영향을 준다고 생각하는 변인, 즉 원인이 되는 변인을 독립변인이라고 하고, 영향을 받는다고 생각하는 변인, 즉 결과에 해당되는 변인을 종속변인이라고 한다.

▣ 독립변인(independent variables) : 연구자가 연구 목적에 따라 의도적으로 조작할 수 있는 변인으로서, 흔히 인간 행동에 영향을 미치게 하는 것

▣ 종속변인(dependent variables) : 독립변인의 조작에 따라 변화되어 영향을 받게 되는 결과 변인으로서 대체로 피험자의 반응, 또는 연구자가 관심을 가진 현상과 직접 관련된 준거 행동

예를 들어, 연구자가 설정한 연구 문제가 '아동의 창의성 향상 프로그램은 창의적 태도 및 창의적 사고능력 향상에 영향을 미치는가?'라면, 이때 독립변인은 창의성 향상 프로그램이 되고 종속변인은 창의적 태도 및 창의적 사고능력이 된다.

2) 연속적 변인과 비연속적 변인

다음으로 변인의 속성이 연속적인 특성을 가지고 있느냐 그렇지 않으냐에 따라 연속적 변인과 비연속적 변인으로 나눌 수 있다.

▣ 연속적 변인 : 아동의 신장이나 체중과 같은 변인은 연속적 변인에 속한다.

▣ 비연속적 변인 : 아동의 성별, 취미, 거주 지역과 같은 변인은 비연속적 변인에 해당된다.

3) 양적 변인과 질적 변인

변인의 특성을 측정하여 그 속성에 따라 수량화할 수 있는 것은 양적 변인, 그렇지 않은 것은 질적 변인으로 구분된다.

▣ 양적 변인 : 나이, 성적, 지능지수, 창의적 태도, 자아개념, 흥미도 등과 같이 그 속성을 수량화할 수 있는 변인이다.

▣ 질적 변인 : 명명척도에 해당되는 변인으로 부모의 학력수준, 직업, 종교, 거주 지역, 취미처럼 몇 개의 유목으로 분류는 할 수 있지만 가감승제를 할 수 없으며 서열화하거나 값을 매길 수 없는 변인이다.

4. 척도

연구자가 관심을 갖는 변인을 측정하기 위해 먼저 수를 부여하는 규칙이 필요하다. 수치를 부여하는 규칙을 측정 단위라고 하고, 이를 척도라고 한다. 아동 교육 연구를 하는 연구자는 어떤 척도를 측정하느냐에 따라서 적용할 수 있는 통계적 방법이 달라지기 때문에 이를 잘 결정해야 한다.

Stevens(1951)는 척도의 종류를 다음과 같이 4가지로 구분하고 있다.

1) 명명 척도

사물을 구분하기 위하여 이름을 부여하는 척도로서, 연구에서는 일반적으로 독립 변수를 측정하기 위해 사용된다. 예컨대 성별, 색깔, 취미, 인종, 교수법 등이 명명 척도의 예이다.

주로 조사 연구를 하기 위해 연구 대상의 개인 정보를 측정할 때 사용한다. 가장 낮은 측정 수준으로 통계 분석을 할 때 주로 빈도수를 산출하여 비모수적 방법인 최빈치, 카이 검증을 사용하게 된다.

2) 서열 척도

사물이나 사람의 속성에 대하여 상대적 서열을 표기하는 척도이다. 예컨대, 몸무게, 신장, 성적 등이 그 예라고 할 수 있다.

조사 연구 시 인식이나 태도를 측정하고자 할 경우에 많이 사용하는 Likert 척도가 서열 척도에 해당한다. 통계적 분석으로는 중앙치, 백분위, 순위 상관, 비모수적 방법을 사용한다.

3) 동간 척도

동간 척도란 동일한 측정 단위 간격마다 동일한 차이를 부여하는 척도인데, 연구에서 빈번하게 사용되고 있다. 예컨대, 학업 성취 점수, 온도, 태도나 인식 점수 등이 동간 척도이다. 동간 척도는 임의의 영점은 존재하지만 절대 영점이 존재하지 않는 것이 특징이다. 임의의 영점이란 검사의 0점이나 온도의 0도는 검사 점수나 온도가 없다는 것이 아니라, 임의적으로 어떤 수준을 0으로 합의한 것을 의미한다.

통계 분석으로는 평균치, 표준편차, 적률상관계수 등 거의 모든 모수적 통계 방법이 다 적용된다.

4) 비율 척도

서열성과 동간성을 지니는 동시에 절대 영점을 가지는 척도를 의미하며, 무게나 길이 등이 그 예이다. 길이가 영이라는 말은 길이가 존재하지 않음을 의미하며, 어떤 특성이 0이라는 것은 절대 영점을 의미한다. 즉, 길이나 무게 등은 절대 영점이 존재하여 아무것도 없다는 것을 의미한다.

이것은 물리학이나 체육학 등 자연 과학에서 많이 사용하는 척도로 고도의 통계 분석이 사용될 수 있다. 기하학적 평균, 변산 계수, 다차원적 척도 구성 등에서 비율 척도가 필요하다.

CHAPTER

5 연구 문제와 가설

학습 목표

연구 주제란 연구자가 연구하는 내용을 연구 문제와 관련지어 함축적으로 표현한 것으로 연구자가 속한 연구 영역 내 관련된 모든 현상에서 찾을 수 있는데, 연구자가 관심 있는 연구 주제를 선택하는 것이 매우 중요하다.

연구 제목은 연구의 내용을 간결 · 명확하게 표현한 것을 의미한다.

연구 문제란 주제와 관련해서 어떤 문제를 해결해 나가는 과정이고, 연구 내용이란 연구 주제와 관련지어 주로 어떤 것을 다루었는가를 의미한다.

연구 문제의 선정 기준은 연구의 창의성, 연구자의 호기심, 연구의 공헌도, 연구의 가능성으로 구분할 수 있다.

가설이란 연구를 이끄는 개념이며 잠정적 설명이거나 가능성을 진술한 것이다. 이는 관찰을 시작하고 이끌도록 하는 것이며 적절한 자료 및 다른 요건을 찾도록 하는 것이고, 어떤 결론이나 결과를 예언하는 것이다.

CHAPTER 5

연구 문제와 가설

1. 연구 문제

연구를 수행하기 위해서는 제일 먼저 연구 주제와 연구 문제를 설정해야 한다. 그런데 연구 주제와 연구 문제, 연구 방법을 혼동하는 경우가 많아 먼저 이러한 용어의 차이를 살펴보기로 하자.

1) 연구 주제

연구 주제란, 연구자가 연구하는 내용을 연구 문제와 관련지어 함축적으로 표현한 것이라고 할 수 있다. 연구 주제는 연구자가 속한 연구 영역 내 관련된 모든 현상에서 찾을 수 있다. 일반적으로 아동을 대상으로 한 연구의 연구 주제로는 아동의 언어 능력, 아동의 창의성, 아동의 자기조절학습 능력, 아동과 부모의 상호작용 등 무궁무진하다. 이렇게 연구 영역 내 다양한 현상 속에서 연구자가 관심 있는 연구 주제를 선택하는 것은 매우 중요하다.

2) 연구 제목

연구 제목은 연구의 내용을 간결·명확하게 표현한 것이다. 연구 제목을 붙일 때나 연구 제목을 진술할 때는 다음 몇 가지에 유의해야 한다.

첫째, 간단 명료하게 진술한다. 연구 주제명은 가능한 한 간단하게 진술한다. 예를 들어, '아동의 가정환경과 창의적 인성과의 관계', '초등학교 저학년의 스마트폰 중독 예방을 위한 집단 상담 프로그램 개발'을 들 수 있다. 즉, 연구 제목만 보아도 연구의 내용과 방법을 독자가 어느 정도 짐작할 수 있어야 한다.

둘째, 필요할 경우에 부제를 붙일 수 있다. 본 제목만으로는 도저히 연구내용 전체를 대표할 수 없거나 연구 문제의 범위가 너무 넓어 이를 한정해야 할 필요가 있는 경우는 부제를 붙일 수 있다. 예를 들어, '아동의 빈곤지각에 따른 부모-자녀 의사소통 및 자기인식이 학교생활 적응에 미치는 영향: 어머니와 아버지의 의사소통에 따른 비교분석'이라는 부제를 붙이는 경우이다.

셋째, 독립변인과 종속변인이 포함될 경우 독립변인을 먼저 제시하고 종속변인을 나중에 제시한다. 예를 들어, '초등학생의 읽기 이해력과 읽기 태도가 교과 성적에 미치는 영향'이라는 제목과 같이 독립변인인 읽기 이해력, 읽기 태도를 먼저 제시하고 종속변인인 교과 성적을 나중에 제시하는 것이다.

넷째, 진술에 '연구'라는 용어는 꼭 필요한 경우가 아니라면 사용하지 않는 것이 좋다. '~에 관한 실험연구' 또는 '~에 대한 실태연구'라고 하는 경우에 한하여 쓰는 것이 좋다. 예를 들어, '아동용 학업탄력성 척도개발 연구'보다는 '아동용 학업탄력성 척도개발'로 제시하는 것이다.

다섯째, 연구 제목은 객관적인 용어를 사용해야 한다. 연구의 객관성을 유지하기 위해 '효율적', '바람직한', '신장', '함양' 등의 단어는 부득이한 경우 이외에는 사용하지 않는 것이 좋다.

3) 연구 문제

연구 문제란 주제와 관련해서 어떤 문제를 해결해 나가는 과정이라고 할 수 있다. 연구 내용이란 연구 주제와 관련지어 주로 어떤 것을 다루었는가를 의미한다. 연구 방법이란 연구 문제를 해결해 나가는 데 사용하게 되는 다양한 방법이다. 이에 대해서는 뒤에서 자세하게 다루도록 하겠다.

2. 연구 문제 진술

연구자가 자신의 연구 문제를 항상 간단명료하게, 그리고 완전하게 설정할 수 있는 것은 아니다. 연구자는 연구 문제에 대해 보다 일반적이고 산만하며, 심지어는 혼동된 개념까지 종종 갖기도 한다. 이것은 과학적 연구가 복잡하다는 것과 같은 것이다. 가끔은 연구자가 수년간 탐구하고 생각하고 연구한 후에야 비로소 해답을 얻고자 했던 문제를 분명히 말할 수 있을 때도 있다. 그럼에도 불구하고, 연구 문제에 대한 적절한 진술은 연구의 가장 중요한 부분 중의 하나이다. 연구 문제를 주어진 시간에 만족스럽게 진술하는 것이 어렵거나 불가능하다고 해서, 연구 문제 진술의 기본적인 바람직성과 필요성을 망각해서는 안 된다.

연구 문제를 진술하는 데 있어 유의 사항을 제시하면 다음과 같다(김석우 · 최태진 · 박상욱, 2015).

첫째, 연구 문제는 선행 연구의 이론을 근거로 설정한다. 연구 목적이 관련 이론이나 선행 연구에 의해 설정되는 것처럼 구체적인 연구 문제 또한 선행된 관련 이론을 바탕으로 설정되어야 한다.

둘째, 연구 문제는 둘 또는 그 이상의 변인 간의 관계에 대해 묻는 의문문 형식으로 제시한다. 양적 연구의 경우 거의 모든 연구 문제가 두 개 이상의 변인 관계를 가정하고 있다. 예를 들면, 다음과 같다.

① 유아의 애착 유형과 사회 적응력은 어떤 관계가 있는가? (상관 연구)
② 초등학생의 스마트폰 사용 실태에서 나타나는 스마트폰 사용 중독 유형은 어떤 것들이 있는가? (내용분석 연구)
③ 미술치료 향상 프로그램이 초등학생의 창의적 인성의 향상에 효과가 있는가? (실험 연구)
④ 부모의 학업성취 압력의 정도가 초등학생의 자기효능감 수준에 영향을 미치는가? (인과 연구)

셋째, 연구 문제는 모호하지 않아야 하며 변인에 대한 측정까지 암시할 수 있도록 제시되어야 한다. 위에 제시된 사례를 보면, '어떤 관계가 있는가?'는 상관 연구, '효과가 있는가?'는 실험 연구, '영향을 미치는가?'는 인과 연구임을 암시할 수 있다.

넷째, 연구 문제는 연구 목적에 종속되어야 하고 응집력 있는 질문으로 구성되어야 한다. 예를 들어, '미술치료 프로그램이 초등학생의 창의적 인성 향상에 효과가 있는가?'라는 연구 문제에서 '초등학생의 대인관계 능력에 효과가 있는가?'를 더 추가하였다고 한다면 비록 기존 선행 연구들에서 이러한 결과까지 함축하고 있다 할지라도 연구 문제의 응집성은 결여된다고 볼 수 있다.

다섯째, 연구 문제는 도덕적으로나 윤리적으로 어느 한쪽에 치우치는 의도를 제시하면 안 된다. 예를 들어, '결손 가정의 공격성향은 학급에서 어떻게 나타나는가?'라는 연구 문제는 윤리적인 편의를 지니고 있고, 객관적 근거도 없는 연구 문제에 해당된다.

여섯째, 양적 연구의 연구 문제는 사전에 구체적이고 명확히 설정되어야 한다. 사전에 이론적, 경험적 연구에 대한 고찰이 이루어져야 한다. 그러한 선행 연구 고찰한 후 연구 문제가 자연스럽게 도출되어야 한다.

1) 연구 문제 선정 기준

연구 문제를 선정하는 기준은 여러 학자마다 다양한 기준을 제시하고 있다. 김종서(1995)는 ① 구체성, ② 교육 개선에 도움을 주는가의 여부, ③ 새로운 문제, ④ 교사 능력에 적합한가의 문제, ⑤ 연구자 흥미에 맞는가의 문제 등의 기준을 제시하고 있다. 또한 이종승(1984)은 ① 새로운 문제, ② 중요한 문제, ③ 가능한 문제라는 3가지 준거를 제시하였다. 또한, 이은해(1985)는 ① 지적인 호기심과 흥미, ② 연구자의 능력과 훈련, ③ 독창성, ④ 자료수집이나 경제성의 기준을 들고 있다. Fraenkel 외(1996)는 ① 가능성, ② 명확성, ③ 중요성, ④ 윤리성을 기준으로 삼고 있다.

이상의 여러 의견을 종합하여 연구 문제의 선정 기준을 (1) 연구의 창의성, (2) 연구자의 호기심, (3) 연구의 공헌도, (4) 연구의 가능성으로 정리하고자 한다.

(1) 연구의 창의성

연구 문제를 결정하기 위해 가장 중요한 것은 연구의 창의성이다. 연구 문제는 참신해야 한다. 즉, 연구 문제를 선정해야 할 때 지금까지 아동 교육 분야에서 다루지 않았던 새로운 것이어야 한다. 그러므로 연구자는 지적 · 창의적 도전을 시도해야 하고, 우선 선행 연구를 면밀히 검토하여 기존의 연구를 단순하게 되풀이하지 않도록 해야 한다.

이미 누군가 여러 번 연구를 했던 것이라면 연구할 가치가 떨어지게 된다. 그러나 이제 연구 방법을 배우고 처음 논문을 작성하려는 학생이 지금까지 한 번도 다뤄지지 않았던 창의적인 연구 문제를 찾는다는 것이 어려울 것이다. 누구도 다루지 않았던 새로운 문제와 연구 방법을 생각해 내기 위해서는 여러 해 동안 연구를 하면서 경험이 풍부해져야 한다.

새로운 연구 문제를 찾기 어려우면 기존의 연구를 똑같이 수행하는 것이 아니라, 연구 대상, 연구 시기 등의 연구 방법을 달리하여 연구할 수도 있다. 만약에 어떤 연구를 반복하고 싶다면 단순한 반복이 아닌 기존의 연구를 좀 더 확장하려는 노력이 필요하다. 이렇게 확장하고자 할 때 어떤 방식으로 새롭게 확장할 것인지에서도 연구자의 창의성이 요구된다.

반복 연구의 필요성을 김석우 외(2015)는 다음과 같이 5가지로 정리하고 있다.

▣ 새로운 연구 결과를 검토하기 위해서

때로 어떤 한 연구가 매우 새롭고 놀라운 증거를 통해 기존의 연구와 불일치되는 결과를 보고하거나, 또는 일반적으로 널리 인정되는 이론에 도전하는 결과를 보고하기도 한다. 이러한 연구들을 다시 반복하여 그 연구 결과나 해석에 대한 타당성을 더욱 확고히 하거나 또는 이의를 제기할 수 있기 때문에 반복 연구는 더욱 유용한 의의가 될 수 있다.

▣ 다른 모집단을 통해 연구의 타당성을 검토하기 위해서

아동 교육을 비롯한 교육학 분야에서 대개의 연구는 단일 모집단을 대표하는 작은 표본을 통해 이루어진다. 이때 반복 연구를 통해서 다른 모집단을 대상으로 연구를 적용하여, 연구 결과에 대한 일반화 정도의 한계를 정할 수 있다.

▣ 시간이 경과하면서 변화하는 경향을 검토하기 위해서

사회과학의 많은 연구들은 특별한 시대 상황에서 나온 것이 많다.

예컨대, 20년 전에는 타당했던 연구 결과가 오늘날에는 타당하지 않게 될 수도 있다. 이렇게 기존의 발견을 검토할 겸 경향을 명확히 하는 데 반복 연구를 할 수도 있다.

▣ 다른 연구 방법론을 사용하여 중요한 연구 결과를 검토하기 위해서

어떤 연구에서 관찰된 관련성들이 연구된 현상들과 진정한 관계성을 갖는 것이 아니라, 연구자가 그 연구에서 사용한 방법론에 기인한 것일 가능성도 있다. 진정한 관계성은 이들이 타당하고 적절하다고 하면 측정과 방법에 관계없이 나타나야 할 것이다.

▣ 효과적인 중재 프로그램을 개발하기 위해서

교육자들은 계속해서 더 효과적인 교수 프로그램이나 교수 절차를 찾는다. 그래서 연구자들이 어떤 프로그램이나 절차가 유용하다고 주장하면 다른 연구자들이 반복 연구하여 더 향상될 수 있는지 알아보려고 한다. 또는 과거에 이루어졌던 연구 문제를 새로운 조건하에서 다시 연구해 볼 수도 있다.

(2) 연구자의 호기심

연구 문제가 아무리 아동 교육에 공헌하고 창의적일지라도 연구자에게 별로 흥미가 없는 연구를 하게 된다면, 그 연구는 연구자에게 동기 유발을 시키지 못하고 최선을 다할 수 없게 된다. 이러한 연구는 적절하지 못한 연구이므로 다른 연구 문제를 탐색하는 것이 좋다.

이런 점을 고려하여 처음 연구를 시작하는 연구자는 자신에게 어떤 문제가 평소에 관심이 있었는지, 그리고 이 문제를 오랫동안 수행하면서 연구자에게 지적 욕구를 충족시켜 줄 수 있는지에 대해서도 생각해 봐야 한다. 물론 개인에게 관심이 있는 연구 문제가 아동 교육 학계에서도 관심이 있는 문제라면 더욱 좋다.

(3) 연구의 공헌도

연구자가 선정한 연구 문제가 아동 교육에 공헌을 할 수 있는지 생각해 본다. 그 연구 문제가 과연 중요한 문제인지, 연구해 볼 만한 가치가 있고, 아동 교육에서 필요한 연구인지 생각해 본다. 이종승(2009)은 연구의 중요성을 다음과 같이 3가지로 정리하고 있다.

이론적 의의로서, 이 연구를 통하여 얻어지는 결과가 그 분야의 학문 발전에 얼마나 공헌할 것인가 하는 점이다. 이론적 의의란 크게는 새로운 이론을 구축하거나 과거의 이론을 수정 · 보완하는 것이고, 작게는 미소한 것이나마 증거를 하나 더 첨가시킴으로써 학문의 발전에 이바지하는 것을 의미한다.

실용적 가치로서, 이 연구를 함으로써 현실적인 문제를 해결하는 데 얼마나 도움이 되느냐 하는 것이다. 아동 교육 연구를 한다면, 그 연구가 교육 실제에 당면하고 있는 문제 중에 구체적으로 어떤 문제에 어떤 해결책을 제시할 수 있을지를 따져 봄으로써 연구의 실용적 가치를 확인할 수 있다.

방법론적 의의로서, 이제까지 사용하지 않았던 새로운 연구 방법을 처음으로 적용하여 그 방법의 효용성을 입증한다면, 그 연구의 의의는 연구 방법론에 있는 것이다. 어떤 분야에서 새로 개발한 연구 방법은 후속 연구자들에게 큰 도움을 주게 된다. 아무런 이론적 · 실용적 또는 방법론적 가치도 없는 연구를 한다는 것은 공연한 것에 불과하다.

(4) 연구의 가능성

연구의 가능성이란 연구자가 가지고 있는 연구 문제에 해결책을 찾을 수 있는 정도, 연구를 수행할 수 있는 연구자의 능력의 정도, 연구를 수행하는 데 필요한 충분한 행정적 · 재정적 지원 등을 의미한다. 즉, 연구자가 갖고 있는 연구 문제의 해답이 나오기 어렵다면 연구를 계속하기 어려울 것이므로 해결 가능한 연구 문제를 선정해야 한다.

또한 연구자가 검사 도구지 선정 및 제작, 표집 대상 결정 등과 같은 연구 방법이나 설문지나 관찰을 통한 자료수집 방법을 잘 알아야 한다. 그리고 연구 주제에 대한 충분한 지식을 갖추고 있지 않거나, 때로는 연구 수행 시간이 너무 길거나, 재정적 지원이 충분하지 않아서 연구를 추진하지 못하게 되어 연구를 중단해야 하기도 한다. 그러므로 연구에 앞서 연구자가 주어진 여건하에서 이 연구가 가능한지, 연구 문제를 제대로 수행할 수 있는 능력이 있는지 등에 대해 그 가능성을 타진해야 한다.

2) 연구 문제의 원천

연구자들은 연구 문제를 어떻게 찾을 것인가 고심하게 된다. 연구 문제를 어디서 어떻게 찾아야 하는지에 대해 학자들마다 다양한 견해를 제시하고 있다(이종승, 2009; 이은해, 1985).

이러한 견해를 다음과 같이 4가지로 정리한다.

(1) 그 방면의 전문가와 이야기를 나눠본다.

연구 문제를 발견하고, 최신의 정보를 얻기 위해 그 방면의 전문가와 상담을 한다. 특히 그 방면에서 처음 연구를 시작하는 사람은 오랫동안 연구를 한 전문가에게서 조언을 듣고 연구할 만한 문제를 찾아보는 것도 좋다.

(2) 최신의 논문을 읽고 최근 연구 동향을 파악한다.

연구 문제는 새로운 것이어야 좋다. 그러므로 연구자들은 아동 교육 분야에서 최근 소개되고 있는 새로운 이론을 접할 수 있는 학회지 등을 읽어 보거나 인터넷을 검색하여 국내외 새로운 정보를 확인해야 한다. 또한 주기적으로 논문을 원문으로 제공하고 있는 학술 Database 홈페이지를 통해 아동 관련 최신 논문들을 살펴보는 것이 필요하다.

(3) 비판적 독서를 한다.

최신 정보는 물론 선행 연구를 잘 찾아서 읽고, 분석한 다음에 메모하여 정리한다. 이때 비판적 독서를 하는 것이 좋다. 김재은(1971)은 다음과 같이 비판적 독서의 방법에 대해 설명하고 있다.

- 단순히 지식을 흡수하는 데 그치지 말고 지식의 타당성을 검토하면서 읽는다.
- 문제 해결의 방법이나 실마리를 찾는 데만 그치지 말고 미해결의 문제를 발견하면서 읽는다.
- 읽으면서 사고한다.
- 논쟁거리나 논의를 더 필요로 하는 문제에 민감하게 반응하면서 읽는다.

(4) 주의 깊은 관찰을 한다.

연구 문제는 연구자의 날카로운 문제의식에서 출발한다. 유치원이나 어린이집과 같은 아동 교육 기관을 방문하여 교사가 일하는 현장에서 문제를 발견하는 것도 좋은 방법이다. 이때 주위에서 일어나는 여러 가지 활동과 사건에 대해 주의 깊은 관찰을 하면 좋은 연구 문제를 발견할 수 있다. 주위에서 일어나는 일들을 유심히 살피면 평소에 문제라고 보이지 않았던 것이 문제로 보일 수도 있다.

3. 가설

연구 문제가 선정되면 이를 검증하기 위한 가설(hypothesis)을 설정하게 된다. 모든 연구에서 가설을 설정하지는 않지만 과학적 연구의 중요 특징 중 하나가 가설설정이다. 일반적으로 설명이나 예측을 위한 양적 연구에서는 가설을 필요로 하는 경우가 많다.

가설이란 연구에서 제시된 연구 문제에 대한 잠정적인 답을 의미한다. Good (1959)는 "가설은 연구를 이끄는 개념이며 잠정적 설명이거나 가능성을 진술한 것이다. 이는 관찰을 시작하고 이끌도록 하는 것이며 적절한 자료 및 다른 요건을 찾도록 하는 것이고 어떤 결론이나 결과를 예언하는 것이다."라고 하였다.

1) 가설의 유형

가설은 평가 가능성 여부에 따라 연구 가설과 통계적 가설로 연구의 목적에 따라 기술적 가설과 관계적 가설로 그리고 일반화의 정도에 따라 특정 가설과 보편적 가설로 구분된다.

(1) 연구 가설과 통계적 가설

연구 가설이란 어느 한 연구 분야와 관련된 이론으로부터 논리적으로 변인과 변인과의 관계를 추리한 진술이다. 그러나 연구 가설은 통계적 방법과 기술로 평가될 수 없어 통계적 가설의 형태로 바꾸어 사용되는 경우가 일반적이다.

통계적 가설이란 연구 가설을 검증 가능한 형태로 바꾸어 놓는 진술이다. 통계적 가설은 다시 영가설과 대립가설로 구분된다. 영가설은 둘 또는 그 이상의 모수치 간에 '차이가 없다' 또는 '관계가 없다'라고 진술하는 가설의 형태를 말하는 것으로 귀무가설이나 원가설이라고 명명하기도 한다.

반면 대립가설은 영가설에 상대적으로 대립시켜 가정한 가설로 일반적으로 연구자가 표본조사를 통해 긍정되기를 기대하는 바를 대립가설로 설정한다. 예를 들어, '아동의 성별에 따른 정서조절능력, 사회정보처리과정 및 공격성 간의 차이'라는 연구 주제를 가지고 연구를 수행한다고 하자. 이 경우 연구 가설과 통계적 가설은 다음과 같이 진술될 수 있다.

① 연구 가설

- 아동의 성별에 따라 정서조절능력, 사회정보처리과정 및 공격성은 차이가 있을 것이다.

② 통계적 가설

- 아동의 남자 집단과 여자 집단에 따른 정서조절능력, 사회정보처리과정 및 공격성은 차이가 없을 것이다(영가설).
- 아동의 남자 집단과 여자 집단에 따른 정서조절능력, 사회정보처리과정 및 공격성은 차이가 있을 것이다(대립가설).

(2) 기술적 가설과 관계적 가설

기술적 가설은 변인 간의 관계 파악이 목적이 아니라 특정 변인의 분포상태나 그 존재 양상을 확인하기 위해 설정된 가설이다. 일반적으로 하나의 현상에 대한 연구 주제에 적용되는 가설이다. 예를 들어, 'A초등학교의 학업성취도 평가의 평균 성적이 B초등학교의 학업성취도 평가의 평균 성적보다 높다'이다. 그러나 최근에는 기술적 가설은 거의 사용하고 있지 않은데, 이는 현상 간의 관계 파악을 위한 기초 연구에 불과하기 때문이다.

관계적 가설은 변인 간의 관계를 분석하고자 설정된 것으로 이는 인과관계를 파악하기 위한 실험연구에서 널리 사용되는 가설이다. 예를 들어, '초등학생이 폭력영상물을 시청한 횟수가 많을수록 공격성 수준이 높을 것이다'와 같이 '폭력영상물의 시청 횟수'라는 독립변인과 '공격성'이라는 종속변인과의 관계를 제시한 것이다.

(3) 특정 가설과 보편적 가설

특정 가설은 그 가설이 적용되는 경우가 한 가지가 있는 것을 말한다. 예를 들어, 연구자가 A학교에 가서 관찰을 한 후 학생 대부분이 공장 주변 지역에 살고 있음을 보고 학교 주변 이웃의 사회·경제적 수준이 낮을 것으로 추론하게 된다. 실제 그들의 수입 정도에 대한 자료가 없으므로 그들이 정말 사회·경제적 수준이 낮은지를 알지 못하지만, 그러리라고 추측하는 것이다. 공장 주변 지역에 살고 있는 학생들이 다니는 학교는 사회·경제적 수준이 낮은 지역에 있다는 추측을 통해 연구자는 '거주 지역'과 '사회·경제적 수준'의 두 변인으로 특정 가설을 세우는 것이다.

보편적 가설은 언제 어디서나 일반적으로 적용되는 가설로 예언도가 높고 일반화의 범위가 넓다. 보편적 가설은 특정 가설의 일반화한 형태이고 관찰 및 측정을 통해 검증되어야 한다. 관찰은 세부적이며 사실에 바탕을 두고 이루어진다. 그러나 모든 가정을 다 관찰하거나 측정하기 어렵기 때문에 사례를 추출하여 가능한 결론을 추정하게 된다.

2) 가설의 진술 방식

가설을 진술할 때는 검증 가능한 변인과의 관계로 진술해야 하며 사전에 설정하되 그 근거를 명확히 명시해야 하고 간단명료하게 진술되어야 한다. 가설은 둘 이상의 변인 간의 잠정적인 관계이기 때문에 진술의 형태를 "만약 ~이라면, ~일 것이다."의 관계로 진술한다. 이때, 전자는 선행조건이 되고, 후자는 결과조건이 된다. 선행조건과 결과조건 간의 관계이기 때문에 두 명제적 변인 간의 관계를 제안하면, "선행조건이 진이면, 결과조건도 진이다."는 것이다.

가설진술을 위한 또 다른 형태는 다음과 같은 수학적 진술이다. $Y = f(X)$의 형태가 그것이다. 이런 방법으로 진술된 가설은 '어떤 변인 Y는 어떤 변인 X와 관련된다.' 혹은 'Y는 X의 함수'라는 것을 의미한다.

가설을 진술하는데 다음과 같은 오해를 할 수 있다.

첫째, 선행조건이 결과조건의 원인이라는 것이다. 그러나 선행조건이 결과조건의 원인일 수 있으나 항상 그런 것은 아니다. 일반적으로 말하면 단순히 두 변인 간의 잠정적인 관계를 진술한 것이다.

둘째, 일반적으로 결과조건이 진이라고 주장하지 않는다. 오히려 만약 선행조건이 진이라면 결과조건이 진이라는 것을 말한다. 예를 들어, "내가 만일 오늘 시내에 간다면 나는 도둑맞을 것이다."라는 진술은 내가 도둑맞으리라는 것을 의미하지는 않는다. 그리하여 만약 가설이 진이라면 내가 도둑맞을지 안 맞을지는 내가 선행조건을 이행하는지 안 하는지에 달려 있다는 것이다.

CHAPTER

6 연구계획서

학습 목표

연구계획서란 연구를 위하여 연구의 목적, 연구의 필요성, 연구 방법 등을 서술하여 실제 연구를 수행하기 전에 어떻게 연구를 할 것인지 계획해 보는 것이다. 연구계획서는 실제로 연구자가 연구를 수행할 때 발생되는 문제나 오류를 발견하고 이를 해결하는 데 도움을 얻기 때문에 연구자는 반드시 작성해야 한다.

연구계획서는 논문에 비해 간결하고 미래형으로 서술되는 반면, 논문은 연구내용이 채워지고 분량이 많아지며 과거형으로 서술되는 차이가 있다.

연구계획서는 논문과 그 구성이 유사하나 요약과 결과 및 결론 부분이 없고 그 대신 기대결과 및 효과, 연구 일정 및 비용 항목이 추가된다.

연구계획서는 연구를 완료하고 기술한 논문이 아니기 때문에 연구의 중심이 되는 중요한 문헌만을 인용하여 연구의 중심 내용을 전달하도록 노력해야 한다. 연구자는 연구계획서 작성 시 최근에 발표된 연구물을 참고하는 것이 좋고 핵심 내용과 결과를 체계적으로 분석하여 제시하는 것이 좋다.

연구계획서에서 연구 방법은 가장 중요한 부분이라고 할 수 있다. 연구 방법을 제시할 때에는 연구 절차를 구체적이고 상세하게 서술해야 한다. 연구 방법에는 연구 대상, 연구 절차, 측정 도구, 연구 가설에 대한 내용을 기술한다.

연구계획서에서 기대되는 결과에는 연구를 통해 어떤 결과가 나타날 것인가를 미리 예상하여 서술한다.

CHAPTER 6

연구계획서

연구 주제와 연구 제목이 결정되면 연구를 수행하기 위한 연구계획서를 작성한다. 연구계획서란 연구를 위하여 연구의 목적, 연구의 필요성, 연구 방법 등을 서술하여 실제 연구를 수행하기 전에 어떻게 연구를 할 것인지 계획해 보는 것이다. 연구계획서 없이 연구를 진행하는 것은 설계도 없이 집을 짓는 것과 같다. 연구계획서는 실제로 연구자가 연구를 수행할 때 발생되는 문제나 오류를 발견하고 이를 해결하는 데 도움을 얻기 때문에 반드시 작성해야 한다.

1. 연구계획서의 중요성 및 기능

연구에 있어 사전에 치밀한 준비와 계획을 세우기 위해 연구계획서는 필수 항목이다. 연구자가 연구 주제 및 연구 문제를 분명하고 명확하게 세웠을지라도 그 연구를 본격적으로 수행하기 위해 어떻게 진행할 것인가에 대한 사전계획이 연구계획서라 할 수 있다.

연구계획서는 일반적으로 서론과 연구의 목적, 중요한 이론적 배경, 연구 대상의 선정방법, 측정도구나 검사, 연구 기재도구와 연구절차 그리고 검증 가능한 가설을 포함한다(성태제, 2016). 연구계획서는 다음과 같은 기능을 가지고 있다.

첫째, 연구계획서는 의사소통의 기능을 가진다. 학생의 경우 지도교수나 다른 전문가로부터 연구에 대한 의견이나 조언을 얻을 수 있다. 이때 연구계획서는 구체적인 자문을 얻는 데 필요한 자료가 된다. 구체적이고 명백한 연구계획서 없이는 다른 사람으로부터 연구에 대한 구체적인 조언을 얻을 수 없다.

둘째, 연구계획서를 통한 체계적인 점검은 연구의 과정에서 야기될 수 없는 문제를 미리 검토해 볼 수 있는 기회를 제공해 준다. 학위논문에서는 학문의 과학적 탐구 방법이 중요하므로 연구의 방법, 연구 과정의 타당성 및 객관성 등을 더욱 중요하게 살펴야 한다. 이러한 과정을 검토할 수 있는 것이 연구계획서 작성 단계이다.

셋째, 연구계획서는 연구 수행을 사전에 승인받기 위한 문서가 된다. 논문 지도교수 및 심사위원이 연구계획서를 승인한다는 것은 연구자의 연구 수행을 승인하는 것이다. 이것은 연구에 대한 승인을 서류상으로 표기한다는 행정상의 의미도 있으나 연구자의 입장에서 보면 연구의 내용을 결정하는 것이 된다. 이처럼 연구계획서 승인은 연구의 객관성을 높여주는 과정이 된다.

2. 연구계획서의 작성 기준

연구자는 연구계획서를 작성할 때, 윤리적 지침에 위반되지 않는 범위에서 작성해야 한다. 연구계획서는 다음과 같은 기준을 충족시키는 것이 바람직하다.

첫째, 연구계획서는 논리성을 지녀야 한다. 연구 수행 과정을 체계적이고 논리적인 과정에서 처음부터 마지막까지 구체적이고 상세하게 제시해야 함을 의미한다.

둘째, 연구계획서는 정확성을 지녀야 한다. 정확성이란 연구 결과의 해석에 중요한 영향을 미치는 기준이 된다. 연구의 수행과정 속에서 수집되는 자료, 자료처리과정, 분석 및 해석 과정의 적절성이 여기에 포함된다. 이 밖에도 보고서의 오탈

자, 윤문 제시 역시 정확성을 저해하는 요소이다.

셋째, 연구계획서는 명확성을 지녀야 한다. 명확성은 보고서의 표현이 이해하기 쉽고 애매모호한 단어 및 어구를 쓰지 않는 것이다. 연구는 한 분야의 전문성을 바탕으로 수행되기 때문에 이러한 명확성이 쉽게 간과될 수 있는데 해당 분야에 대한 전문적인 지식이 없는 사람도 읽고 이해할 수 있도록 명확성을 지킬 필요가 있다. 이에 연구자는 제시한 내용에 대해 체계적인 논리 및 이해를 가져야 하고 명확한 문장으로 표현할 수 있어야 한다.

넷째, 연구계획서는 그 내용을 효과적으로 전달해야 한다. 효과적인 전달이란 곧 계획서가 가진 주요한 목적이며 역할이라 할 수 있다. 연구계획서는 읽는 사람들의 주의를 집중시킬 수 있어야 하며 어떠한 오해나 논리적 비약이 없어야 한다.

3. 연구계획서 양식

연구계획서의 구성은 논문의 구성과 유사하다. 연구계획서는 앞으로 연구를 진행하기 위해 수립한 절차 및 과정을 기록한 것이고, 논문은 연구를 끝낸 상태에서 연구결과와 결론 부분을 보강한 것이기 때문에 구성에 있어서 큰 차이가 없다. 연구계획서는 논문에 비해 간결하고 미래형으로 서술되는 반면, 논문은 연구내용이 채워지고 분량이 많아지며 과거형으로 서술되는 차이를 가지고 있다. 물론 반드시 논문과 보고서가 연구계획서와 일치해야 하는 것은 아니다. 연구를 진행하는 과정에서 절차 및 대상, 방법 등이 다소 변화될 수 있기 때문이다. APA(2010)가 제시하고 있는 논문의 일반적인 양식은 다음과 같다.

제　목
요　약
Ⅰ. 서론(연구 목적 및 필요성)
Ⅱ. 이론적 배경
Ⅲ. 연구 방법
Ⅳ. 연구 결과
Ⅴ. 결론 및 논의
참고 문헌
부　록

연구계획서는 논문과 그 구성이 유사하나 요약과 결과 및 결론 부분이 없고 그 대신 기대결과 및 효과, 연구일정 및 비용 항목이 추가된다. 일반적인 연구계획서 양식은 다음과 같다.

제　　목

Ⅰ. 서론(연구 목적 및 필요성)

Ⅱ. 이론적 배경

Ⅲ. 연구 방법

1. 연구 대상
2. 연구 절차
3. 측정 도구
4. 연구 가설 및 분석방법

Ⅳ. 기대결과

Ⅴ. 연구 일정 및 비용

참고 문헌

여기에서 비용 부분은 포함되지 않은 경우가 많다. 그러나 정착과제 수행을 위한 연구계획서는 연구 일정 및 비용 부분을 포함해야 한다. 연구 일정은 언제 무엇을 하고 연구 종료 시점이 언제인지에 대한 계획으로 포함되어야 할 사항이다. 그래야 지도교수나 지도위원이 일정대로 진행될 수 있는 연구인지 아닌지를 판단할 수 있다.

4. 연구계획서 작성 방법

1) 서론

먼저 연구를 수행하기 위해 연구 문제를 총괄적으로 잘 표현하는 제목을 정해야 한다.

제목의 예

- 한국 아동 교육의 현황과 요점 분석
- 다문화가정 부모의 부모효능감과 사회적지지, 아동의 삶의 만족도 간의 관계에 대한 종단연구
- 아동 수학 교육에서의 수 세기에 관한 이론적 고찰
- 놀이에 대한 상상적 질문이 아동들의 그림 표현에 미치는 영향
- 국내 창의성 교육 연구동향 분석
- 학습 준비도가 높은 아동과 낮은 아동의 생태 환경 비교 연구
- 전통놀이의 아동 교육 현장 적용을 위한 연구
- 초등교사의 교수 전략에 따른 아동의 대인 문제 해결 능력의 비교

연구 제목을 정하기 위해 다음과 같은 4가지 사항에 유의한다.

첫째, 한 줄이나 두 줄 이내에서 간결하게 표현한다. 제목만으로도 연구 내용, 연구 방법 등을 시사할 수 있도록 간결한 것이 좋다.

둘째, 광범위하지 않은 범위 내에서 제목을 정한다. 실제 연구하는 내용보다, 포괄적인 영역의 제목을 붙이는 것보다 연구 범위에 맞게 구체화한 제목이 좋다.

셋째, 관찰 가능한 구체적인 언어를 사용하여 제목을 붙인다. 추상적이지 않고 분명한 조작적 정의로 구체적으로 표현될 수 있는 제목이 좋다.

넷째, 불필요한 수식어를 피한다. 개인적인 경험을 강조하거나 감정적, 충고적, 비과학적 어투나 수식어를 피하도록 한다.

다음으로 연구계획서의 서론은 연구의 시작 부분으로 독자의 관심을 끌 수 있는 일반적 사실을 기술해야 한다. 가끔 속담, 격언, 신문기사 등으로 호기심을 유발시키기도 하는데, 연구 목적이나 주제와 동떨어지거나 지나친 미사여구 사용은 오히려 연구의 초점을 흐릴 수 있기 때문에 바람직하지 않다.

이후, 연구에 대한 필요성을 제시한다. 이때에는 연구와 관련된 교육의 일반적 현상을 설명하며, 연구 분야와 연구 영역이 무엇인지를 자연스럽게 인식할 수 있도록 한다. 교육현상의 문제점, 새로운 이론의 방향, 기존 연구의 한계점 등을 필요성에 강조한다.

연구의 필요성을 설명한 후 연구의 목적을 기술한다. 서론에서는 영가설, 대립가설 등의 구체적인 형태로 연구의 목적을 서술하는 것이 아니라 연구의 개괄적인 목적을 전반적으로 제시하여 독자가 쉽게 이해할 수 있도록 한다.

연구 문제는 연구 주제를 하위 주제로 나누어 가설 형성의 근거를 마련해 준다. 필요에 따라서는 연구 문제와 연구 가설을 둘 다 제시해도 좋고, 둘 중 하나만 제시할 수도 있다. 연구 문제는 의문문 형식으로 명확하게 표현해야 한다. 독립변인과 종속변인의 관계가 있는 경우에는 독립변인을 먼저 진술하고, 종속변인을 후에 진술하는 것이 좋다.

서론 부분에서 기존의 선행 연구를 너무 많이 제시하거나 분석하여 제시할 경우, 이론적 배경에 제시된 내용과 중복되는 경우가 발생한다. 따라서 서론에서는 연구를 유도하는 데 필요한 교육현상을 설명하거나 연구의 필요성을 강조할 수 있는 논문을 중심으로 제시한다.

2) 이론적 배경

이론적 배경은 연구와 관련된 중요한 선행 연구를 인용하면서 연구의 흐름과 방향의 기반을 제시하는 부분이다. 이에 참고서, 교과서, 논문, 정기간행물, 연구 보고서 등 다양한 종류의 문헌을 인용할 수 있다.

먼저 이론적 배경을 작성하는 데 있어서 유의해야 할 사항은 다음과 같다.

- 연구 주제와 관련되지 않는 참고 문헌은 지양
- 연구에서 변인(독립변인, 종속변인)으로 삼고자 하는 주요 변인에 대한 이론적 고찰
- 독립변인과 종속변인과의 관계를 보여주는 연구에 대한 이론적 고찰
- 연구 주제와 관련된 선행 연구 동향

연구계획서는 연구를 완료하고 기술한 논문이 아니기 때문에 연구의 중심이 되는 중요한 문헌만을 인용하여 연구의 중심 내용을 전달하도록 노력해야 한다. 간혹 연구계획서의 이론적 배경 부분에 장황하게 그동안 수집하였던 논문을 정리한 수준으로 제시하는 경우가 있는데, 이 경우 연구자만이 그 의도를 이해할 수 있지, 오히려 독자의 경우 연구의 방향 및 목적이 무엇인지 이해하기 어려울 수 있다. 따라서 연구계획서는 5편에서 15편 내외의 중심 문헌을 위주로 제시하는 것이 바람직하다. 이때 최근에 발표된 연구물을 참고하는 것이 좋고 핵심 내용과 결과를 체계적으로 분석하여 제시하도록 한다.

3) 연구 방법

연구계획서에서 중요하지 않은 부분이 없겠지만 특히 연구 방법은 가장 중요한 부분이라고 할 수 있다. 연구 방법을 제시할 때에는 연구 절차를 구체적이고 상세하게 서술해야 한다. 연구 방법에는 연구 대상, 연구 절차, 측정 도구, 연구 가설에

대한 내용을 기술한다.

(1) 연구 대상

연구 대상은 연구에 참여하는 표본 집단으로 연구 결과에 결정적인 역할을 제공한다. 연구의 유형이 실험 연구인지, 관찰 연구인지, 조사 연구인지에 따라 연구 대상의 선정 방법이 달라진다. 실험 연구일 경우 표본을 무선으로 선정하기 불가한 경우가 많기 때문에 의도적 표집을 할 경우가 많다. 또한 연구 대상을 어떤 방법으로 배치할 것인지 그리고 이들을 어떻게 통제할 것인지에 대한 방법은 다음 8장에서 구체적으로 살펴보기로 하자.

조사 연구에서는 모집단에서 연구 대상을 추출하는 방법을 자세하게 제시해야 한다. 이는 연구 결과의 타당성 및 일반화 여부가 달려 있기 때문에 표본 집단이 모집단의 특성을 얼마나 잘 대표해 줄 것인가를 확보해야 한다. 다만, 연구 수행 과정에서 현실적으로 모집단을 대표하는 표본을 추출하는 데 어려움이 있어서 표집의 타당성에 한계가 있다고 하더라도 표집 절차를 상세하게 설명해 주어야 한다.

연구 대상의 일반적인 특성으로 성별, 나이, 직업, 학력 등의 개인 신상정보뿐만 아니라 연구와 관련된 연구 대상의 속성, 배경 변수의 특성 역시 제시해야 한다.

(2) 연구 절차

여기에서는 연구 결과를 얻기 전까지 이루어지는 모든 연구 활동 과정을 단계적으로 기술해야 한다. 연구의 유형의 특성에 따라 연구를 수행하기 위한 세부 활동이 요구되며, 이들을 순서대로 기술해야 한다. 실험 연구의 경우, 실험 집단과 통제 집단의 동질성 여부 측정 과정, 변인의 통제 방법, 실험처치 기간, 사전·사후 검사의 실시 시기 및 방법 등을 제시해 주어야 한다.

조사 연구의 연구에도 설문지를 언제 어떻게 배부하고 이를 어떻게 분석할 것인지 등을 기술해야 한다. 예를 들어, 초등학생의 가정환경에 대해 측정한다고 하면 초등학생, 학부모 각자에게 어떤 형태(예: 우편, 이메일)로 가정환경 질문지를 제공하고 이를 회수할지에 대해 기술해야 한다.

관찰 연구에서도 연구 대상을 어떤 방법으로 어떻게 관찰하고 이를 기술할 것인지, 관찰자는 몇 명이며 이들을 어떻게 훈련할 것인지에 대해서 구체적으로 제시해야 한다.

(3) 측정 도구

연구자는 표본 집단의 특성을 파악하기 위해 측정 도구를 사용한다. 표본 집단의 특성이 인간의 잠재적 특성, 비가시적 특성을 측정할 경우 우리는 이를 직접적으로 측정하기 어렵다. 다시 말해, 성격, 지능, 적성은 키, 몸무게, 혈압과 같이 직접 측정이 어렵다. 이에 심리검사 및 척도를 사용하여 이들을 간접적으로 측정하게 된다. 따라서 연구에서 검사나 척도, 설문지를 활용할 경우 검사의 이름 및 목적, 특성, 문항 수, 대표 문항의 예, 타당도 신뢰도 등의 정보를 자세히 서술해야 한다.

(4) 연구 가설 및 자료분석 방법

연구 가설은 연구 목적을 구체화한 가설을 말한다. 가설이란 연구를 유도하기 위해 만든 잠정적 진술문이다. 연구 가설을 통해 연구자가 주장하고자 하는 연구 결과가 항상 나타나지 않으나 이론적 배경이 조직화되고 체계적이며 연구 절차가 치밀하다면 일반적으로 연구자가 기대하는 바가 지지될 가능성 높다.

연구 목적에 따라 연구 가설의 수가 다양할 수 있으나 연구 가설이 너무 많으면 연구의 초점이 흐려질 수 있다. 이에 7개 이하의 연구 가설을 설정하는 것이 바람직하다. 연구 가설이 도출되면 큰 영역으로 묶을 수 있는지 살펴보고 세부 내용을 나열하기보다 영역별로 묶어 제시하는 것이 바람직하다.

연구 가설을 제시한 후 연구 가설에 대한 답을 얻기 위해 어떤 자료분석 방법을 사용할지 판단한다. 자료분석 방법은 기술통계, 추리통계를 사용할 수 있다. 각각의 가설을 기준으로 이에 적합한 자료분석 방법을 사용해야 한다. 자료분석 방법에는 빈도분석, t검증, F검증, 카이검증, 중다회귀분석, 경로분석 등 여러 가지가 있다. 기존의 연구를 분석하는 과정에서 연구자의 연구 유형과 유사한 연구에서 어떤 방법을 활용하였는지 살펴본다면 도움을 얻을 수 있다.

4) 기대되는 결과

일반적으로 기대되는 결과에서는 연구를 통해 어떤 결과가 나타날 것인가를 예상하여 서술한다. 예를 들어, 연구 결과에 의해 얻게 되는 자료의 수치를 모르지만 이를 넣을 수 있는 표, 그래프, 그림 등을 넣을 수 있고, 연구의 결과로 인해 얻게 되는 함의까지도 간략하게 제시할 수 있다. 다만, 연구 결과가 의도했던 바와 달라질 수도 있기 때문에 여기서 제시되는 결과를 반드시 확보해야 하는 것은 아니다.

5) 연구 일정 및 예산

연구 일정은 연구를 착수하여 보고서를 작성하기까지의 일정을 계획해 보는 활동으로 일반적으로 월 단위로 계획을 한다. 연구자는 연구 자료의 양과 질, 자료수집 시간, 분석 시간, 결과 분석 및 논의, 보고서 작성 등에 소요되는 시간을 대충 계획하여 능률적으로 연구를 수행하도록 한다.

〈표 6-1〉 연구 일정표 사례

연구목표	협동학습에서의 교수자 피드백 제시에 대한 자기평가 도구 개발 및 타당화	
기간 (추진년월)	내용	비고
201○. 5.	• 구체적 연구방향 및 연구실행에 대한 세부계획 설정 • 연구실행의 구성 체제 구축 – 과제목표별 세부계획 정리	
201○. 5.~6.	• 국내외 문헌연구 및 자료수집 실시 • 협동학습에서 교수자의 피드백 수행과 관련된 개방형 설문지 개발	
201○. 6.~7.	• 개방형 설문 표본집단 섭외 및 선정 • 개방형 설문조사 실시 • 조사 결과 분석 • 결과를 바탕으로 포커스 그룹 인터뷰 방향 설정에 대한 전문가 자문	
201○. 8.	• 포커스그룹 인터뷰 준비 및 실시(5회) • 포커스그룹 인터뷰 결과 분석 • 개방형 설문지와 포커스그룹 인터뷰 결과 교차분석	
201○. 9.~11.	• 문항개발 및 내용/안면타당도 분석 • 예비조사 실시 • 문항분석 • 본 조사 실시	
201○. 12.~201○. 2.	• 결과 분석을 통한 검사도구의 타당성 확보(기초통계, 신뢰도 분석, 탐색적 요인분석, 확인적 요인분석, Nomological Network를 통한 내외적 구조관계 분석)	
201○. 3.~4.	• 과제 수행 결과 보고서 작성	

예산 부분에서는 연구에 소요되는 비용을 산출해 보는 것이다. 주로 예산에는 참고 문헌비, 재료비, 인쇄비, 여비, 연구원 수당 등으로 구성된다. 참고 문헌비에서는 연구와 관련된 자료 및 도서 구입비용이 포함되고, 잡비에는 전화료 및 우편

료 등의 공공요금이, 재료비에는 다양한 문구 용품 구입비가 포함되고, 인쇄비는 검사 도구지 및 설문지 및 보고서 인쇄비용이 포함된다. 연구원 수당은 연구 활동을 보조해 주는 연구원에게 지급되는 연구비로 가장 많이 지출되는 항목이다.

6) 참고 문헌

연구에서 직·간접적으로 인용한 모든 자료를 정리하여 계획서의 마지막 부분에 참고 문헌을 작성한다. 이때 연구자는 연구계획서 본문에서 인용된 선행 연구는 빠짐없이 수록해야 한다. 기타 참고 문헌 기술 방법은 다음 17장에서 구체적으로 살펴보기로 하자.

CHAPTER

7 문헌 고찰

학습 목표

문헌 고찰은 연구의 전 단계에 걸쳐 필요한 작업으로 연구를 진행하는 데 있어 중요한 작업이다. 연구자는 연구 주제를 선정하고 선정한 주제를 명료화하기 위해 문헌을 고찰하게 된다. 문헌은 연구 주제를 설정하기 위한 가장 중요하고 바람직한 자원이다. 연구자는 연구 주제를 설정하고 난 후 연구방향 설정 및 연구 문제의 구체화 방법론적 측면의 시사점을 문헌 고찰을 통해 얻게 된다.

연구자는 도서관 이용, 인터넷 자료원 이용하여 연구와 관련된 자료를 수집할 수 있다. 그리고 문헌 연구를 통해 연구 문제와 관련된 다양한 문헌을 수집하여 분석, 종합, 평가하는 일련의 과정으로 연구 문제를 규명하고 가설을 정립할 수 있다.

아동 교육 연구에서 문헌 연구는 응용 연구 차원에서는 연구 문제나 가설을 이론적으로 뒷받침해 줄 수 있고, 새로운 지식 체계를 형성하는 데 도움이 된다.

문헌 연구의 자료는 예비 자료, 1차 자료, 2차 자료로 구분된다.

문헌 연구의 절차는 일반적으로 연구 주제와 연구 문제에 관심을 갖고, 가능한 연구 문제를 정확하게 정의하고, 데이터베이스를 이용하여 자료를 수집하며 수집한 자료를 자세하게 읽고 이를 요약 · 정리하는 순으로 이루어진다.

CHAPTER 7

문헌 고찰

문헌 고찰은 연구의 전 단계에 걸쳐 필요한 작업으로 연구를 진행하는 데 있어 중요한 작업이며, 그 목적을 연구 과정과 관련하여 크게 두 가지로 나눠 살펴볼 수 있다.

첫째, 연구 주제를 선정하고 선정한 주제를 명료화하기 위해 문헌을 고찰한다. 문헌은 연구 주제를 설정하기 위한 가장 중요하고 바람직한 자원이라고 할 수 있다. 연구를 시작하기에 앞서 연구자는 우선 연구 가능한 주제를 찾기 위해 여러 논문을 읽을 필요가 있으며, 읽고 있는 논문에서 언급된 관련 연구 문헌 중 필요한 연구를 찾고 정리하여 연구 문제를 설정하기 위한 준비 작업을 거쳐야 한다. 그러나 이러한 과정은 연구 주제를 찾기 위한 작업이라기보다 공부하는 사람의 기본적인 습관으로, 평소 이것이 습관화되어 있다면 연구 주제 선정과정에서 이를 생략할 수 있다.

둘째, 연구 주제를 설정하고 난 후 연구방향 설정 및 연구 문제의 구체화 방법론적 측면의 시사점을 얻는 등 실제 논문을 작성하기 위한 목적으로 문헌을 고찰한다. 이 목적을 위해 문헌 고찰 시 연구 주제를 선정하는 것과 달리 본인의 주된 연구 주제에 초점을 맞추어 보다 심도 있고 세분화하여 문헌을 고찰하고 정리해야 한다. 만약 연구자가 자기조절학습과 학업성취와의 관계에 관심을 가졌다면 이제 문헌 고찰은 자기조절학습과 학업성취와의 관련성을 살펴본 문헌으로 한정하여 고찰할 필요가 있다.

1. 자료 검색

1) 도서관 이용

연구자는 인터넷을 통하여 자료가 어느 곳에 있는지 확인할 수 있고, 어떤 경우에는 원문 서비스를 하기도 하지만 몇몇 소재 확인 정도에서 그치기 때문에 원문 서비스를 요청해야 할 수 있다.

과거엔 일일이 도서 목록 카드를 하루 종일 뒤져야 했지만 대부분의 도서관에서는 웹서비스를 통해 목록을 검색할 수 있다. 주제별, 저자별, 서명별로 구분되어 있으므로 이 중 한 가지 정보는 알고 있어야 한다. 만일 원하는 자료를 제대로 찾을 수 없다면 도서관 사서에게 필요한 주제와 관련된 자료를 찾기 위해 도움을 얻을 수 있다. 또한 시간이 있어서 도서관 이용교육을 받는다면, 도서관의 자료를 효과적으로 검색하고 활용하는 데 도움을 얻을 수 있다.

2) 인터넷 자료원 이용

연구의 목적은 기존의 이론을 확인하거나 새로운 사실을 발견하는 것이므로 연구자는 항상 새로운 이론에 신속하게 접할 수 있어야 한다. 현대 사회에서 컴퓨터의 발전은 지식의 정보화를 촉진하여, 새로운 지식을 쉽게 공유하게 하였다. 그러므로 연구자는 자신의 연구에 필요한 문헌을 신속하게 찾아내기 위하여, 연구에 필요한 참고 문헌을 컴퓨터를 통해서 어디에 있으며 어떻게 참고해야 하는지 알고 있어야 한다.

아동연구의 문헌을 찾기 위해 일반적으로 많이 찾는 곳은 '한국교육학술정보원'(KERIS)이다. 한국교육학술정보원 홈페이지는 http://www.riss.kr에 접속하면 [그림 7-1]과 같은 화면이 나온다.

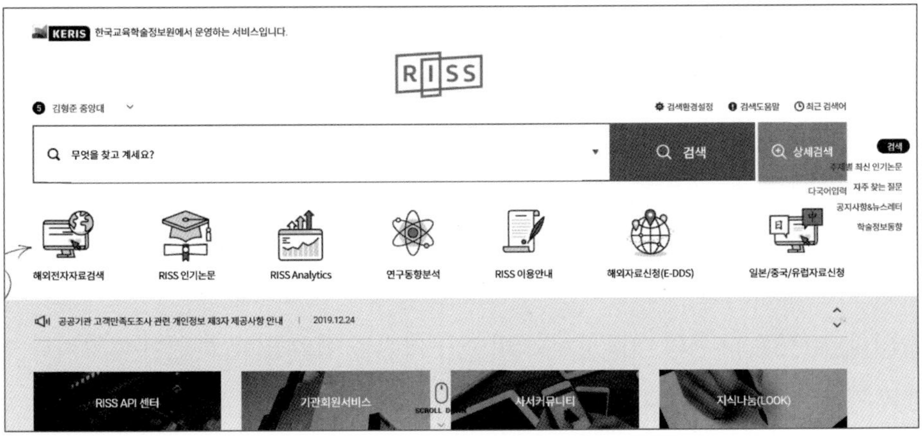

[그림 7-1] 한국교육학술정보원(KERIS)의 검색시작 화면

[그림 7-2] '아동, 창의성'에 대한 검색 화면

다음으로 국가전자도서관(http://www.dlibrary.go.kr)이다. 이는 국립중앙도서관, 국회도서관, 한국교육학술정보원 등 8개 기관에서 제공하는 단행본, 연속 간행물, 학위논문, 국내외 학술잡지 목록 등을 통합적으로 검색할 수 있게 해 준다. 저자, 키워드, 주제어 등으로 검색할 수 있고 검색 결과 자료를 클릭하면 제공기관

사이트로 이동하며 해당 기관에서 유료 혹은 무료로 즉시 자료를 받을 수 있다.

정책연구관리시스템(http://www.prism.go.kr)은 중앙행정기관 및 지방자치단체의 정책연구 결과를 이곳에 등록하여 모든 국민이 정책연구 결과를 한눈에 볼 수 있도록 지원해 주는 곳이다.

누리미디어(http://www.dbpia.co.kr)는 인문, 사회, 어문, 경제, 경영, 교육, 행정 등 11개 분야의 학술지와 협회 및 출판사의 디지털 간행물을 원문으로 제공해 주고 있다. 이곳은 다수의 대학도서관 및 연구기관과 협약을 맺고 있어 대학이나 기관의 링크를 통해 접속되어 무료로 자료를 받을 수 있다.

Google학술검색(https://scholar.google.com)은 구글에서 제공하는 검색 서비스 중 하나로 주로 학술 용도 검색을 대상으로 하고 있으며, 연구자는 이곳에서 논문, 학술지, 간행물 등의 검색을 수행할 수 있다.

이 밖에도 해외 자료를 검색하고자 할 때에는 다음의 database를 검색하면 도움을 받을 수 있다.

No.	사 이 트	분　야
1	ERIC	• **ERIC & EDRS** 교육학 분야의 저명한 데이터베이스인 ERIC의 ED, EJ 자료 종합 검색
2	Proquest	• **Proquest ARL** 주로 인문·사회과학 분야 학술지 및 신문기사 원문과 시사 참고 정보 제공
3	Sage	• **Sage Online** Sage사의 경영, 경제, 교육, 역사, 의학, 사회과학, 공학 등의 전자저널 서비스
4	EBSCO Publishing	• **SocINDEX with Full Text** – EBSCO 출판사의 Academic Search Complete – 학문 전 분야에 걸친 11,600여 종 이상의 해외 학술저널 색인, 초록 정보를 바탕으로 그중 7,600여 종의 저널에 대한 원문 제공

만약 아동 관련 연구물을 전체적으로 살펴보고 싶다면 다음의 방법을 활용해 보면 좋다.

▣ 데이터베이스를 활용하여 아동 교육과 관련된 논문을 쓰기 위해 주로 참고해야 할 학술지가 무엇이 있는지 확인한다.

• 한국아동교육학회	• 한국아동학회	• 한국아동권리학회
• 대한아동복지학회	• 한국영유아보육학회	• 한국교육학회
• 교육심리학회	• 한국창의성교육학회	• 한국초등교육학회

▣ 국내 석·박사 논문 찾아보기 : 만약 최근 10년 이내의 연구를 살펴보고 싶으면 이후에 국내에서 출간된 아동과 관련된 석사·박사 논문을 모두 찾아본다. 이 경우 너무나 많은 논문이 검색되기 때문에 관심 있는 키워드 중심으로 살펴보는 것이 바람직하다.

▣ 국외 학술지 논문 색인 찾아보기 : 대학 중앙도서관으로 들어가서 미국 교육정보자료센터 ERIC에 접속하여 아동과 관심 있는 주제의 키워드로 몇 편의 논문들이 소개되어 있는지 알아본다. 마음에 드는 논문 한 편의 초록(abstract)을 읽어 보고, 인쇄한다.

▣ 국내 단행본 찾아보기 : 아동과 관심 있는 주제의 키워드와 관련된 단행본이 몇 권이 어느 도서관에 있는지 알아본다.

▣ 위에서 찾은 연구물의 참고 문헌을 살펴보면서 그중 흥미 있는 연구물을 찾아보도록 한다.

2. 관계 문헌 연구

문헌이란 아동 교육과 관련된 교과서를 비롯한 다양한 서적은 물론 아동 교육과 인접한 학문 분야인 교육학이나 교육 심리학, 심리학 분야에서 출판된 다양한 저서를 포함한다. 또한 이런 분야와 관련된 전문 학술지나 잡지 및 각종 통계 자료 등이 포함된다.

문헌 연구란 연구 문제와 관련된 다양한 문헌을 수집하여 분석·종합·평가하는 일련의 과정으로 연구 문제를 규명하고 가설을 정립하기 위한 연구 방법이다. 어떤 연구 문제이든지 그 문제와 관련된 연구 결과가 축적되어 있기 마련이므로 연구자가 선정한 문제 해결을 위해 선행 연구물을 탐색해야 한다. 이러한 문헌 연구는 실험, 조사, 상관 연구와 같은 양적 연구는 물론 사례 연구와 같은 질적 연구에서도 문헌 고찰이나 이론적 배경에서 반드시 활용되어야 한다. 경우에 따라서는 문헌 연구 자체만으로도 기초 연구를 수행하기도 한다.

예컨대, 창의력 교육 연구에 소개된 전경원(1997)의 '브레인스토밍의 문헌고찰'과 같은 문헌 연구는 기초 연구로 수행되었다. 창의성 교육의 한 방법인 브레인스토밍이 아동 교육 현장에서 제대로 실시되고 있지 않아서 좋은 결과를 가져오지 못하고 있다. 이런 점에 착안하여 이 연구에서는 브레인스토밍에 대한 선행 연구를 다각도로 분석하여 미래에 어떤 연구가 수행되어야 하는지를 제시하고 있다. 이와 같이 기초 연구로서의 문헌 연구는 선행 지식 탐구를 통해 특정 학문 분야에 기초가 되는 이론적인 틀을 제시할 수 있는 데 그 의의가 있다.

1) 문헌 연구의 중요성

연구 주제를 설정하기 위해 문헌을 활용해야 한다. 아동 교육과 관련된 교과서나 석·박사 논문 및 학술지에 게재된 논문을 통하여 연구 문제, 연구 방법을 선택할 수 있고, 연구의 기본 골격이 되는 이론적 배경의 틀을 마련해 주기 때문에 선행 문헌의 연구는 매우 중요하다.

아동 교육 연구에서 문헌 연구는 응용 연구 차원에서는 연구 문제나 가설을 이론적으로 뒷받침해 줄 수 있고, 새로운 지식 체계를 형성하는 데 목적을 두고 있어 철저한 문헌 분석을 해야 한다. 구체적으로 문헌 연구의 3가지 중요성을 알아보자(전경원 · 김누리, 2015).

첫째, 문헌 연구를 통해서 연구자가 가지고 있는 연구 주제 및 연구 문제와 같은 연구 아이디어에 대한 전반적인 가치를 판단해 연구의 현황과 추이를 파악하게 한다. 선행 연구자는 어떤 연구 문제에 관심을 두고 연구를 했는지, 어떤 조작적 정의를 사용했으며, 어떤 연구 방법을 사용했으며, 어떤 연구 결과를 얻었는지 알게 된다. 이렇게 선행 연구에 대한 지식을 얻게 되면, 연구자가 연구하려고 하는 연구 문제가 연구할 만한 가치가 있는 새로운 것인지, 이미 누군가 연구한 낡은 연구인지 판단할 수 있게 된다. 연구 문제에 따라 선행 연구물이 많을 수도 있고, 희귀할 수도 있다. 또한 어떤 연구 문제에 대해서는 연구 결과가 일관성 있게 나타나지만, 어떤 연구 결과물은 상충되는 연구 결과가 있을 수 있다. 이런 경우에 연구자는 해당되는 선행 연구물을 꼼꼼하게 읽고, 자신의 연구가 어떤 위치에 있으며 어떤 방향으로 연구를 진행해야 할지 판단해야 한다. 선행 연구물을 많이 찾아서 읽는 것이 시간 낭비인 것처럼 생각될 수도 있지만, 잘 활용하면 오히려 실보다는 득이 많다. 연구물을 면밀하게 추적해 나가면 불필요한 연구를 반복하는 실수를 피할 수 있고, 또한 자신의 연구 결과를 해석하고 논의하는 데 도움이 될 만한 자료를 얻을 수 있게 되어 궁극적으로 큰 도움을 된다. 또한 연구 가설을 설정할 때는 자신의 직관에만 의존하지 말고 기존의 연구 결과물을 잘 분석하여 가설이 설정되는 조건과 이론적 근거를 탄탄하게 마련하도록 해야 한다.

둘째, 문헌 연구를 통해서 연구 방법적인 면을 분석하여 연구자에게 연구 방법에 대한 통찰력을 갖게 해준다. 선행 연구에서 누구를 대상으로 연구하였는지, 어떤 검사 도구를 사용하였는지, 어떤 연구 절차를 사용하였는지 분석하여 각각의 장 · 단점을 알게 되어 연구자의 새로운 연구에 도움을 준다. 특히 연구 방법적인 면에서는 기존의 연구들이 어떤 측정 도구를 사용했는지 살펴봐야 한다.

셋째, 해당 주제에 대한 선행 연구를 통해 미래의 연구 방향을 제시해 준다.

연구자는 선행 문헌 연구를 통해 자신이 연구할 수 있는 주제를 명확하게 알 수 있게 되고, 연구 결과를 예측하게 된다. 나아가 새로운 연구 결과가 기존의 이론과 어떤 연관을 맺고 있는지 확인시켜 주고, 미래 연구의 방향을 제시해 준다.

많은 연구자가 선행 문헌 연구를 실시한 후에 자신의 최초의 아이디어를 폐기하고 새로운 연구 문제와 가설을 설정하게 된다. 어떤 경우에는 이미 다른 사람이 실시한 연구일 수도 있으므로, 선행 연구를 체계적으로 실시하여 자신의 생각을 재조직하고 논문에 대한 통찰력을 갖도록 한다. 즉, 선행 문헌 연구를 통하여 자신의 아이디어만 검증하는 것이 아니라, 다른 사람이 제시한 기존의 연구 결과를 참고하여 자신의 아이디어를 수정·확장시켜 나가야 하는 것이 선행 연구의 중요한 목적이다.

2) 문헌 연구 자료의 유형

문헌 연구의 자료는 성격에 따라 예비 자료, 1차 자료, 2차 자료로 나뉜다.

(1) 예비 자료

예비 자료란 문헌 연구를 하기 위해 연구자가 제일 먼저 참고해야 하는 자료이다. 예컨대, 색인(index)과 초록(abstract)이 대표적이라 할 수 있다. 색인은 문헌 조사를 위한 풍부한 자료를 제공해 주며 색인에서는 저자명, 논문 제목 및 논문이 게재된 곳을 모아 놓았기 때문에 연구를 시작하기 위해 처음 문헌 연구를 할 때 매우 유용하다. 초록은 저자명, 논문 제목, 출판된 곳 및 그 내용을 요약해 놓은 것으로서, 짧은 시간 내에 어떤 논문을 집중적으로 읽어야 할지 판단하게 해 준다. 자신의 논문에 필요하다고 생각하는 것만 찾아서 자세하게 읽고 독서 카드에 정리하여 필요할 때 손쉽게 사용하도록 한다.

(2) 1차 자료

1차 자료(원자료, primary source)는 자료의 저자가 직접 기록하거나 관찰하여 수집한 자료에 의한다. 즉, 각 개인이 그들의 연구 결과를 기록한 출판물로서 독자에게 직접 연구 결과를 전달하는 자료를 의미한다. 예컨대, 아동 교육과 관련된 석·박사 학위 논문, 월간 계간으로 발행되는 아동 교육 관련 학회지, 연구 단행본 등이 1차 자료이다.

(3) 2차 자료

2차 자료(secondary source)는 1차 자료를 제외한 모든 자료를 의미하며, 다른 사람의 관찰에 기초하여 기록한 것이다. 즉, 다른 사람의 연구를 인용한 출판물을 말한다. 아동 교육과 관련된 다양한 편람(handbook), 아동 교육 백과사전, 비평서 등이 2차 자료이다.

연구의 수행 시 2차 자료의 이점을 살펴보면 다음과 같다.

첫째, 자신이 설정한 연구 문제와 유사한 주제로 행해진 기존의 연구를 2차 자료로 활용하면 연구 문제에 대한 친밀도를 높여주어 낯설지 않게 만들어 준다.

둘째, 2차 자료는 선행 연구 그 자체가 연구자가 수행해야 할 연구의 절차에 대한 힌트를 제공해 주기도 한다.

셋째, 2차 자료 중 특히 저자가 해당 분야에 아주 경험 많고 노련한 전문가라면, 여기에서 연구 결과를 도출하고 해석 및 조직화하는 방법, 측정 방법, 통계처리 방법 등을 참고할 수 있다.

넷째, 2차 자료가 자료로서 권위를 충분히 갖추고 있다면, 이러한 자료를 인용함으로써 자신의 연구 문제도 더불어 한층 무게감을 더할 수 있다.

3) 문헌 연구의 절차

문헌 연구는 연구를 본격적으로 착수하기 전에 이루어져야 한다. 연구자에 따라 다양한 방법으로 문헌 조사 방법이 사용될 수 있으나 아동 교육과 관련된 문헌 연구를 용이하게 할 수 있는 단계를 소개하면 다음과 같다.

① 연구 주제와 연구 문제에 관심을 갖고 가능한 연구 문제를 정확하게 정의한다. 연구 주제와 문제를 명확하게 정의하기 위해 도움을 줄 수 있는 자신의 대학은 물론 타 대학 전공 교수와 상의한다.

② 인터넷을 통하여 일반 참고 문헌 중에서 적어도 1개 정도의 색인이나 초록을 사용하여 연구 문제와 관련된 1차 자료를 참고 문헌이 소장되어 있는 곳을 찾는다.

③ 데이터베이스를 이용하여 다운로드 받을 수 있는 논문은 집에서 다운로드 받아서 사용하고, 이것이 불가능하면 자료가 소장된 곳을 찾아가서 자료를 찾는다.

④ 1차 자료를 수집하여 독서 목록을 작성하고, 자료를 수집하여 참고 문헌 카드를 정리한다. 우선 색인과 초록 등은 일반 참고 문헌을 살펴본 후에, 연구 문제와 관련 있는 자료를 중심으로 독서 목록 카드를 작성한다. 그리고 단행본과 정기 간행물은 다음과 같이 참고 문헌 카드를 만든다.

⑤ 수집한 자료를 자세히 읽고 독서 카드에 요점을 기록·정리한다. 읽었던 내용을 기억하는 동안 기록해야 한다. 그러므로 논문을 읽을 때마다 즉시 요약해 두어야 효율적이다. 이때 낱장의 인덱스 카드를 사용하는 것이 나중에 분석·종합할 때 용이하다. 모든 논문을 자세하게 읽을 필요는 없고, 어떤 논문은 이론적 배경을, 어떤 논문은 연구 절차를, 또 어떤 논문은 결과 부분을 정독할 수도 있다는 것을 염두에 두고 선별하여 읽도록 한다.

수집한 자료를 읽을 때는 반드시 '비판적인 독서'를 하도록 한다. 다른 사람의 논문을 읽을 때 내용 파악만 할 것이 아니라, 다음과 같이 논문을 읽도록 한다.

- 우선 논문 맨 앞이나 뒤에 있는 초록이나 요약을 읽고, 그 논문 전체를 읽을 것인지를 결정한다.
- 참고 문헌 카드를 만든다.
- 논문의 요점 카드를 만들기 위해 초록이나 요약을 복사한다. 그리고 다음과 같은 내용을 간단하게 기록한다.
  - **연구 문제** : 논문에 제시한 것을 기록한다.
  - **연구 목적** : 논문에서 언급한 대로 기록한다.
  - **연구 방법** : 연구유형, 연구 대상, 검사 도구, 연구 절차 등을 기록한다.
  - **연구의 주요 결과** : 연구 목적 달성 여부를 확인하고 결과의 표를 요약한다. 연구 결과가 시사하는 바가 무엇이며, 기존의 연구 결과와 다른 연구에서 얻은 결과와 불일치되는 점이 무엇인지, 연구 결과에서 도출할 수 있는 결론은 무엇인지 살펴본다. 복사하여 간단하게 요약카드에 붙이면 된다.
  - **결 론** : 논문을 쓴 연구자의 결론을 기술한다. 저자의 결론을 살펴보고, 자신의 논문에 응용할 수 있는 내용을 기록한다. 연구의 제한점도 간단하게 기록한다.

⑥ 최종적으로 보고서를 작성할 때까지 독서 카드를 뒤섞어 가면서 논리적인 사고를 계속한다. 이렇게 자료를 여러 번 논리적으로 읽고 순서를 바꿔가면서 연구보고서의 초안을 작성한다.

CHAPTER

8 연구 대상

학습 목표

연구를 수행할 때 해당 전체 집단 모두를 연구 대상으로 하는 전집 조사를 실시할 수도 있지만, 그보다는 대다수의 연구가 전체 집단 중 일부만을 뽑아서 표본 집단을 대상으로 연구하게 되고, 이를 '표본 조사'라고 한다.

전체 집단이란 '전집' 또는 '모집단'(population)이라 하고, 연구자가 관심을 갖고 있는 대상 전체를 의미한다.

연구자가 정의한 전집에 포함된 일부를 '표집'이라고 하는데, 이를 대상으로 연구를 수행할 경우 표집은 전집이 가지고 있는 특성을 대표해야 한다.

표집의 방법은 크게 확률적 표집과 비확률적 표집으로 구분된다. 확률적 표집이란 전집을 구성하고 있는 모든 요소가 추출되는 데 뽑힐 확률이 같은 방법을 의미한다. 일반적으로 추리통계는 확률적 표집을 전제로 하고 있다. 반면, 비확률적 표집은 전집의 크기가 명확하지 않고 추출될 확률 역시 동질하지 않다.

표집의 크기는 모집단의 크기와 분석하고자 하는 변수의 수, 문항의 수, 그리고 자료수집 비용에 따라 결정된다.

연구 대상

CHAPTER 8

연구를 수행할 때 연구 목적에 부합되는 연구 대상이 있다. 실제로 대부분의 연구에서는 연구 대상 전체를 연구에 포함하지 않는다. 이에 전체 집단의 특성을 대표해 줄 수 있는 표본 집단을 선정하게 된다. 여기서는 표본 집단을 어떻게 선정하는지에 대해 구체적으로 살펴보기로 하자.

1. 전집과 표집

연구를 수행할 때 해당 전체 집단 모두를 연구 대상으로 하는 전집 조사를 실시할 수도 있지만, 그보다는 대다수의 연구가 전체 집단 중 일부만을 뽑아서 표본 집단을 대상으로 연구하게 된다. 이를 '표본 조사'라고 하는데, 표본 조사를 하게 될 경우 표본 집단을 어떻게 추출하고 몇 명을 추출해야 하는지 고민해야 한다.

여기서 전체 집단이란 '전집' 또는 '모집단'(population)이라 하고, 연구자가 관심을 갖고 있는 대상 전체를 의미한다. 예를 들어, A지역 초등학생들의 창의성을 살펴보고자 한다면, A지역 초등학생 전체에 창의성 검사를 실시하는 것으로 이때 A지역 초등학생 전체가 모집단이 된다. 그리고 이때 실시하는 조사방법을 전수조사라고 한다.

그러나 이와 같은 전수 조사는 수행하는 데 다음과 같은 어려움이 있어 실제 많은 연구에서 이루어지지 못한다.

첫째, 전집 조사에 비해 표본 조사는 노력과 경비가 절감된다.

둘째, 표본 조사를 하게 되면 신속한 연구를 할 수 있다.

셋째, 표본 조사에서는 조사 대상이 적기 때문에 정확하고 심층적인 정보를 얻을 수 있어 조사의 정밀도를 높일 수 있다.

이와 같은 어려움 때문에 대다수의 연구에서는 표집 집단을 선정하여 표집 조사를 실시하게 된다. 표집(sample)이란 전집을 구성하고 있는 전집의 일부를 의미한다. 연구자가 정의한 전집에 포함된 일부를 '표집'이라고 하는데, 이를 대상으로 연구를 수행할 경우 표집은 전집이 가지고 있는 특성을 대표해야 한다. 다시 말해 '대표성'을 가져야 한다. 대표성을 가지지 못한 표집 집단에서 얻은 연구 결과를 모집단의 특성으로 일반화하기에는 위험성이 따르게 된다. 이러한 이유에서 우리는 표집 조사 시 표집의 선정과 절차에 관심을 기울일 필요가 있다.

2. 표집 방법

앞에서 언급한 바와 같이 표집 집단에서 얻은 연구 결과를 일반화하기 위해서는 표집 집단의 대표성이 전제되어야만 한다. 표집의 방법은 여러 가지가 있으나 우리는 연구의 목적과 전집의 특성, 표집할 상황에 적절한 방법을 선택하는 것이 바람직하다.

표집의 방법은 크게 확률적 표집과 비확률적 표집으로 구분된다. 확률적 표집이란 전집을 구성하고 있는 모든 요소가 추출되는 데 뽑힐 확률이 같은 방법을 의미한다. 일반적으로 추리통계는 확률적 표집을 전제로 하고 있다. 반면, 비확률적 표집(Probability Sampling)은 전집의 크기가 명확하지 않고, 추출될 확률 역시 동질하지 않다.

확률적 표집에는 '단순 무선 표집, 유층 표집, 군집 표집, 체계적 표집'으로 구분되고, 비확률적 표집에는 '할당 표집, 목적 표집, 우연적 표집, 스노우볼 표집'으로 구분된다.

1) 확률적 표집(Probability Sampling)

(1) 단순 무선 표집(Simple Random Sampling)

단순 무선 표집은 확률적 표집 방법에서 가장 쉽고 널리 사용되는 방법으로 우리가 복권을 추출하는 방식을 생각하면 쉽다. 단순 무선 표집을 실시하기 위해서는 다음의 두 가지 조건이 충족되었을 때 타당성을 인정받을 수 있다.

첫째, 확률의 동등성으로 전집에 포함된 모든 대상에게 똑같이 표집될 수 있는 기회를 제공해 주어야 한다. 이는 전집의 대상이 선택될 확률이 동등해야 함을 의미한다.

둘째, 확률의 동등성으로 전집에 포함된 어느 특정 요소의 선택이 다른 요소가 표집될 기회에 영향을 미치지 말아야 한다. 즉, 전집 속의 대상은 선택될 확률이 독립적이어야 한다.

단순 무선 표집을 실시할 때 대표적인 방법으로 '난수표'를 사용할 수 있다. 난수표란 모든 숫자가 동 숫자가 동등하게 나타날 확률을 갖는 조건에 따라 숫자 간에 특별한 규칙이나 체계성이 없는 수표이다. 이를 활용하여 단순 무선 표집을 실시할 수 있다. 예를 들어, 초등학생 1,000명 중 100명을 무선적으로 추출하기 위해 난수표를 사용한다고 가정해 보자. 각자 뽑힐 확률은 1/10로 동등하고 각자에게 1번부터 1,000번까지 고유 번호를 매기게 된다. 그런 후 1,000명은 4자리 숫자이기 때문에 난수표에서 4자리 숫자를 임으로 선정하면 된다. 이때 중복된 숫자는 무시하고 다시 선택하게 된다.

〈표 8-1〉 난수표의 예

열 \ 행	1	2	3	4	5	6	7	8	9	10
1	8	2	7	0	2	3	8	4	8	0
2	3	5	9	8	3	1	9	6	8	7
3	4	5	9	7	0	0	2	1	2	4
4	7	6	5	4	5	3	1	6	0	1
5	9	5	2	1	4	8	9	3	3	9
6	0	5	6	0	0	9	1	2	8	4
7	7	3	1	4	4	8	8	6	6	2
8	0	0	0	3	3	6	7	1	0	7
9	2	0	9	7	9	0	4	5	0	8
10	8	1	9	5	9	6	5	6	4	2

단순 무선 표집은 다음의 장점을 가지고 있다.

첫째, 전집을 구성하고 있는 표집이 모두 독립적으로 동등하게 뽑힐 확률을 갖고 있어 대표적인 표집이 될 가능성이 높다.

둘째, 전집의 특성에 대하여 특별한 사전 지식을 갖고 있지 않아도 된다.

셋째, 다른 확률적 표집 방법에 비하여 적용하기가 용이하며, 표집 오차의 계산도 용이하게 할 수 있다.

그러나 단순 무선 표집의 단점은 다음과 같다.

첫째, 전집에서 소수의 사례만이 가지고 있는 어떤 특성이 있을 경우 그러한 사례가 반드시 표집된다고 보장할 수 없다.

둘째, 동일한 크기의 표집일 경우 유층 표집에서보다 단순 무선 표집에서 표집 오차가 더 크게 나타난다.

(2) 유층 표집(Stratified Sampling)

유층 표집이란 전집이 가지고 있는 구성 특성(지역, 성별, 학교급 수준 등)을 중심으로 몇 개의 하위 집단으로 분류하고, 여기서 분류된 각 집단 안에서 무선적으로 표집하는 것이다. 유층 표집을 할 때에는 어떤 기준에 따라 집단을 분류하느냐 또는 몇 개의 하위 집단으로 구분하느냐를 결정해야 한다. 분류에 의해 구분된 하위 집단을 유층(strata)이라 하고, 이는 집단의 구성 특성이 확연히 구분될 때 사용된다.

유층 표집은 비례 유층 표집(proportional stratified sampling)과 비비례 유층 표집(nonproportional stratified sampling)으로 다시 구분할 수 있다. 비례 유층 표집은 몇 개의 유층으로 나눠진 집단 내에서 표집의 크기를 전집의 구성 비율과 같도록 표집하는 방법이다. 비례 유층 표집을 하려면 우선 어떤 기준에 따라 하위 집단의 구성 비율을 파악해야 한다. 만약 기준을 주거 지역으로 설정하였다면, 연구자는 연구 대상의 주거지역 구성 비율을 조사해야 한다. 예를 들어, A지역 초등학교 4학년~6학년 학생 1,000명의 전집에서 100명을 비례 유층 표집을 한다고 가정해 보자. 학생들을 성별과 학년에 따라서 유층을 나눈다고 하고, 남아와 여아의 구성 비율은 3 : 2, 4학년, 5학년, 6학년의 학생 비율이 3 : 3 : 4라고 하자. 이렇게 구성된 전집으로부터 비례 유층 표집을 실시할 수 있다.

비비례 유층 표집(nonproportional stratified sampling)은 비례 유층 표집처럼 하위 집단의 크기에 비례해서 표집하는 것이 아니라, 각 집단에서 필요한 수만큼 표집하는 방법이다. 그러므로 구성 비율이 표집에 반영되지 않는다. 이는 하위 집단의 구성 비율이 너무 작아 크기에 비례한다면 한쪽은 너무 큰 표집이 되고, 나머지 한쪽은 너무 작은 표집이 되므로 각 집단을 서로 비교하기 어려울 때 사용된다. 예를 들어, 초등학교 4~6학년 학생의 비율이 1 : 4 : 5라 하자. 이 비율에 맞춰서 표집하게 되면 4학년 학생 수가 너무 작아 학년별로 비교하기 어려워진다. 이 경우 비비례 유층 표집인 각 집단에서 필요한 만큼 표집하게 된다.

〈표 8-2〉 비비례 유층 표집의 예

	전 집		표 집
만 3세	200명	→	100명
만 4세	800명	→	100명
만 5세	1,000명	→	100명

유층 표집은 다음과 같은 장점을 가지고 있다.

첫째, 전집의 중요한 특성을 사전에 고려해야 하므로 대표적인 표집이 될 가능성이 높다. 둘째, 같은 크기의 표집을 뽑을 때 단순 무선 표집의 경우보다 표집 오차가 작다. 셋째, 하위 집단의 특성을 파악하고 이들을 상호 비교할 수 있다.

반면, 유층 표집의 단점은 다음과 같다.

첫째, 유층 표집을 하려면 전집의 중요 특성과 하위 집단의 구성 비율에 관한 지식을 갖고 있어야 한다. 둘째, 여러 가지 특성에 따라 전집을 하위 집단으로 분류할 때 분류상의 오류를 범할 수 있다. 셋째, 비비례 유층 표집의 경우 본래의 구성 비율을 무시하고 표집함으로써 편파적인 표집이 될 수 있다.

(3) 군집 표집(Cluster Sampling)

군집 표집이란 전집을 구성하고 있는 요소들이 묶여 있는 집단을 중심으로 표집하는 방법이다. 여기서 집단으로 묶여 있는 것을 군집(cluster)이라 한다. 이는 모집단의 크기가 너무 커서 개별 사례를 하나씩 표집하기 어려울 경우 사용한다. 예를 들어, A광역시의 초등학교가 집단이 되어 몇 개의 초등학교를 추출하고 그 안에서 무선 표집을 하여 연구하게 된다. 군집 표집은 시간과 경비를 절감할 수 있다는 장점을 가지고 있지만 모집단의 크기가 작을 경우 표집 오차가 커질 수 있는 한계점을 가지고 있다.

(4) 체계적 표집(Systematic Sampling)

체계적 표집이란 전집이 특별한 순서 없이 배열되어 있고, 전집에 번호를 붙일 수 있을 때 사용되는 방법이다. 이는 전집의 목록으로부터 매 N 번째의 요소를 일정한 간격으로 체계적으로 표집하는 것이다. 예를 들어, 3,000명의 초등학생 중 300명을 표집한다면, 학생들에게 1번부터 10번까지의 번호를 부여하고 이 중 10번째 해당되는 학생을 추출하는 방법이다.

2) 비확률적 표집

비확률적 표집이란 전집에 포함된 대상의 추출 확률이 일정하지 않거나 추출 확률을 모를 때 실시하는 방법으로 표집의 오차를 계산하기 힘들고 표본의 통계치로 전집에 대한 일반화가 불가능할 때 사용된다. 비확률적 표집 방법은 전집이 너무 방대하거나 무선 추출을 할 수 있는 준거가 전집에 없는 경우에 활용된다.

(1) 할당 표집(Quota Sampling)

할당 표집이란 연구자가 의도적으로 일정한 수를 할당하는 방법이다. 할당 표집은 면접자에게 여러 유형의 사람을 할당하거나 배당한 데서 유래되었으며, 주로 여론 조사에서 많이 사용되어 왔다.

Kerlinger(1979)는 이 방법이 성, 인종, 지역 등과 같은 전집에 대해 알고 있을 때 이들에 대한 정보가 연구의 어떤 목적에 전형적이고 적절한 구성 요소를 표집하는 데 사용된다고 하였다. 예를 들어, 연구자가 통합 학급을 운영하는 초등학교 교사의 장애학생에 대한 인식을 조사한다고 하자. 이 경우 연구자는 A지역 통합학급 운영교사 10명, B지역 10명으로 할당할 수 있다.

(2) 목적 표집(Purposive Sampling)

전문가의 판단에 의해 전집을 가장 잘 대표한다고 생각하는 일부 대표적인 지역만을 임의로 표집하는 방법이다. 이는 연구자가 의도적으로 표본을 선정하게 되므로 표집하는 사람의 판단과 주관적 의견이 개입된다. 이는 연구자의 의도가 포함된 표집 방법으로, 얻은 결과를 가지고 모수치를 추정하게 되므로 표집의 오차를 계산하기 어렵고 표본의 통계치로 전집에 대한 일반화가 어렵다.

(3) 우연적 표집(Accidental Sampling)

비확률적 표집은 가장 흔하게 사용되는 방법이다. 일반적으로 연구자는 유치원 아동, 초등학교 1학년 학생, 대학교 4학년 학생 등과 같이 이용할 수 있는 표본을 가까이에서 구하기 마련이다. 물론 이런 방법은 일반화하기는 어려우므로 연구자는 연구 분야에 대한 전문적 지식을 가지고 신중한 연구 과정을 수행해야 한다. 따라서 가능하면 이와 같은 방법은 피하고 되도록 확률적 표집 사용을 권장한다.

(4) 스노우볼 표집(Snowball Sampling)

스노우볼 표집은 전집의 대상이 매우 소수이거나 찾기 힘든 경우 사용하는 방법이다. 스노우볼 표집은 마치 눈덩이를 굴려 크게 만드는 것처럼 먼저 소수의 연구 대상을 찾은 뒤 그들을 대상으로 조사를 실시한다. 이후 조사원의 주위 사람 중 연구 대상에 적합한 이를 추천받아 조사를 실시하는 것으로 목표한 표본 수가 확보될 때까지 연구 대상을 넓혀가는 방법이다. 이 방법은 비밀을 확인하려는 목적으로, 제한적으로 사용된다.

3) 표집의 크기

연구를 수행하는 데 절대적인 표집의 크기를 언급하기는 어렵다. 그러나 일반적으로 상관 연구를 하기 위해서는 30명 이상의 연구 대상이 필요하며, 조사 연구에서는 일반적으로 100명 이상의 연구 대상을 필요로 하는데, 모집단의 크기와 분석하고자 하는 변수의 수, 문항의 수, 그리고 자료수집 비용에 따라 연구 대상의 수가 결정된다. Wiersma(1995)는 모집단이 2,000명 이상일 때는 최소한 200명을 표집해야 대표성을 띨 수 있다고 하였다. 일반적으로 요인 분석을 실시하기 위해서는 300명 이상의 연구 대상이 필요하다.

CHAPTER

9 검 사

학습 목표

검사란 한 개인의 행동의 표집을 통하여 주어진 어떤 심리적 특성을 간접적으로 측정하는 것을 의미한다.

심리검사는 기술 연구에서는 어떤 사건이나 현상을 조사하고 관찰하기 위해서, 실험 연구에서는 실험 처치의 효과를 알아보기 위해서 종속 변인의 변화된 정도를 확인하기 위해 활용된다.

규준은 원점수의 상대적 위치를 설명하기 위하여 쓰이는 일종의 자로서, 규준 집단으로부터 얻어진다. 개인의 원점수는 규준 집단에서 개인의 상대적 위치를 보여 주는 교정점수로 변환되며, 이것은 검사 도구가 측정하는 특성에서 보인 개인 수행의 상대적 측정치를 제공해 준다.

표준화 검사를 제작 시 검사의 규준을 설정하기 위해 사용된 집단을 규준 집단이라고 한다. 규준 집단은 모집단의 특성을 대표할 수 있는 표집 집단으로 구성된다. 규준 집단에 연구자는 검사를 실시한 후 여기서 얻은 점수를 통계적으로 처리하여 표준점수로 환산한 후 해석 체계를 마련한다.

백분위는 어떤 원점수 또는 그 이하의 점수를 취득한 학생의 퍼센트를 나타낸다.

표준점수란 원점수를 의미 있게 비교할 수 있도록 해당 점수 분포의 평균과 표준편차를 기준으로 하여 환산한 점수로 Z점수, T점수가 포함된다.

정상분포(normal distribution)란 평균값과 중앙치 및 최빈치가 모두 동일하고, 점수가 좌우대칭을 이루면서 종모양의 곡선을 이루는 점수 분포이다.

아동용 심리검사는 검사 목적에 따라 기술적, 진단적, 예진적 목적에 사용된다. 기술적 검사는 검사에 대한 일반적인 지식을 갖춘 상담가가 실시할 수 있으나, 진단 및 예진 검사는 검사 실시와 해석에 대한 전문적 지식을 갖춘 검사 전문가가 실시하는 것이 일반적이다.

검 사

CHAPTER
9

1. 표준화 심리검사

검사(test)란 한 개인의 행동의 표집을 통하여 주어진 어떤 심리적 특성을 간접적으로 측정하는 것을 의미한다. 예를 들어, 인간의 심리적 특성을 측정하는 검사로는 지능검사, 성격검사, 적성검사, 창의성 검사 등이 있다. 이와 같은 심리검사를 개발하기 위해서는 연구자는 측정하고자 하는 심리적 특성, 즉 구인의 특성을 명확히 알아야 하고 측정하고자 하는 대상, 연구비용, 시간 등을 고려해야 한다. 그리고 연구자가 어떤 검사를 연구에서 사용한다고 한다면, 경우에 따라서 사용해야 할 검사가 매뉴얼을 충분히 숙지해야 실시할 수 있기도 하고 실시 자격을 요구할 수도 있기 때문에 주의해야 한다.

심리검사는 기술 연구에서는 어떤 사건이나 현상을 조사하고 관찰하기 위해서, 실험 연구에서는 실험 처치의 효과를 알아보기 위해서 종속변인의 변화된 정도를 확인하기 위해 활용된다.

넓은 의미로의 검사는 '질문지, 교사 제작 학습 준비도 검사, 평정 척도 등'이 포함될 수 있으나, 좁은 의미로는 '표준화된 도구'를 검사라고 한다. 연구를 수행할 때 연구자가 검사를 직접 제작해야 하는 경우에는, 이는 표준화 과정을 거치지 않기 때문에 특히 검사가 갖춰야 할 요건을 면밀하게 확인해야 한다. 본 장에서는 표준화 심리검사를 중심으로 살펴보기로 하자.

표준화 심리검사에서 갖춰야 할 요소는 크게 '검사 제작적 요소, 검사 실시 방법, 검사의 측정의 정확성, 검사의 해석 과정' 4가지로 구분해 볼 수 있다.

먼저 '검사의 제작' 측면에서 검사 제작자는 개발된 검사가 무엇을 측정하고 있는지 명확하게 제시해야 한다. 또한 검사 제작을 하는 과정 및 문항 선정이 어떻게 이루어졌는지 구체적으로 설명해 줘야 한다. 그리고 이러한 구체적 설명과 더불어 검사의 사용 방법에 등에 대해서도 명시해야 한다.

다음으로 '검사 실시 방법'을 정확하게 제시해야 한다. 즉, 검사의 지시 사항, 검사 소요 시간, 필요한 경우에 연습 문제나 보기 등을 어떻게 검사자가 실시하고 피검사자는 어떻게 응답해야 하는지를 구체적으로 매뉴얼에 제시해야 한다. 또한 검사를 실시한 후에 어떻게 채점을 하는지에 대해서도 상세하게 지침이 기술되어야 한다.

'검사 측정의 정확성'은 검사의 신뢰성과 타당성을 확보해야 한다. 또한 개발된 검사가 측정하고자 하는 심리적 구인의 특성을 일관적으로 측정하고 있는지에 대한 신뢰도 측면과 정확하게 측정하고 있는지에 관한 타당도 측면에 대한 정보를 제공해야 한다. 즉, 표준화 심리검사는 신뢰도와 타당도가 측정론적인 측면에서 충분한 정보를 제시해야 한다.

마지막으로 '검사 해석의 과정'은 검사 결과를 어떤 의미 있는 형태로 해석할 수 있는지 제시해야 한다. 이는 개발된 검사에서 얻은 원점수가 표준점수로 변환됐을 때 어떻게 해석되는지 설명해야 하고, 척도상의 점수 수준이 무엇을 의미하는지 역시 자세하게 명시돼야 한다. 원점수 자체로는 해석 가능한 의미 있는 점수가 아니기 때문에 이는 비교 가능한 점수, 즉 표준점수로 변환되어 규준(norm)에서 어떤 위치를 나타내는지 설명되어야 한다.

2. 규준 및 표준점수

표준화 심리검사는 일반적인 질문지 및 척도(scale)와는 달리 규준을 제작하게 된다. 규준은 피검사자의 원점수를 의미 있게 해석할 수 있는 기준을 의미하고 규준에 사용되는 점수는 표준점수라고 한다. 여기에서는 규준과 규준 집단, 표준점수에 대해 살펴보기로 하자.

1) 규준

규준(norm)은 원점수의 상대적 위치를 설명하기 위하여 쓰이는 일종의 자(scale)로서, 규준 집단으로부터 얻어진다. 개인의 원점수는 규준 집단에서 개인의 상대적 위치를 보여 주는 교정점수로 변환되며, 이것은 검사 도구가 측정하는 특성에서 보인 개인 수행의 상대적 측정치를 제공해 준다(김계현 외, 2004).

예를 들어, 아동용 웩슬러 지능검사(KEDI-WISC)의 경우, 아동의 수행수준을 채점한 원점수를 연령별 규준에 비추어 표준점수를 산출하게 되는데, 이때 사용하는 연령별 아동들의 원점수 분포를 정리해 놓은 것이 바로 규준이다. 이와 같이 규준은 검사의 목적과 필요에 따라 연령별, 성별, 지역별로 여러 개를 만들 수 있다.

2) 규준 집단

표준화 검사 제작 시 검사의 규준을 설정하기 위해 사용된 집단을 규준 집단(norm group)이라고 한다. 규준 집단은 모집단의 특성을 대표할 수 있는 표집 집단으로 구성된다. 규준 집단에 연구자는 검사를 실시한 후 여기서 얻은 점수를 통계적으로 처리하여 표준점수로 환산한 후 해석 체계를 마련한다.

3) 백분위 점수

백분위는 표준화 검사에서 일반적으로 보고되는 점수 중 하나다. 백분위(percentile)는 어떤 원점수 또는 그 이하의 점수를 취득한 학생의 퍼센트를 나타낸다. 예컨대, 표준화된 자아개념 검사에서 한 아동이 72 백분위 점수를 얻었다면 이는 아동의 점수가 전국에서 시험을 본 학생 중 72%가 얻은 점수와 같거나 더 높다는 것을 의미한다. 백분위와 퍼센트는 종종 혼동되기 쉬운데, 퍼센트는 전체 문항 중 몇 개의 정답을 맞혔는지를 나타내는 반면, 백분위는 한 학생이 다른 학생과 비교해서 얼마나 잘했는지를 말해 준다.

4) Z점수 및 T점수

원점수를 의미 있게 비교할 수 있도록 해당 점수 분포의 평균과 표준편차를 기준으로 하여 환산한 점수를 말한다. 대표적인 표준점수로는 Z점수와 T점수가 있다. Z점수는 평균이 0이고, 표준편차가 1인 점수 분포를 이룬다. Z값은 원점수에서 평균 점수를 빼서 표준편차로 나눈 값이다. 공식은 $Z = \frac{X - \overline{X}}{S}$ 이다.

T점수는 Z점수가 −값을 취하거나 소수점을 취하는 불편함을 해소하기 위해 생각해 낸 점수이다. T점수는 Z값에 10을 곱하고 50을 더하여 −값과 소수점을 없앤 것으로, 그 공식은 $T = 10Z + 50$이다. 즉, 평균은 50이고 표준편차는 10인 점수 분포를 갖게 된다.

5) 정상분포

표준화 검사는 많은 수의 학생에게 실시되는데, 이때 점수는 정상분포에 가까워진다. 정상분포(normal distribution)란 평균값과 중앙치 및 최빈치가 모두 동일하고, 점수가 좌우 대칭을 이루면서 종모양의 곡선을 이루는 점수 분포이다.

정상분포곡선은 평균값과 중앙값 및 최빈치가 모두 동일하고, 점수들이 좌우대칭을 이루는 종모양의 분포를 이룬다. 키나 몸무게와 같은 인간의 특성은 대부분 표준화 검사처럼 이런 형태의 분포를 이룬다. [그림 9-1]은 위에서 살펴본 표준점수의 분포도를 비교해 놓은 것이다.

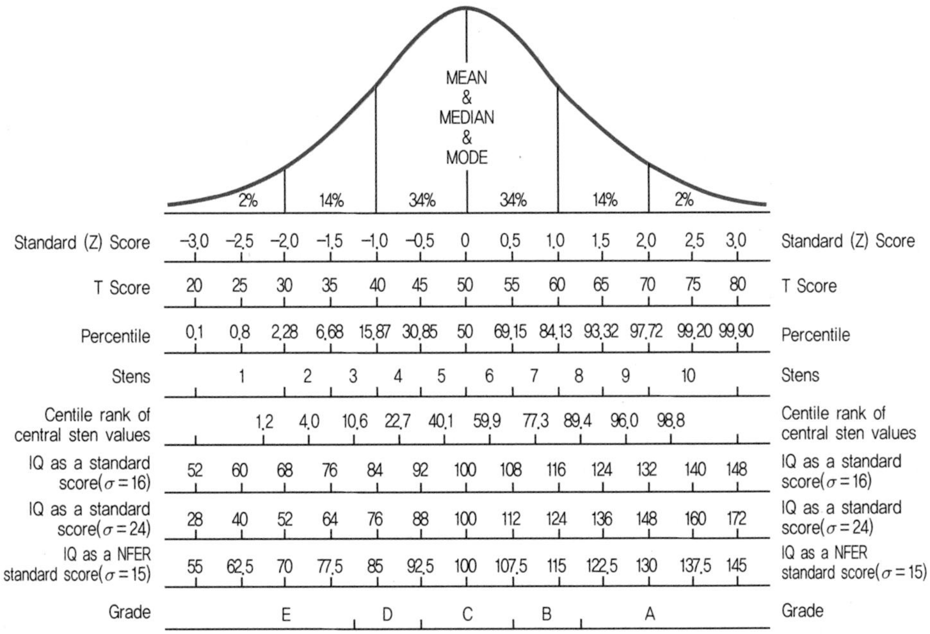

[그림 9-1] 정상분포곡선

3. 검사의 선정

만일 연구자가 표준화 심리검사를 선정하고자 할 때는 검사의 사용 목적을 분명히 하여, 그 목적에 부합된 검사인지를 살펴보고 이 중에서 최적의 검사를 선정하도록 한다. Anastasi(1988)는 검사의 여러 측면에 관한 검토와 평가를 위한 항목으로 다음과 같이 4가지 측면을 제시하고 있다.

1) 검사의 전반적인 측면

연구자는 사용하고자 하는 검사의 제목, 개발자, 출판사명, 출판 연도를 확인해야 한다. 이 중 검사 요강 및 규준의 작성 연도는 꼼꼼하게 살펴보아야 한다.

2) 검사 특성과 목적에 관한 측면

연구자는 검사의 일반적인 형태를 검토해 보아야 한다. 예를 들어, 사용하고자 하는 검사가 개인용 검사인지 집단용 검사인지 또는 지필검사인지 수행검사인지 확인해야 한다. 뿐만 아니라 검사의 세부 내용은 어떻게 구성되어 있는지 살펴보아야 한다. 예를 들어, 지능검사의 언어성 검사는 어떤 소검사로 구성되어 있는지 동작성 검사에 속하는 소검사는 무엇인지 확인되어야 한다.

3) 검사의 실용적 측면

연구자는 사용하고자 하는 검사를 피검사자에게 사용할 때 실시상의 편리성, 검사 지시의 명료성, 채점의 명확성 및 명료성, 검사 실시자의 자격과 훈련 요구사항, 검사지 및 결과지의 구성 및 제시 방법 등을 검토해야 한다.

4) 검사의 기술적 측면

다음으로 연구자는 검사의 기술적인 측면을 확인해야 한다.

첫째, 규준에 관한 측면으로 규준점수의 유형이 무엇인지 규준 집단의 특성 및 크기, 대표성과 표집 과정이 어떻게 이루어졌는지 살펴보아야 한다.

둘째, 사용하고자 하는 검사의 신뢰도는 어떻게 추정되었는지 확인해야 한다. 예를 들어, 연구자는 매뉴얼에 제시된 문항 간 Cronbach α 계수를 확인할 수 있다.

그리고 수행 검사의 경우 채점자 간의 신뢰도, 즉 객관도 역시 확인해야 한다.

셋째, 사용하고자 하는 검사의 타당도(내용타당도, 구인타당도, 준거 관련 타당도)가 어떻게 확보되었는지 확인해야 한다. 즉, 타당도 산출과정 및 절차에 대해 살펴봐야 하고 타당도 확보를 위해 사용된 표집의 특성과 크기 역시 검토해야 한다. 이에 대한 구체적인 내용은 10장에 제시되어 있다.

4. 아동용 심리검사

각종 심리 검사는 개인적인 차이에 관한 일반적 관심에서 출발하였다. 아동용 검사는 지능 검사, 창의성 검사, 학력 검사 및 기타(사회·정서적 검사) 검사로 구분될 수 있다. 아동용 심리검사는 검사 목적에 따라 기술적, 진단적, 예진적 목적에 사용된다. 기술적 검사는 검사에 대한 일반적인 지식을 갖춘 상담가가 실시할 수 있으나, 진단을 위한 검사 실시와 해석에 대한 전문적 지식을 갖춘 검사 전문가가 실시하는 것이 일반적이다(전경원, 2010).

첫째, 아동용 심리검사는 발달 수준을 정상적 아동과 비교하여 기술하고자 하는 데 목적이 있다. 많은 교사와 부모는 아동의 지적, 정서적, 사회적 발달의 현재 수준에 대해서 궁금해한다. 이처럼 현재 아동의 발달 수준을 알고자 할 때 실시하는 검사가 기술적 검사이다.

둘째, 아동 중에서 아동이 지적으로나 정서적으로 발달상의 '이상'이 감지되었을 때, 그 아동이 그러한 이상함을 갖고 있는지 여부를 정확하게 진단해 보기 위하여 검사를 실시한다. 한 아동의 지적인 능력이 다른 아동에 비해서 현저하게 뒤떨어졌는지, 정서적인 문제를 가지고 있는지를 정밀하게 진단해 보기 위해 주로 임상실에서 실시한다.

셋째, 아동이 나중에 어느 정도의 성취를 보일 것인지, 사회 정서적으로 어느 정도 적응하게 될지 예측하기 위한 검사를 실시하게 된다. 또한 아동에게 어떤 특수한 교육이나 훈련 또는 치료를 가한 뒤에 그 아동이 장차 어떻게 행동할 것인지를 예측해 보기 위하여 심리검사를 실시하는 것이 예진적인 목적을 위한 검사다.

1) 심리검사 장소

첫째, 검사실은 외부의 방해가 없고 조용한 곳이어야 한다. 검사실에 복잡한 그림이나 아동의 주목을 끌 만한 것이 없는 것이 좋다. 예컨대, 빨간색에 대해 연상을 하는 검사라면 주변에 빨간색이 없도록 한다.

둘째, 검사 자료를 잘 챙겨야 한다. 진행 중인 검사 문항 이외의 자료는 아동에게 보여 주지 말아야 하고 검사 실시 전에 검사 자료가 모두 갖추어져 있는지를 확인해야 한다. 검사 도구, 필기도구, 스톱워치 등 필요한 자료를 잘 준비하도록 한다.

셋째, 2 · 3세가 된 아동들은 부모가 함께 있을 때 마음 편하게 최선을 다할 수 있다. 부모가 함께 있게 되는 경우는 아동의 뒤편, 아동이 볼 수 없는 곳에 앉도록 해야 한다. 만 3세가 넘는 경우는 부모가 함께 있지 않은 것이 좋다. 피검자가 아주 어린 아동이 아닌 이상, 형제를 포함한 다른 아동이 검사실에 함께 있는 것은 방해가 되기 때문에 피하는 것이 좋다.

2) 검사자가 유의해야 할 아동의 특성

이러한 조건을 만족시키기 위해서는 심리검사에서 나온 점수보다는 검사 실시 과정에서 나타나는 아동의 행동을 면밀히 관찰할 필요가 있다. 아래의 내용은 Sattler(1992)에 의한 가이드라인으로 아동 관찰 시 참고가 될 것이다.

〈표 9-1〉 검사를 실시할 때 검사자가 유의해야 할 아동의 행동

태 도 면	
검사자에 대한 태도	1. 아이가 당신에게 어떻게 대하는가? 당신은 아이를 어떻게 대하는가? 2. 아이가 수줍어하는가, 두려워하는가, 공격적인가, 우호적인가? 3. 아이가 반항적인가? 복종적인가? 지나치게 검사자를 기쁘게 하려고 하는가? 4. 당신에 대한 아이의 행동이 처음부터 끝까지 변하곤 하는가? 5. 아이가 당신으로 하여금 정답을 해 주도록 유도하는가? 6. 아이가 자신의 응답이 맞는지 틀리는지를 알아내기 위하여 당신을 살피는가?
검사 사태에 대한 태도	1. 아이가 긴장되어 있는가, 안절부절못하는가, 긴장을 풀고 마음이 편한가? 2. 검사에 대하여 아이가 흥미 있어 하는가, 무관심한가? 3. 아이가 자신감이 있는가? 열심인가, 거부하는가? 4. 아이가 검사를 놀이로 생각하는가, 잘해 보는 기회로 생각하는가, 실패 위험으로 생각하는가? 5. 아이가 검사에 얼마나 잘 주의를 집중하는가? 6. 질문을 반복할 필요가 있는가? 7. 아이가 자신의 최선을 다하고 있는가? 8. 간청했을 때만 아이가 반응하는가? 9. 아이가 쉽사리 포기하는가, 아니면 어려운 문항도 끝까지 하려고 하는가? 10. 검사를 실시하는 동안 아이의 관심(흥미)이 변하는가? 11. 재차 묻는 질문에 어떻게 응하는가? 변명을 하는가? 모르겠다고 말하는가?
자신에 대한 태도	1. 아이가 검사에 응하는 템포가 빠른가, 느린가? 2. 아이가 깊이 생각하고 대답하는가 아니면 충동적으로 대답하는가? 3. 자기가 한 대답을 고치려고 하는가? 4. 중얼중얼하면서 생각하는가 아니면 응답만 말하는가? 5. 아이가 손가락으로 책상 위에 응답을 쓰는가, 질문을 하는가, 또는 문제를 풀기 위해서 다른 어떤 방법을 쓰는가?
검사 문항에 대한 태도	1. 아이에게 불안, 더듬거림, 또는 얼굴을 붉히게 하는 문항이 있는가? 2. 아이가 불편해하는 문항 또는 영역이 있는가? 아이가 특별히 좋아하는 또는 싫어하는 문항이 있는가? 3. 아이가 갑자기 말문을 닫는 문항이 있는가? (아는데, 생각이 안 나요?) 어떤 문항(쉬운 문항, 어려운 문항, 아니면 모든 문항)에 대해서 이런 반응이 나타나는가? 4. 대답하라고 요구할 필요가 있는가? 요구했을 때 응답을 하는가? 그 응답에 대해서 아이가 알고 있는 것이었는가, 아니면 강요가 필요했던 것인가?

태 도 면	
실패(오답)에 대한 반응	1. 어려운 문항에 대해서 아이가 어떻게 반응하는가? 꽁무니를 빼는가, 공격적으로 되는가, 더 애를 쓰는가, 속이려고 하는가, 둘러대는가, 틀렸다고 그냥 시인하는가? 2. 아이가 공격적으로 된다면 누구에게 또는 무엇에 대해서 공격적인가? 3. 실패(오답)에 대해서 아이가 어떻게 반응하는가? 실패했을 때 아이가 사과하는가, 변명하는가, 곰곰이 생각하는가, 실패를 받아들이는가, 아니면 창피하게 생각하는가? 4. 창피하게 생각한다면, 무능하다고 생각해서인가 아니면 당황해서인가? 5. 위로해 주었을 때 그것을 받아들이는 눈치인가?
칭찬에 대한 태도	1. 칭찬에 대해서 어떻게 반응하는가? 2. 칭찬을 얌전하게 받아들이는가 아니면 겸연쩍어하는가? 3. 칭찬을 했을 때 아이가 더 열심히 하려고 하는가?

언 어 면

1. 자신의 생각을 얼마나 분명히 표현하는가? 아이의 말이 유창한가, 더듬거리는가, 발음이 똑똑한가, 불분명한가, 정확한가?
2. 자신의 생각을 얼마나 정확하게 표현하는가? 아이의 반응이 정곡을 찌르는가, 막연한가, 둘러대는가, 한 말을 반복하는가, 자유 연상적인가, 기괴한가?
3. 아이의 반응이 사적인 관심이나 자기중심성을 반영하고 있는가?
4. 아이의 반응이 총체적으로 미숙한가?
5. 반응에 관계없는 말이 끼어들어 있다면, 모든 가능성을 강박적으로 말하려는 것인가 아니면 완전히 엉뚱한가?
6. 아이가 자발적으로 말을 하는가 아니면 질문을 했을 때만 응답하는가?
7. 아이의 말이 우호성에서 나온 것인가 아니면 검사 사태를 피하기 위해서인가?

시각 운동 기능면

1. 아이의 손, 발, 얼굴 등의 움직임에서 무언가 주목할 만한 것이 있는가?
2. 아이는 오른손잡이인가, 왼손잡이인가?
3. 질문에 대한 아이의 반응은 빠른가, 느린가?
4. 아이가 체계적인가, 시행착오적인가?
5. 날렵하게 움직이는가 아니면 어색한가?
6. 좌우 대칭적인 움직임이 순조로운가, 어색한가?
7. 문항을 풀 때 시간을 의식하는가? 그렇다면, 이 의식이 그의 행동에 어떤 영향을 미치는가?
8. 문제를 풀 때 중얼중얼 말을 하는가? 그 말이 아이의 행동과 일치하는가?

위의 내용을 모두 외우기도 어렵거니와 그렇게 할 필요도 없지만 검사에 착수하기 전에 이 표의 내용을 훑어보는 것이 좋다. 검사에 앞서 가이드라인을 훑어보면서 다시 한번 검사 요강의 실시상의 유의 사항을 숙지해 둘 것을 강조한다.

3) 아동용 검사의 종류

검사의 종류에는 여러 가지가 있으나 여기에서는 검사 내용에 따라 분류하기로 하겠다. 검사의 내용에 따라 지능검사, 창의성 검사, 기타 검사(성격검사, 태도검사 등)로 구분할 수 있다.

(1) 한국 웩슬러 아동 지능검사 4판(K-WISC-IV: Korean-Wechsler Intelligence Scale for Children)

상식, 빠진 곳 찾기, 어휘 등의 15개 소검사를 이용해 아동의 전반적인 인지기능 평가를 하는 지능검사이다. K-WISC-IV의 주요 특징은 다음과 같다.

- 소검사 추가 : K-WISC-IV는 15개의 소검사로 구성되어 있다. K-WISC-III와 동일한 10개 소검사와 5개의 새로운 소검사(공통그림찾기, 순차처리, 행렬추리, 선택, 단어추리)가 추가되었다.
- 합성점수 산출 : K-WISC-IV는 5가지 합성점수를 얻을 수 있으며, 아동의 전체적인 인지능력을 나타내는 전체 검사 IQ를 제공한다(15개의 소검사로 이루어져 있지만 합성점수를 얻기 위해서는 대부분 10개의 주요검사만 실시함).
- 처리점수 산출 : K-WISC-IV는 3개의 소검사(토막짜기, 숫자, 선택)에서 7개의 처리점수를 제공한다. 이러한 점수들은 아동의 소검사 수행에 기여하는 인지적 능력에 대한 보다 자세한 정보를 제공하도록 고안되었다(처리점수는 다른 소검사 점수로 대체할 수 없으며, 합성점수에도 포함되지 않음).
- 심리교육적 도구 : K-WISC-IV는 전반적인 인지적 기능에 대한 포괄적인 평가를 할 때 사용할 수 있다. 또한 지적 영역에서의 영재, 정신지체 그리고 인지적 감정과 약점을 확인하기 위한 평가의 일부분으로 사용 가능하다. 따라서 임상장면 및 교육장면에서 치료계획이나 배치결정을 내릴 때 유용하다.

▣ 다양한 인지기능 평가 : 인지능력이 평균 이하로 추정되는 아동, 아동의 인지기능을 재평가해야 하는 아동, 낮은 지적능력이 아닌 신체적 · 언어적 · 감각적 제한이 있는 아동, 청각장애아 또는 듣는 데 어려움이 있는 아동의 평가 등이 가능하다.

저 자	David Wechsler
한국판 표준화	곽금주 · 오상우 · 김청택
목 적	아동의 종합적인 인지능력 평가
대 상	만 6세 0개월~만 16세 11개월
실 시 형 태	개별검사
소 요 시 간	65~80분

한국판 웩슬러 아동용 지능검사(K-WISC-IV)는 만 6세 0개월~만 16세 11개월까지의 아동의 인지적 능력을 평가하기 위한 개별 검사 도구이다. 기존의 한국판 웩슬러 아동용 지능검사(K-WISC-III)를 개정한 것으로 개정 과정에서 인지발달, 지적 평가, 인지 과정에 대한 최근 연구를 통합하여 전반적인 지적 능력(전체검사 IQ)을 나타내는 합성점수는 물론, 특정 인지 영역에서의 지적 기능을 나타내는 소검사와 합성점수를 제공한다.

K-WISC-IV는 전반적인 인지적 기능에 대한 포괄적인 평가를 할 때 사용할 수 있다. 또한 지적 영역에서의 영재, 정신지체, 그리고 인지적 강점과 약점을 확인하기 위한 평가의 일부분으로 사용 가능하다. 따라서 임상장면 및 교육장면에서 치료계획이나 배치결정을 내릴 때 유용하다.

인지능력이 평균 이하로 추정되는 아동, 인지기능을 재평가해야 하는 아동, 낮은 지적 능력이 아닌 신체적 · 언어적 · 감각적 제한이 있는 아동, 청각장애아 또는 듣는 데 어려움이 있는 아동의 평가 등이 가능하다.

하위 검사 구성

소 검 사	약 호	설 명
토막짜기	BD	아동이 제한시간 내에 흰색과 빨간색으로 이루어진 토막을 사용하여 제시된 모형이나 그림과 똑같은 모양을 만든다.
공 통 성	SI	아동이 공통적인 사물이나 개념을 나타내는 두 개의 단어를 듣고, 두 단어가 어떻게 유사한지를 말한다.
숫 자	DS	숫자 바로 따라 하기에서는 검사자가 큰 소리로 읽어준 것과 같은 순서로 아동이 따라 한다. 숫자 거꾸로 따라 하기에서는 검사자가 읽어 준 것과 반대 방향으로 아동이 따라 한다.
공통그림찾기	PCn	아동에게 두 줄 또는 세 줄로 이루어진 그림을 제시하며, 아동은 공통된 특성으로 묶일 수 있는 그림을 각 줄에서 한 가지씩 고른다.
기호쓰기	CD	아동은 간단한 기하학적 모양이나 숫자에 대응하는 기호를 그린다. 기호표를 이용하여 아동은 해당하는 모양이나 빈칸 안에 각각의 기호를 주어진 시간 안에 그린다.
어 휘	VC	그림문항에서 아동은 소책자에 있는 그림의 이름을 말한다. 말하기 문항에서는 아동은 검사자가 크게 읽어 주는 단어의 정의를 말한다.
순차연결	LN	아동에게 연속되는 숫자와 글자를 읽어 주고, 숫자가 많아지는 순서와 한글의 가나다 순서대로 암기하도록 한다.
행렬추리	MR	아동은 불완전한 행렬을 보고, 5개의 반응 선택지에서 제시된 행렬의 빠진 부분을 찾아낸다.
이 해	CO	아동은 일반적인 원칙과 사회적 상황에 대한 이해에 기초하여 질문에 대답한다.
동형찾기	SS	아동은 반응 부분을 훑어보고 반응 부분의 모양 중 표적 모양과 일치하는 것이 있는지를 제한시간 내에 표시한다.
빠진 곳 찾기	PCm	아동이 그림을 보고 제한시간 내에 빠져 있는 중요한 부분을 가리키거나 말한다.
선 택	CA	아동이 무선으로 배열된 그림과 일렬로 배열된 그림을 훑어본다. 그리고 제한시간 안에 표적 그림에 표시한다.
상 식	IN	아동이 일반적 지식에 관한 광범위한 주제를 다루는 질문에 대답을 한다.
산 수	AR	아동이 구두로 주어지는 일련의 산수 문제를 제한시간 내에 암산으로 푼다.
단어추리	WR	아동이 일련의 단서에서 공통된 개념을 찾아내어 단어로 말한다.

(2) KABC-II 카우프만 아동용 지능검사

이 검사는 영재아동, 특수아동 및 기타 학습장애 아동의 평가 및 교육적 처치에 탁월한 지능검사 도구이다.

저　　　자	Alan S. Kaufman & Nadeen L. Kaufman
한국판 표준화	문수백
목　　　적	인지적 강점 및 약점의 파악/치료 계획, 배치 계획 설정
대　　　상	만 3~18세
실 시 형 태	개별
소 요 시 간	약 60~90분

KABC-II는 만 3~18세에 이르는 아동과 청소년의 정보처리와 인지능력을 측정하기 위해 개발된 개인용 지능검사(individual intelligence test)로서 미취학 아동부터 고등학생의 심리, 임상, 심리교육, 그리고 신경심리적 평가를 위한 목적으로 개발되었다. 사고력과 전반적 인지능력을 모두 측정할 수 있는 측정 도구로서, 학생의 치료 계획, 배치 계획을 세우는 데 도움을 준다. 또한 인지능력과 사고력에 있어서 개개인의 강점과 약점을 파악할 수 있도록 되어 있으며, 학습장애의 핵심적인 양상인 기본적인 사고 처리 과정의 장애를 파악하는 데 대단히 유용하다.

KABC-II 검사는 Luria와 CHC 모델의 처리영역 및 광범위적 능력과 일치하는 5가지 하위 척도로 분류된다.

하위 검사 구성

	Luria 용어	CHC 용어	KABC-II 하위 척도 명칭
	순차 처리	단기 기억(Gsm)	순차 처리(Gsm)
	동시 처리	시각적 처리(Gv)	동시 처리(Gv)
	학습력	장기저장-회생(Glr)	학습력(Glr)
	계획력	유동성 추리(Gf)	계획력(Gf)
		결정성 능력(Gc)	지식(Gc)
KABC-II 전체 척도 명칭	인지처리지표(MPI)	유동성- 결정성 지표(FCI)	

(3) 초등 도형 창의성 검사(K-FCTES: Korean Figural Creativity Test for Elementary school Students)

이 검사는 도형영역을 통한 유창성, 독창성, 민감성, 개방성을 측정하는 창의성 검사이다.

저　　자	전경원, 전경남
목　　적	도형 그리기를 통한 창의성(유창성, 독창성, 민감성, 개방성) 측정
대　　상	초등학생 1~6학년
실 시 형 태	개별/소집단 검사
소 요 시 간	약 20분

본 검사는 창의성의 주요 척도인 유창성 · 독창성 · 민감성 · 개방성을 측정하는 도형검사 도구로써, 도형을 통하여 아동의 창의 능력과 특성을 파악하여 창의성의 발달을 돕고자 하는 데 의의가 있다. 특히 본 검사에서는 유창성과 독창성은 물

론 민감성과 개방성을 측정할 수 있어, 아동의 창의력과 창의성을 파악하여 교육기관과 가정에서 아동의 창의력 개발에 구체적인 도움을 줄 수 있다.

- 본 검사는 전통문양뿐만 아니라 의생활 및 주생활과 관련된 사물의 형태 중 일부를 자극도형으로 사용함으로써, 한국인의 생활 정서나 의식이 독창적으로 반영된 창의성 검사이다.
- 본 검사에서는 유창성 · 독창성 · 민감성은 물론 개방성을 측정할 수 있기 때문에, 아동의 창의적인 능력과 성향을 동시에 파악할 수 있는 효과적인 검사이다.
- 본 검사의 결과 해석 시 개인의 수준에 적절한 지도 방안 및 활동의 예를 제시함으로써, 교육기관과 가정에서 아동의 창의성 발달을 위한 구체적인 역할을 수행하는 데 충분한 도움을 제공하고 있다.
- 본 검사는 논문 작성자를 위해 각 척도 및 영역별 점수를 T점수로 환산한 데이터를 제공하고 있다.

하위 검사 구성

검사명	검사의 내용	측정요인
소검사1 : 으뜸 도형으로 그리기	'갓'의 일부분을 선으로 제시하고, 이를 이용하여 연상되는 모양으로 완성한다. 총 18개의 같은 도형이 제시되어 있다.	유창성 독창성
소검사2 : 모둠 도형으로 그리기	제시된 5개의 도형(갓의 일부분, 之의 변형, 수막새 일부분, 태극무늬의 일부분, 점)을 이용하여 자유롭게 완성한다.	개방성 민감성

(4) 초등 창의적 특성 검사(K-CTC: Korean-Creativity Traits Checklist)

저자	전경원, 전경남
목적	창의적 특성을 인지적, 정의적 요인으로 평가
대상	초등학생 1~6학년
실시형태	개별/집단(교사가 평가)
소요시간	약 20분

본 검사는 초등학생의 창의적인 특성을 종합적이고 체계적으로 평가하기 위해 개발되었다. 일반적인 창의적 능력검사에서 평가하기 어려운 창의적인 성격특성을 파악할 수 있다. 평소 아동이 생활 속에서 보여준 태도를 바탕으로 아동에 대해 오랫동안 관찰한 교사가 쉽게 평가할 수 있도록 고안한 행동관찰 체크리스트 형식의 검사이다.

본 검사는 아동이 평소 생활에서 나타내는 창의적인 특성이나 성향에 대한 평가가 가능하다.

검사의 구성은 유창성, 융통성, 독창성 등의 인지적 요인과 민감성, 독자성, 호기심, 다양성 등의 다양한 정의적 요인이 포함되어 있다. 본 검사 결과와 함께 발산적 사고 검사 또는 산출물 검사 등의 다양한 창의성 검사의 결과를 고려하여 종합적이고 체계적인 평가를 하는 것이 바람직하다. 일반 창의성 검사 결과의 해석을 보충해 줄 수 있는 보조평가로 활용이 가능하다.

하위 검사 구성

요 인	항 목	측 정 내 용	문항 수
인지적 요인	유창성	특정한 상황에서 가능한 한 많은 양의 아이디어나 해결책을 산출해 내느냐 하는 아이디어의 풍부함과 관련된 양적인 특성	11
	융통성	고정적인 관점, 일반적인 시각 또는 사고방식을 깨고 변환시켜 다양하고 광범위한 아이디어나 해결책을 산출해 내는 능력	
	독창성	기존의 사고에서 탈피하여 희귀하고, 참신하며 독특한 아이디어나 해결책을 산출하는 특성	
정의적 요인	탈고정관념/독자성	탈고정관념은 고정관념에서 탈피하여 새로운 방식으로 사고하려는 경향이며, 독자성이란 남에게 의지하거나 속박되지 아니하고 독자적으로 사고하고 행동하려는 성향	11
	호기심/모험심	호기심이란 새롭고 신기한 것을 좋아하고 모르는 것을 알고 싶어 하는 경향을 말하며, 모험심이란 위험을 무릅쓰고 어떤 일을 하는 것을 말함	5

요 인	항 목	측 정 내 용	문항 수
정의적 요인	다양성	생각이나 행동양식 따위가 여러 가지로 많은 특성	5
	민감성	느낌이나 반응이 날카롭고 빠른 성질로 창의성에서 중요한 역할을 하는 지각력과 관련된 깊은 특성	4
	유머감각	남을 웃기는 말이나 행동을 잘하는 감각	2
	개별성	혼자서 행동하고 사고하는 것을 좋아하는 특성	2

(5) 유아 종합 창의성 검사

저 자	전경원
목 적	영역별(언어·도형·신체) 창의성과 척도별(유창성·융통성·독창성·상상력) 창의성
대 상	5~7세
실 시 형 태	개별 / 집단
소 요 시 간	20분

K-CCTYC(Korean-Comprehensive Creativity Test for Young Children)는 Guilford와 Torrance의 이론을 근거로, 전경원이 1995년 이후 계속적으로 연구 개발하여, 1999년에 재표준화한 유아용 종합 창의성 검사 도구로 가장 널리 사용되고 있다.

K-CCTYC는 5~7세 유아를 대상으로 하고 있으며, 총 4개의 소검사로 구성되어 있다. 이를 통하여 영역별(언어·도형·신체) 창의성과 척도별(유창성·융통성·독창성·상상력) 창의성을 측정한다. 검사 1은 빨간색 연상하기로 빨간색을 보고 연상되는 물건이나 느낌 및 생각을 적어보게 하는 것으로, 창의력 계발에 중요한 역할을 하는 연상 활동으로 이루어져 있다. 검사 2는 도형 완성하기로 태극기의 가운데 선(S 모양)만 9개 제시하고, 그 선을 사용하여 어떤 그림을 그리는 것이다. 검사 3은 동물 상상하기로 창의적 사고의 기초가 되는 상상력을 측정하기 위해 전래동화나 우화에 등장하는 동물을 5가지 등장시켜 상상하는 것이다. 검사 4는 색다른 나무치기로 전통놀이의 비석치기와 같은 형식으로 세워져 있는 창의나무를 색다른 방법으로 쓰러뜨리게 하는 것이다.

(6) 한국판 아이젱크 성격 검사(K-EPQ: Korean version Eysenck Personality Questionnaire)

원 저 자	Eysenck
한국판 표준화	이현수
목 적	언간의 성격차원 요인의 측정
대 상	9~15세(아동・청소년) / 16세 이상(성인용)
실 시 형 태	개별 / 집단 검사
소 요 시 간	30~50분 정도

본 검사는 Eysenck 부부가 공동 제작한 것으로 정신병적 경향성(P), 외향성-내향성(E), 정서성 혹은 신경증적 경향성(N), 그리고 허위성(L) 혹은 사회적 욕망성과 같은 네 가지 주요 성격 차원적 요인의 특징을 측정하는 검사다. 본 검사의 한국판은 기존의 네 척도 외에 중독성, 범죄성, 감정이입, 모험성, 충동성 요인을 추가로 측정하고 있다.

본 검사는 아이젱크 성격 차원 이론의 4대 기질 이론과 현대 경험적 성격 이론의 복합체로서 모두가 기술적 특징을 가지고 있을 뿐만 아니라 객관적 자료에 의해서 실증되었다는 점에서 높이 평가할 만하다. 아이젱크 성격 차원 이론을 뒷받침하는 실증적 자료를 얻기 위해 신뢰도와 타당도가 높은 객관적 심리검사를 여러 계층의 수검자에게 실시하고 그 결과를 규준 분석과 같은 고급 통계 방법을 써서 분석하였다는 점에서 기존의 성격 이론과 크게 다르다.

외향성-내향성 차원은 Wundt가 말하는 정서 반응의 속도 차원(변화성 차원), 정서성 차원은 Wundt가 말하는 정서 반응의 강도 차원(불안정성 차원)을 각각 지칭한다. 즉, 내향성이 높으면서 정서성이 높으면 정신병질자나 히스테리 특징이 두드러지게 나타난다고 주장한다.

하위검사 구성

구 분	척 도	약 호	측정 내용	문항 수
성인 I부	정신병적 경향성	P	정신병력과 관계있으며 비정상적으로 표출되는 공격성, 비동조성, 불일치성, 충동성 등	81
	외-내향성	E	타인과 어울리는 사교성, 타인과의 관계에서의 사회적 주도성, 적극성	
	신경증적 경향성	N	스트레스에 대한 반응, 기분변화 정도, 우울성향, 정신상태와 관련된 신체적 질병 유무	
	허위성	L	자신에 대한 과장된 평가경향 또는 솔직성	
	중독성	A	음식이나 약물 등의 비정상적 섭취경향 또는 이와 관련된 심리적 이상 유무 측정	
	범죄성	C	비행자와 상습적 범행자를 감별하는 데 도움이 되는 척도로 개인의 범죄행위와 관련된 반사회성 등	
성인 II부	정신병적 경향성	P	정신병력과 관계있으며 비정상적으로 표출되는 공격성, 비동조성, 불일치성, 충동성 등	48 (단축형)
	외-내향성	E	타인과 어울리는 사교성, 타인과의 관계에서의 사회적 주도성, 적극성	
	신경증적 경향성	N	스트레스에 대한 반응, 기분변화 정도, 우울성향, 정신상태와 관련된 신체적 질병 유무	
	허위성	L	자신에 대한 과장된 평가경향 또는 솔직성	
성인 III부	충동성	IMP	계획된 일이 아닌 순간적인 감정에 대해 행동하고 생각하는 경향	40
	모험성	VEN	위험을 무릅쓰고 새로운 일에 도전을 좋아하는 경향	
	감정이입	EMP	타인의 감정에 쉽게 동화되는 경향	
아동·청소년	정신병적 경향성	P	정신병력과 관계있으며 비정상적으로 표출되는 공격성, 비동조성, 불일치성, 충동성 등	70
	외-내향성	E	타인과 어울리는 사교성, 타인과의 관계에서의 사회적 주도성, 적극성	
	신경증적 경향성	N	스트레스에 대한 반응, 기분변화 정도, 우울성향, 정신상태와 관련된 신체적 질병 유무	
	허위성	L	자신에 대한 과장된 평가 경향 또는 솔직성	

(7) 아동용 성격 검사(MMTIC)

MMTIC는 성인용 심리검사인 MBTI(Myers-Briggs Type Indicator)와 마찬가지로 Jung의 심리유형이론에 그 바탕을 두고 있다. 1990년 미국의 Meisgeier 박사와 Murphy 박사에 의해 개발되었다. MMTIC(어린이 및 청소년 성격유형 검사)의 한국 표준화 작업은 김정택, 심혜숙 박사에 의해 1993년에 만 8세부터 13세까지의 어린이 및 청소년 2,600명을 대상으로 이루어졌으며, 이론적인 틀과 문항 구성에 있어 MBTI의 저자 Briggs와 Myers의 선호도 지표(E-I, S-N, T-F, J-P)를 그대로 적용하였다.

MBTI 4가지 선호경향		
외 향 (E) Extraversion	에너지 방향 (주의 초점) ←·······→	내 향 (I) Introversion
감 각 (S) Sensing	인식기능 (정보수집) ←·······→	직 관 (N) iNtuition
사 고 (T) Thinking	판단기능 (판단, 결정) ←·······→	감 정 (F) Feeling
판 단 (J) Judging	행동양식/생활양식 ←·······→	인 식 (P) Perceiving

MMTIC(어린이 및 청소년 성격유형 검사)는 성인용 MBTI와 마찬가지로 4가지 선호 경향을 측정한다. 이 4가지의 선호 경향을 조합하여 개인의 성격유형을 평가한다.

(8) 아동용 언어 능력 검사(LSSC 학령기 아동 언어 검사)

저 자	이윤경, 허현숙, 장승민
목 적	학령기 아동의 언어능력 평가 및 언어지체 혹은 언어장애 판별
대 상	만 7~12세
실시형태	개별 검사
소요시간	60~70분

학령기 아동 언어검사는 학령기 아동의 전반적인 언어능력을 평가하는 검사이다. 언어 문제를 갖는 아동을 판별하고, 문제가 있는 경우 어떠한 측면에서 문제점을 갖는지 파악하는 데 주된 목적이 있지만, 언어 문제를 동반하지 않는 일반 아동의 경우에도 언어적인 측면에서 강·약점을 파악과 학령기 언어장애, 언어학습장애, 언어학습 부진을 선별할 수 있다.

▣ 검사의 특징

- 전반적인 언어영역 평가 : 총 11개의 하위 검사를 통하여 문법이나 의미, 혹은 화용-담화와 같은 전반적인 언어 영역을 수용과 표현의 두 가지 측면에서 모두 평가할 수 있도록 개발되었다.
- **발달적 특성에 맞는 검사의 구성** : 학령기의 언어발달 특성을 검사 내용에 반영하여 개발되었다.
- **발달적 특성을 고려한 평가 방법** : 언어평가 이론과 기존에 개발된 검사를 참고하여 학령기 아동에게 적합한 평가 방법 및 절차를 구성하였다.

하위 검사의 구성

하위 검사	내 용
상위개념 이해·상위어 표현	각 문항의 그림이나 낱말을 듣고 같은 상위 개념에 포함되는 두 개의 낱말을 고르고 상위 개념어를 표현한다.
반의어 표현	낱말을 듣고 반대되는 낱말을 표현한다.
동의어 표현	낱말을 듣고 비슷한 낱말을 표현한다.
구문 이해	문장을 듣고 해당되는 그림의 번호를 말하거나 가리킨다.
비유문장 이해	문장을 듣고 해당되는 그림의 번호를 말하거나 가리킨다.
문법 오류 판단·수정	문장을 듣고 문장의 맞고 틀림을 판단한 후 틀린 문장은 수정한다.
복문 산출	2~4개의 짧은 문장을 듣고 하나의 문장으로 말한다.
단락 이해	단락을 듣고 관련된 질문에 답한다.
따라 말하기	문장을 듣고 따라 말한다.

(9) Rorschach 잉크 반점 검사(Rorschach Ink Bolts Test)

사실 Torrance의 도형 검사도 Rorschach 검사에서 시사 받은 것이라고 Torrance(1980)는 그의 책 『The Search for Satori and Creativity』에서 말하고 있다. 이 검사는 가장 오래된 창의성 검사 도구 중 하나로 검사 대상은 유치원 아동부터 성인까지인데, 이 검사는 형태와 인간의 동작이 얼마나 진귀한지의 반응으로 창조성을 측정한다. 이 검사는 연상 기법의 하나로 10장의 잉크 반점 카드로 구성되어 있다. 이 검사에서 '운동 지각'은 상상력 지표 및 환상 능력, 충동 통제 능력, 상상의 사용에 대한 자유로움, 타인과의 감정 이입, 고도의 자아 기능과 같은 창조적 기능에 대한 본질적인 성격 특성으로 오래전부터 인식되어 왔다고 Torrance는 말하고 있다. 실제 움직임이 나타난 그림을 창출하기 위해서는 잉크 반점에서처럼 움직임에 대한 단순한 지각보다는 이 같은 속성의 역동적인 특성을 알 수 있어야 한다.

이 지표의 평가에서, 움직임과 행위에 관한 기준은 제목, 그림에 나타난 등장인물의 말, 그림에 나타난 다른 요소들의 상태에서 발견할 수 있다. 달리는 모습, 날아다니는 모습, 춤추는 모습, 다이빙하는 모습, 스키 타는 모습, 싸우는 모습, 던지는 모습, 구부리는 모습, 팔을 위로 향한 모습, 팔을 앞으로 뻗은 모습, 발로 차는 모습, 때리는 모습, 수영하는 모습 등은 이 지표에 대한 일반적인 단서이다.

5. 아동용 표준화 검사 사용의 지침

NAEYC(1988)와 Meisels(1983)는 교사들이 표준화 검사에 대하여 알아야 할 점 4가지를 다음과 같이 지적했다.

첫째, 아동 교육에서 사용되는 모든 표준화 검사는 검사 개발 규정에 따라 신뢰성과 타당성을 인정받아야 한다.

둘째, 아동의 교육과 관련된 중요한 결정을 내릴 때에는 반드시 여러 가지의 평가 도구를 사용하여야 한다.

셋째, 기존의 표준화 검사들을 비판적으로 평가하고 신뢰도와 타당도가 높은 검사를 주의를 기울여 선택하되 그 검사를 실시하는 목적에 가장 타당한 것을 선택해야 한다.

넷째, 교수 과정에 관련된 결정이나 책무성에 관련된 기록은 표준화된 검사의 결과보다는 교사로부터 얻어진 자료에 근거해야 한다.

CHAPTER

10 신뢰도와 타당도

학습 목표

신뢰도란 한 검사가 측정하고자 하는 내용을 얼마나 정확하게 측정하고 있느냐 하는 정도를 말한다. 즉, 검사를 통해 얻어지는 점수가 측정하는 사람에 따라, 검사 실시 시기에 따라, 또는 검사 문항의 표집에 따라서 점수의 변화 정도가 커다란 변화 없이 안정적으로 일관성 있게 측정하였는지를 나타낸다.

검사 - 재검사 신뢰도는 동일한 검사를 동일한 사람에게 일정 간격을 두고 두 번 실시하여 얻은 두 개의 점수 사이의 상관 정도를 계산 · 산출함으로써 신뢰도를 추정하는 방법이다.

동형 검사 신뢰도란 동일한 집단에 비교적 동일한 시기에 두 개의 서로 유사한 검사 점수 사이의 상관 계수로서 신뢰도를 추정하는 방법이다.

반분 신뢰도란 검사 내용의 동질성의 정도를 알아보기 위해, 검사를 어느 한 집단에 실시한 다음에 검사 문항을 두 부분으로 나눈 뒤 각각의 점수에 대한 상관을 구하여 신뢰도를 추정하는 방법이다.

문항 내적 합치도는 검사 도구지의 각 문항을 독립된 한 개의 검사 도구지라고 여기고, 각 문항의 동질성 · 합치성을 보는 것으로 한 검사의 각 문항에 대해 피검사자가 얼마나 일관성 있게 반응을 하느냐는 검사의 문항들이 어느 정도 동질적인가에 따라 결정된다.

타당도란 한 검사가 주어진 목적을 얼마나 충실하게 측정해 주느냐 하는 정도를 의미한다.

내용타당도란 측정 도구가 측정하고자 하는 내용을 얼마나 충실하게 측정하고 있는지 전문가의 논리적 분석을 통하여 평가하는 것이다.

준거타당도란 한 검사의 타당성을 주어진 어떤 경험적 기준을 얼마나 잘 예언하느냐 또는 그 기준과 관계가 있느냐와 같이 주어진 준거에 비추어 검사의 타당도를 확인하는 과정이다.

구인타당도는 측정 도구가 실제로 무엇을 측정하였는가, 또는 연구자가 측정하고자 하는 구인이 실제로 측정 도구에 의해서 적절히 측정되었는가를 판단하는 방법이다.

검사 도구지의 객관도란 채점할 때 여러 채점자가 어느 정도 일치된 판단을 하느냐의 정도를 객관도라고 한다.

검사 도구지의 실용성이란 검사 도구지를 사용하는 데 시간, 노력, 경비 등을 최소한으로 들이고 쉽게 사용할 수 있는지 정도를 나타낸다.

신뢰도와 타당도

CHAPTER 10

1. 신뢰도

신뢰도(Reliability)란 한 검사가 측정하고자 하는 내용을 얼마나 정확하게 측정하고 있느냐 하는 정도를 말한다. 즉, 검사를 통해 얻어지는 점수가 측정하는 사람에 따라, 검사 실시 시기에 따라, 또는 검사 문항의 표집에 따라서 점수의 변화 정도가 커다란 변화 없이 안정적으로 일관성 있게 측정하였는지에 관한 문제이다. 어떠한 측정에나 항상 '오차'가 따르게 마련이다. 물건의 무게나 길이를 측정하는 것에 비해 인간의 지능, 창의성, 성격 등을 측정할 때는 측정 오차의 범위도 커지게 된다. 물리학이나 화학 등의 측정에서는 오차를 알아보기 위해 동일한 대상을 수십 번 측정할 수 있지만, 측정 대상이 인간인 경우에는 반복 측정이 불가능하므로, 여러 사람을 동시에 측정하여 여기서 오차의 정도를 추정할 수밖에 없다. 이때 측정 오차가 적으면 적을수록 신뢰도는 높아진다고 할 수 있다.

신뢰도를 높이기 위한 일반적인 절차는 다음과 같다

① 측정 도구의 문항을 구체적으로 기술한다.

② 측정 도구를 충분히 신뢰할 수 없다면 동일 종류나 속성을 가진 문항을 더 많이 포함시킨다.

③ 명확하고 일관성 있는 지시 사항을 작성한다.
④ 문항별 난이도를 조정한다.
⑤ 측정 도구의 측정 내용이 보다 좁은 범위의 내용이 되도록 한다.
⑥ 검사받는 시간을 충분히 제공한다.
⑦ 검사는 잘 통제된 유사한 조건에서 실시하도록 한다.

신뢰도 계수를 추정하는 방법은 측정 도구의 안정성을 측정하는 재검사법, 유사성을 측정하는 동형 검사법, 내적 일관성을 측정하는 반분법과 내적 일치도법이 있다.

1) 재검사 신뢰도(Test-Retest Reliability)

검사-재검사 신뢰도는 동일한 검사를 동일한 사람에게 일정 간격을 두고 두 번 실시하여 얻은 2개의 점수 사이의 상관 정도를 계산 · 산출함으로써 신뢰도를 추정하는 방법이다. 이것은 일정 기간을 사이에 두고 동일한 검사에서 얻은 점수가 얼마나 변동 없이 안정성을 유지하는가를 알 수 있으므로 안정성의 지표가 된다. 신뢰도 계수는 Pearson 적률 상관 계수로 대치되는데, 여기서 상관 계수가 높다는 것은 신뢰도가 높다는 것을 의미한다.

재검사 신뢰도는 신뢰도 추정 방법이 간단하다는 장점이 있지만, 검사 실시 간격 설정과 검사를 두 번 해야 한다는 번거로움이 있다. 검사 실시 간격을 짧게 잡으면 길게 잡을 때에 비해 재검사 신뢰도가 높아진다. 그런데 검사 실시 간격을 너무 짧게 잡으면 연습의 효과나 기억 등으로 인하여 이월 효과의 영향을 받을 수 있다는 문제가 있다. 또한 실시 기간을 너무 길게 잡으면 측정하려는 행동 특성 자체의 변화인 성숙 효과가 발생할 수 있으므로, 검사 도구의 특성에 유의해서 검사 실시 간격을 잡아야 한다. 재검사 신뢰도를 위한 검사 실시 간격은 일반적으로 연구대상의 기억이 사라지는 2주에서 4주 정도로 설정하면 좋다.

2) 동형 검사 신뢰도(Alternate Form Reliability)

동형 검사 신뢰도란 동일한 집단에 비교적 동일한 시기에 2개의 서로 유사한 검사 점수 사이의 상관 계수를 Spearman-Brown 공식에 적용하여 신뢰도를 추정하는 방법이다. 동형 검사 신뢰도는 2개의 동형 검사를 동시에 동일한 집단에 실시하므로, 시험 간격이 문제가 되지 않고 신뢰도 계수 추정이 쉽다는 장점이 있다. 그러나 재검사 신뢰도처럼 검사를 두 번 시행해야 하는 번거로움이 있고, 동형 검사 제작이 어렵다는 단점이 있다. 동형 검사 신뢰도를 계산할 때 가장 중요한 것은 2개의 검사 도구지가 동형이라는 것이 보장되어야 하는 것이다. 그러므로 동형 검사를 만들 때는 두 검사의 내용과 체제가 동형이 되도록 유의해야 한다. 즉, 동형 검사 간에는 서로의 문항 수, 문항의 내용, 곤란도 등이 유사해야 한다. 그렇다고 해서 두 검사의 문항이 너무 비슷하면 똑같은 검사가 되기 쉽고, 너무 다르면 별개의 두 검사가 된다. 동형 검사를 제작할 때는 이런 점을 고려하여 제작해야 한다.

3) 반분 신뢰도(Split-Half Reliability)

반분 신뢰도란 검사 내용의 동질성의 정도를 알아보기 위해, 검사를 어느 한 집단에 실시한 다음에 검사 문항을 두 부분으로 나눈다. 예컨대, 그 검사의 문항을 인위적으로 짝수, 홀수로 나누거나 앞부분, 뒷부분을 나누기도 하고, 문항을 무선적으로 절반의 문항을 표집하여 나머지 부분을 하나의 검사로 구분하기도 한다. 이때 각각 양분된 두 부분의 문항을 독립된 검사 도구지로 간주하여 얻은 상관 계수를 계산한 값이 반분 신뢰도이다. 이때 검사의 문항이 앞부분과 뒷부분이 내용의 특이성과 곤란도의 차이 또는 검사자의 피로 등으로 인하여 두 부분의 점수가 크게 차이가 날 수 있다. 이런 문제를 줄이기 위해 주로 짝수 문항과 홀수 문항으로 나누는 방법을 많이 사용한다.

반분 신뢰도를 산출하기 위해서는 검사가 같은 개념을 측정해야 하고, 양분된 두 부분의 검사 문항의 수가 각기 완전한 척도를 이룰 수 있을 만큼 충분해야 한다는 전제 조건이 충족되어야 한다. 후자의 경우 독립된 한 부분의 검사 문항의 수는 최소한 8~10개 정도는 되어야 한다. 물론 원래 하나의 검사를 둘로 나누어 마치 두 개의 검사를 실시하는 것처럼 생각하고 이들 간에 상관관계를 내는 것이기 때문에 신뢰도가 과소평가되는 경향이 있어, 스피어만-브라운 공식(Spearman-Brown formula)에 의해 교정한 공식을 사용한다.

반분 신뢰도는 재검사 신뢰도처럼 시험 간격을 두거나, 동형 검사 신뢰도처럼 두 번 검사를 하는 번거로움이 없다는 장점이 있지만, 검사를 어떻게 양분하는가에 따라 반분 신뢰도 계수가 달리 추정된다는 단점이 있다.

4) 문항 내적 합치도(Inter-Item Consistency)

반분 신뢰도에서는 한 검사 도구의 문항을 둘로 나누어 두 부분을 독립된 검사로 간주하여 두 부분 간의 상관관계를 산출했다. 문항 내적 합치도에서는 검사 도구의 각 문항들을 독립된 한 개의 검사 도구라고 여기고, 각 문항들의 동질성 · 합치성을 보는 것이다. 즉, 한 검사의 각 문항에 대해 피검사자가 얼마나 일관성 있게 반응을 하느냐는 검사의 문항들이 어느 정도 동질적인가에 따라 결정된다. 그러므로 문항 내적 합치도를 검사의 '동질성 계수'라고 부르기도 한다.

이러한 방법을 처음 개발한 연구자들이 Kuder-Richardson이라서 연구자의 이름을 붙여서 문항 내적 합치도를 'Kuder-Richardson 신뢰도'라고도 한다. 문항 내적 합치도는 Kuder와 Richardson이 제안한 KR-20, KR-21이 있는데, KR-20은 피검사자가 모든 문항을 하나도 빠뜨리지 않고 반응한 경우에만 사용할 수 있게 되어 있어 검사자가 일일이 각 문항에 대해 오답률과 정답률을 체크해야 하므로 번거롭다. 그래서 간단하게 전체 검사의 평균과 표준편차만 알면 계산할 수 있는 KR-21이 더 많이 사용된다.

또한 Cronbach α를 사용하기도 하는데, 이는 동일한 개념을 측정하기 위해 여러 개의 문항을 이용하는 경우 신뢰도를 떨어뜨리는 문항을 제외시켜 측정 도구의 신뢰도를 높이는 방법이다. 그러므로 연속적으로 점수가 부여되는 문항의 신뢰도 추정이 가능하며, 공식 유도 과정이 간단하여 신뢰도 추정을 위해 가장 많이 사용한다.

이 방법은 보통 예비 검사나 사전 검사를 통하여 신뢰도가 낮은 문항을 삭제한 후에 본 검사나 본 조사를 위한 측정 도구를 개발할 때 이용하기도 한다. 또한 연구가 종료된 후에 신뢰도가 낮은 문항을 분석하여 제외시킬 때도 사용한다. 일반적으로 알파 계수가 0.6 이상이면 비교적 신뢰도가 높은 것으로 보고 있다.

문항 내적 합치도를 사용할 때 유의해야 할 2가지 사항은 다음과 같다.

첫째, 각 문항의 곤란도가 서로 비슷하지 않은 검사에서 문항 내적 합치도로 신뢰도를 추정하게 되면 그 검사의 신뢰도를 과소 추정할 수도 있다는 점에 유의해야 한다.

둘째, 검사를 하는 데 있어서 속도 요인이 크게 작용하는 검사에서는 문항내적 합치도를 과대 추정하게 된다는 점에 유의해야 한다.

2. 타당도(Validity)

타당도(Validity)란 한 검사가 주어진 목적을 얼마나 충실하게 측정해 주느냐 하는 정도를 의미한다. 즉, 주어진 검사를 어떤 목적으로 사용하느냐에 따라 타당한 검사일 수도 있고, 그렇지 않을 수도 있다. 예컨대, 창의성 검사는 창의성 측정에는 타당하지만, 학업 성취도 측정에는 타당하지가 않다. 그러므로 타당도는 좋은 측정 도구가 갖춰야 할 중요한 조건 중의 하나이다.

어떤 길이를 잴 때 자를 사용하는 것에 대해 의문을 가지는 사람은 없겠지만, 인간의 심리적 특성을 측정하기 위해 제작된 다양한 심리검사의 타당성에 대해서는 의문을 가질 수 있다. 그래서 측정 도구의 타당성을 알아보기 위해 어떤 준거가 있어야 한다. 그 준거에 비추어 타당한 것인지 판단을 내릴 수 있기 때문이다.

타당도에 대해서 잘 이해하기 위해 몇 가지 유의 사항을 알아보자. 첫째, 타당도란 특정 목적에 한정되기 때문에, 연구자는 자신이 사용하고 있는 측정 도구가 무엇을 측정하는 데 타당한지 밝혀야 한다(Gronlund & Linn, 1990). 둘째, 타당도는 정도의 문제이므로 타당도가 '있다', '없다'라는 표현보다는 타당도가 '높다', '낮다', '적절하다'라는 표현이 정확하다. 타당도의 종류에는 '내용타당도, 안면타당도, 준거타당도, 구인타당도, 결과타당도'가 있다.

1) 내용타당도

내용타당도(content validity)란 측정 도구가 측정하고자 하는 내용을 얼마나 충실하게 측정하고 있는지 전문가의 논리적 분석을 통하여 평가하는 것이다. 특히 학력검사를 제작할 때 많이 사용하는 타당도이다. 즉, 학생이 학교에서 배운 내용을 얼마나 잘 학습했는지, 평가하기 위해 학력 검사의 문항이 교과 내용을 잘 대표하고 있는지 내용 분석을 통해 검토한다.

그러나 연구 도구가 측정하고자 하는 내용을 잘 담고 있는지, 그 대표성을 확인하는 것은 연구자의 주관적 판단에 의한 것이므로 내용타당도를 높이기 위해서는 측정 도구가 완성되기 전에 연구 계획 과정에서 내용타당도를 확보하는 것이 필요하다. 그런데 내용타당도는 이와 같이 내용을 분석하거나 논리적인 사고에 의하여 판단되기 때문에 수량적으로 표시되지 않는다.

2) 준거타당도

준거타당도(criterion validity)란 한 검사의 타당성을 주어진 어떤 경험적 기준을 얼마나 잘 예언하느냐 또는 그 기준과 관계가 있느냐와 같이 주어진 준거에 비추어 검사의 타당도를 확인하는 과정이 된다. 이때 준거가 미래인가 현재인가에 따라 예언타당도와 공인타당도로 구분된다.

(1) 예언타당도

예언타당도란 해당 검사에서 얻은 점수를 가지고 미래의 준거가 될 만한 행동 특성을 어느 정도로 정확하게 예언할 수 있느냐에 의해 결정되는 방법이다.

예를 들면, 대학수학능력시험이 대학 입학 후 학생들의 학업성적(준거)을 예언하는 타당도가 있다면 대학수학능력시험에서 높은 점수를 받는 학생은 대학에서 학업을 성공적으로 수행할 것으로 추론할 수 있다. 이처럼 예언타당도의 추정방법은 검사점수와 준거 간의 상관 계수를 사용하며 상관관계가 클수록 예언의 정확성이 커지는 반면, 예언의 오차는 적어지게 된다. 그러나 예언타당도를 산출해내기 위해서는 준거가 되는 미래의 행동 특성을 측정할 수 있을 때까지 기다려야 하므로 비교적 오랜 시간이 걸린다는 단점이 있다.

(2) 공인타당도

공인타당도는 해당 점수를 타당성이 이미 인정된 기존의 다른 검사에서 얻은 점수나 또는 현재의 어떤 준거 변인의 점수와 관련시켜서 둘 사이에 어느 정도 공통성이 있는가를 검토하여 타당도를 결정하는 방법이다. 공인타당도의 특징은 검사 결과와 준거 자료를 동시에 수집하여 분석하기 때문에 검사와 준거의 시간적 간격이 없다는 점이다. 예컨대, 한 연구자가 집단용 창의성 검사를 제작한 다음에, 기존의 권위 있는 개인용 창의성 검사와의 관계를 분석할 때 사용할 수 있다. 두 검사 점수 간에 상관 계수를 산출하여 공통된 요인이 있는가를 알아보는 것이다. 대개의 경우 예언타당도보다는 공인타당도를 대용으로 사용하고 있다. 왜냐

하면 예언타당도는 오랜 시간이 걸리기 때문에, 이미 있는 집단에 실시하여 공인타당도를 더 많이 사용하고 있다.

3) 구인타당도

구인타당도(construct validity)는 측정 도구가 실제로 무엇을 측정하였는가, 또는 연구자가 측정하고자 하는 구인이 실제로 측정 도구에 의해서 적절히 측정되었는가를 판단하는 방법이다. '구인'이란 심리적 특성이나 행동 양상을 설명하기 위하여 한 이론을 구성하고 있는 체계 속에서 상호 관계를 가지고 있는 심리학적 개념을 의미한다.

예를 들어, 창의성을 측정하는 어느 검사의 구인타당화 과정을 살펴보자. 첫째, 창의성이 무엇을 의미하는지, 그 개념의 의미를 조작적으로 명확히 정의한다. 둘째, 창의성이 높은 사람과 낮은 사람이 각각 구체적으로 어떠한 행동 특성을 나타낼 것이라는 이론적 가설을 세운다. 셋째, 창의성을 측정하기 위해 제작한 검사에서 높은 점수와 낮은 점수를 받은 사람들이 가설에서 예측한 것과 같은 행동 특성을 나타내고 있는지 관찰하고, 그 결과를 토대로 가설을 검증하게 된다.

이와 같이 복잡한 성격을 띠고 있는 창의성 검사 점수의 의미를 심리학적 개념에 따라 분석하는 것이 구인타당화 과정이다. 검사가 측정하고자 하는 어떤 속성, 즉 구인에 대한 이론적 가설의 검증을 통하여 그 타당성을 결정하는 것이 구인타당도이며, 이를 알아보는 과정은 연구의 일반적 과정과 비슷한 관찰이나 실험과 같은 다양한 연구 방법을 사용한다. 구인타당도를 검증하기 위해서는 요인 분석과 같은 통계적 분석을 많이 사용한다. 요인 분석이란 복잡하고 정의되지 않은 많은 변인 간의 상호 관계를 분석하여, 상관이 높은 변인을 모아 몇 개의 요인으로 규명하고, 그 요인에 의미를 부여하는 통계적 방법이다. 구인타당도는 계량적 방법을 통해 객관성을 유지할 수 있고, 구인에 대한 조작적 정의가 어느 정도

타당한지에 대한 정보를 제시할 수 있다는 장점이 있다. 그러나 요인 분석을 하기 위해 변인이나 문항 간의 안정적인 상관 계수를 얻기 위해서는 연구 대상이 적어도 300여 명 이상은 되어야 한다.

3. 객관도

검사 도구지의 객관도란 채점을 할 때 여러 채점자가 어느 정도 일치된 판단을 하느냐의 정도를 말한다. 예컨대, 어떤 검사 도구지를 두 사람 이상이 채점할 경우 채점자 간에 점수 차이가 난다면, 그 검사 도구지는 객관도가 떨어진다고 할 수 있다. 무게나 길이를 측정할 때는 누가 측정하든지 객관도에 별문제가 되지 않지만 심리검사 및 수행평가와 같은 도구에서는 측정하는 사람에 따라 다른 결과가 나올 수 있으므로 객관도가 문제가 된다.

객관도가 낮게 되는 주요 원인은 다음과 같이 2가지로 볼 수 있다.

① 검사 도구의 객관도 결여 : 검사 도구 자체의 객관성이 결여되어 처음부터 비객관적인 요소를 포함하고 있는 경우에 문제가 된다. 그러므로 검사 도구를 신중하게 결정해야 한다.

② 검사 실시자의 측정에 대한 전문성 부족 : 검사자가 측정에 대한 지식이 부족하여 객관성을 잃기가 쉽다. 이런 경우에는 여러 사람이 채점하여 그 결과를 평균하여 객관도를 높이도록 한다.

4. 실용성

검사 도구지의 실용성이란 검사 도구지를 사용하는 데 시간, 노력, 경비 등을 최소한으로 들이고 쉽게 사용할 수 있느냐를 말한다. 검사 도구지의 내용이 아무리 좋다고 검사 도구지를 사용하는 사람의 전문성, 시간, 노력, 경비 등이 많이 들어 검사를 실시하기가 어렵다면 실용적 가치는 떨어지게 된다.

측정 도구의 실용성은 다음과 같은 5가지 점을 고려해야 한다(전경원, 1999).

① 검사 실시의 용이성: 실용적인 검사 도구지가 되려면 우선 검사를 사용하기가 간편해야 한다. 너무 복잡하면 검사자가 사용하기 어려워 실용성이 떨어진다.

② 검사 해석의 용이성: 검사 실시 후의 결과를 해석하는 것이 전문성을 요하거나 지나치게 복잡하다면 실용성이 낮게 된다.

③ 채점의 용이성: 검사의 채점 방법이 복잡하고, 채점하는 데 있어서 주관적인 요소가 많으면 실용적이지 못하다.

④ 검사 실시와 채점 시간의 용이성: 검사 도구지를 실시하거나 채점하는 데 많은 시간이 소요되어 채점을 하기 위해 많은 노력을 해야 한다면 실용성이 낮게 된다.

⑤ 비용의 경제성: 검사 도구지는 저렴한 경비로 최대의 효과를 올릴 수 있어야 한다. 비용 부담이 되는 검사 도구지는 실용적인 검사 도구지가 되지 못한다.

CHAPTER

11 실험 연구

학습 목표

준실험 설계는 조건 통제가 느슨하고 처치 변수의 조절이 철저하지 않은 실험 설계로 자연적 상태에서의 실험이나 실험 조건을 충분하게 통제하지 않은 상태에서 실험이 이루어지는 연구 설계이다.

실험 연구를 실시할 때에는 타당성을 위협하는 요인을 충분히 인식하여 실험의 내적 및 외적 타당도를 확인해야 한다.

실험 연구의 내적 타당도를 위협하는 것으로 '역사, 성숙, 검사활용, 측정 도구의 변동, 통계적 회귀, 피험자의 선발, 피험자 탈락, 피험자의 선발과 성숙의 상호작용'이 있다.

실험 연구의 외적 타당도를 위협하는 것으로 '검사 실시와 실험 처치 간의 상호작용 효과, 선발 처치의 상호 작용, 실험 상황의 반동 효과, 중다 처치 간섭'이 있다.

진실험 설계에서는 실험 집단과 통제 집단이 있고, 연구대상자를 각 집단에 무선적으로 할당하는 설계이다.

무선 할당에서는 모집단으로부터 표본을 추출하는 것이 어려울 때 모집단의 일부를 선택하게 되므로, 이때는 표집에 있어서 기존 집단의 선정이 매우 중요한 역할을 하므로 집단 선정의 유의사항을 항상 고려해야 한다.

CHAPTER 11

실험 연구

연구 설계는 연구 문제에 대한 답을 얻기 위해 고안되는 연구의 전반적이고 구체적인 계획을 의미한다. 연구자가 연구를 설계할 때에는 과학적으로 연구를 수행하기 위해서 매우 자세한 계획과 준비 작업을 거쳐야 한다. 예컨대, 누구를 관찰할 것인지, 어떤 측정 방법을 쓸 것인지, 그리고 언제 연구를 실시할 것인지에 대한 구체적인 내용을 미리 설정하고 그에 따라 연구를 수행해야 한다. 사회과학 연구에서 과학적인 결론을 도출하기 위해서 주로 실시되는 방법으로는 '실험 연구'와 '조사 연구'인데 먼저 실험 연구를 중심으로 살펴보기로 하자.

1. 실험 연구의 내적 · 외적 타당성

실험 연구는 크게 준실험 설계와 진실험 설계로 구분된다. 준실험 설계는 조건 통제가 느슨하고 처치 변수의 조절이 철저하지 않은 실험 설계이다. 즉, 자연적 상태에서의 실험이나 실험 조건을 충분하게 통제하지 않은 상태에서 실험이 이루어지는 연구 설계를 의미한다.

준실험 설계는 자연 상태에서 그대로 처치가 가해지기 때문에 실제 상황에 적용이 가능하다는 장점이 있다. Campbell과 Stanley(1963)는 실험 조건의 통제 여부에 따라서 준실험실 연구와 실험실 연구로 구분하여 진실험 설계를 강조하였지만 최근에는 진실험 연구와 실험 연구의 구분을 강조하지 않는다. 왜냐하면 사회과학 연구분야에서는 진실험실 연구라 할지라도 실험의 조건을 완벽하게 통제하기는 어렵기 때문이다. 이에 실험연구를 실시할 때에는 타당성을 위협하는 요인들을 충분히 인식하여 실험의 내적 및 외적 타당도를 높이도록 해야 한다.

다음으로 실험의 타당성을 위협하는 요인을 살펴보기로 하자.

1) 내적 타당도

내적 타당도(internal validity)란, 연구자가 원하지 않는 요인들이 실험 결과에 작용하는가를 의미한다. 즉, 연구자가 실험 설계를 할 때 통제하지 못했던 요인들이 실험에 작용하였다면 이를 내적 타당도를 위협한다고 한다(성태제, 2019).

(1) 역사

연구자의 의도와 상관없이 사전 검사와 사후 검사 사이에서 발생하는 외부의 갖가지 특수한 사건을 '역사'라고 한다. 독립변인으로 투입한 실험 처치 이외에 실험 기간 중에 발생하는 모든 사건은 실험의 결과에 영향을 미칠 수 있다. 만약 실험 기간이 길어 사후 검사까지의 시간 간격이 크다면, 이때 외부의 사건으로 인한 요인으로 검사 결과가 영향을 받을 수 있다. 예를 들어, A초등학교에서 초등학생 3~4학년을 대상으로 창의성 프로그램을 6개월간 실시했다고 가정해 보자. 이 경우 초등학생의 창의적 능력이 향상되었는지 확인하기 위해 창의성 검사를 실험 전과 실험 후에 실시하게 된다. 만일 6개월 동안 실험에 참여한 학생들은 정규 교육과정 내에서 창의적 수업을 받았을 수 있다. 그렇다면, 사전 검사에 비해 사후 검사에서 창의적 능력이 향상되었다면 이는 실험에 의한 향상이라고 할 수 있을

까? 즉, 독립변인인 창의성 프로그램과 창의적 수업이 함께 작용하여 연구 결과를 얻을 수 있다. 이 경우 역사에 의한 실험의 내적 타당성이 저해되었다고 볼 수 있다.

(2) 성숙

실험 처치 이외에 자연적으로 시간이 흘러감에 따라 피험자의 연령이 증가하거나, 피곤해지거나 하는 등의 생물학적, 심리학적 변화로 인한 피험자의 내적 반응을 성숙이라고 한다. 예를 들어, 아동이 특정한 과일을 섭취하여 1년 이후에 키가 커지고 몸무게가 증가하였다고 한다면, 이는 아동의 연령이 증가함에 따라 생물학적인 성장을 한 것인지 아니면 실험 처치로 투입한 특정한 과일 때문인지 연구 결과를 해석하기 어려워진다.

(3) 검사

검사란 실험 처치와 상관없이 사전 검사를 받았던 경험 때문에 사후 검사의 결과에 영향을 미치는 것을 의미한다. 예를 들어, 아동에게 사전에 자기주도학습 능력 검사를 실시하고 자기주도학습 향상 프로그램을 실시하였다고 하자. 프로그램이 종료된 후 사전에 실시했던 자기주도학습 능력 검사를 사후에 다시 실시하였을 때, 아동이 사전 검사에서 응답했던 자기주도학습 능력 검사의 내용을 기억하여 사후 검사에서 더 높은 점수를 얻게 된다. 즉, 이렇게 반복 검사를 실시할 경우 사전 검사의 영향이 남아 있어 자기주도학습 향상 프로그램에 대한 순수한 효과를 확인하기 어렵게 된다.

(4) 측정 도구의 변동

측정 도구의 변동이란 연구자가 자료를 수집하는 과정에 사용되는 도구가 검사 결과에 영향을 미쳐서 측정치에 변화가 생기는 것을 의미한다. 즉, 측정 도구의 변화, 관찰자의 채점 기준의 변화에 의해 사전·사후 검사 결과에 영향을 미치게 되는 것이다. 예를 들어, 사전 검사와 사후 검사의 검사자가 다르거나 동일한 검사일지라도 사전 검사 때와 사후 검사 때 실시 태도가 달라, 이로 인해 검사 점수에 영향을 미쳤다면 이는 실험의 측정 도구의 변동에 의한 내적 타당성이 저하된 것이다.

(5) 통계적 회귀

통계적 회귀란 연구자가 피험자 선택 시 정상분포의 양극단에 있는 극단적인 연구 대상자를 선택하여 실험을 실시한 후 사후검사를 확인해 본 결과 연구 대상자의 극단적인 점수의 분포가 평균을 향해 이동하게 되었을 때를 의미한다. 즉 실험 대상을 점수가 매우 높거나 낮은 사람으로 선택했을 경우 사후 검사에서 점수가 아주 높은 사람들은 점수가 낮아지고 점수가 매우 낮은 사람들은 점수가 상승하는 경향이 나타나 두 집단 모두 평균 쪽으로 향하게 된다. 예를 들어, 창의성이 매우 떨어진 하위 집단의 아동들을 대상으로 창의성 프로그램을 실시할 경우 이들의 사후 점수는 어느 정도 통계적 회귀를 보이게 되어 마치 창의성이 향상된 것처럼 나타날 수 있다. 이때 나타난 창의성이 순수하게 실험 처치의 효과라고 보기는 어려워 내적 타당도를 저해하게 된다.

(6) 피험자의 선발

피험자 선발의 문제는 실험 연구의 실험 집단과 비교 집단을 선발할 때 두 집단 간의 동질성이 확보되지 않은 경우에 발생한다. 예를 들어, 아동의 창의적 사고 능력을 향상시키기 위한 실험을 실시한다고 가정해 보자. 이때 실험 처치를 하기도 전에 통제 집단의 아동은 창의적 사고 능력이 평균 수준이고, 실험 집단의 아동이 창의적 사고 능력이 높았다면 이는 프로그램 실시가 순수한 처치 효과라고 보기 어렵다.

(7) 피험자 탈락

피험자 탈락이란 실험이 이루어지는 동안 연구대상자가 중도에 탈락하게 됨으로써 실험 결과에 영향을 미치게 되는 것이다. 실험을 시작할 때 실험 집단과 통제 집단이 동질적이었어도, 실험을 하면서 대상자가 탈락하게 됨으로써 집단 간의 차이를 보였다면 이는 실험 처치의 효과라고 판단하기 어렵다. 예를 들어, 초등학생의 스마트폰 중독 프로그램에 대한 효과성을 검증하는 실험을 실시하였다고 가정해 보자. 이 경우 실험 집단에 속해 있던 학생 몇 명이 끝까지 프로그램에 참여하지 않고 중도에 탈락했는데, 이것이 사후 실험 집단의 평균값을 높이는 데 영향을 미쳤다면 내적 타당성이 결여된 것이다.

(8) 피험자의 선발과 성숙의 상호작용

앞에서 설명한 성숙과 피험자의 선발의 두 요인이 상호작용하여 실험의 내적 타당도를 저하시키는 것이다. 실험 집단과 통제 집단의 대상자들이 어떤 기준에서는 동질적이라도, 어떤 면에서는 이질적일 수 있어 실험 결과에 큰 영향을 미치게 된다. 예컨대, 사회·경제적 지위(SES)가 중·상류 계층의 아동과 하위 계층의 아동을 비교하는 실험을 할 때 순수한 처치의 효과라기보다 이들의 사회·경제적인 차이에서 기인하는 성숙의 효과로 인해 영향을 미칠 수도 있다. 이와 같은 선발과 성숙의 상호작용은 잠재적인 성장 속도가 다른 집단을 대상으로 연구할 때 나타나게 된다.

2) 외적 타당도

외적 타당도(external validity)는 실험 결과의 일반화와 관련된 문제이다. 즉, 특수한 실험에서 얻어진 결과가 그 실험이 진행되던 맥락과는 다른 상황, 시기, 대상에게 일반화하는 데 문제가 생기는 것이다. 그렇지만 완벽하게 외적 타당도를 저해하는 요인을 제거하기는 어렵고, 어떤 연구에서나 어느 정도의 외적 타당도를 위협하는 요인은 있기 마련이다. 외적 타당도에 영향을 미치는 4가지 요인을 살펴보기로 하자.

(1) 검사 실시와 실험 처치 간의 상호작용 효과(The Reactive or Interaction Effect of Testing)

사전 검사의 실시로 인해 피험자가 자연적으로 변화하여 사후 검사에 영향을 미치는 것을 말한다. 즉, 사전 검사를 받았던 아동이 실험 처치를 하지 않더라도 사전 검사에서 제시된 내용에 의해 실험 처치에 대한 관심도가 매우 높아지거나 낮아지게 되어, 처치의 효과뿐만이 아니라 사전 검사의 효과도 있다고 볼 수 있다. 예를 들어, 아동에게 영양교육 프로그램을 실시한다고 할 때 영양에 대한 지식을 묻는 검사 자체만으로 아이의 영양소에 관심을 갖게 되어 그들의 태도에 영향을 미칠 수 있다.

(2) 선발 처치의 상호작용(Selection–Experimental Variable Interaction Effect)

실험에 참가한 피험자에 따라 실험 처치의 영향이 서로 다르게 나타날 때 발생하는 문제이다. 예컨대, 새로 개발된 창의적 향상 프로그램의 효과를 알아보기 위해 사회·경제적 지위(SES)가 매우 높은 지역의 초등학생들이 참여했다고 가정해 보자. 새로 개발된 창의적 향상 프로그램의 수준이 높았고, 연구에 참여한 대상 역시 사회·경제적 지위가 높고 자녀 교육에 매우 관심이 높아서, 프로그램의 효과가 높게 나타났다고 하자. 그렇지만 이 프로그램을 만약 사회·경제적 지위가 매우 낮은 지역에 실시했을 때에도 프로그램 효과를 똑같이 기대할 수 있을까? 이 경우 똑같은 효과를 거둘지 알 수 없다. 즉, 같은 실험이라도 실험에 참여한 연구 대상이 달라질 때 실험 결과도 달라질 수 있어 다른 아동들을 대상으로 결과를 일반화하기는 어렵다.

(3) 실험 상황의 반동 효과(Reaction Effects of Experimental Arrangement)

만약 연구자의 실험상황이 일상생활에 비해 인위적이라 실험의 결과를 그대로 일반적인 상황으로 결론 내리기 어려운 문제이다. 예를 들어, 자기주도학습 능력 향상 프로그램을 실시하는데, 이를 촬영하기 때문에 참여 학생이 지나치게 실험 상황을 의식한다면 이는 순수한 실험의 효과에 의한 것이 아니라고 볼 수 있다. 이때 얻은 결과 역시 외적 타당성이 결여되어 일반화하는 데 어려움이 있다.

(4) 중다 처치 간섭(Multiple Treatment Interference)

동일한 집단에 여러 종류의 실험을 처치받는 경우에 발생하는 문제이다. 예컨대, 대학 부설 초등학교에서는 연구하고자 하는 경우가 많아서 여러 종류의 실험이 동시에 실시되는 경우가 있다. 이때 이전의 실험 처치가 이후의 실험 처치를 받을 때까지 남아 있어서 영향을 미치게 된다. 즉, 새로운 처치를 받을 때까지 그전에 받았던 처치의 효과를 완전하게 제거할 수는 없으므로, 인위적으로 여러 종류의 처치와 그것들의 순서에 따라 나타나는 결과는 일상적인 상황에 일반화하기 어렵다.

2. 준실험 설계

준실험 설계(quasi-experimental design)는 무선 할당을 하지 않는다. 이는 크게 단일 집단 설계와 두 집단 설계로 구분해 볼 수 있다.

1) 단일 집단 설계(One Group Design)

(1) 단일 집단 사후 검사 설계(One-Group Posttest-Only Design) 또는 일회적 사례 연구(One-Shot Case Study)

이 실험 설계는 어느 한 집단의 피험자에게만 실험 처치를 하고, 그 집단을 후에 다시 피험자를 관찰하는 실험 설계로 도식화하면 다음과 같다(예: X-처치, O-관찰).

X O

이는 실험 설계로서 매우 취약하다. 조건의 통제가 체계적으로 이루어지지 않고 결과를 비교할 만한 통제 집단도 설정되어 있지 않을 뿐만 아니라 실험 집단 역시 무선 할당되어 있지 않다. 그리고 사전 검사가 이루어지지 않고 하나의 집단을 대상으로 실험했기 때문에 연구의 결과가 실험의 순수한 처치 효과에서 기인한 것인지 측정할 수 없게 된다.

(2) 단일 집단 사전 · 사후 검사 설계(One-Group Pretest-Posttest Design)

연구 대상으로 한 집단만을 선정하여 실험 처치를 가하기 전에 사전 검사를 하고, 처치를 가한 후에 다시 사후 검사를 실시하여 두 검사의 결과 차이를 알아보는 실험 설계 방법이다. 단일 집단 전후 검사 설계를 도식화하면 다음과 같다.

O1 X O2

이 설계 방법은 사전과 사후 검사의 결과 차이(O2−O1)로 처치의 효과를 측정할 수 있는 장점이 있고, 비교 집단이 없고 실험 집단만 있기 때문에 연구의 내적 타당도를 위협하는 '피험자의 선발'과 '피험자의 탈락'은 통제하기가 쉽다. 그러나 비교 집단이 없기 때문에 그 외의 내적 · 외적 타당성이 거의 결여된 실험 설계로 보기 어렵다.

(3) 시계열 실험 설계(Time-Series Experiment Design)

시간 계열 실험 설계는 어느 한 개인이나 한 집단을 대상으로 종속변인을 주기적으로 측정하고, 측정하는 중간에 실험 처치를 도입하는 것이다. 이때 처치 전과 처치 후의 일정 기간에 걸쳐 반복 측정이나 관찰을 한다. 이는 단일 집단 사전-사후 검사 설계(one-group pretest- posttest design)의 확대형으로 단일 집단에 대한 자료를 확대 수집할 수 있다. 시간 계열 설계를 도식화하면 다음과 같다.

사전 검사		사후 검사
O1 O2 O3 O4 O5	X	O6 O7 O8 O9 O10

시간 계열 실험에서 내적 타당도를 가장 저해하는 요인은 '역사'이다. 즉, 맨 처음의 사전 검사와 맨 마지막의 사후 검사 사이에서 어떤 일이 생길 수 있다. 예컨대, 교사가 아동에게 환경에 대한 비디오를 한 편 보여 준 후에 환경에 대한 태도에 어떤 영향을 주었는지 알아보기 위한 실험을 할 경우를 생각해 보자. 이 실험 도중에 아동은 일상생활에 노출되어 있기 때문에 텔레비전에서 환경 관련 프로그램을 시청했을 수도 있다. 그러므로 환경 관련 비디오가 아동의 환경에 관한 태도에 영향을 미쳤다고 말하기 어렵다.

여기서는 '검사'와 '검사 도구'와 관련된 타당도에 문제가 발생할 수 있다. 예컨대, 검사의 연습 효과가 있을 수도 있고, 연구를 수행하는 동안에 어떤 이유로 검사가 변질될 수 있어 도구 해석의 타당도에 의문이 제기된다. 또한 사전 검사를 여러 번 시행하기 때문에 사전 검사와 처치 간에 상호작용 역시 발생할 수 있다.

2) 두 집단 설계(Two-Group Design)

준실험 설계 방법으로 실험 집단과 통제 집단 두 집단이 있지만 두 집단이 동질화되지 않은 집단이다. 이로 인해 타당성에 저해하는 요인이 많지만 '이질 통제 집단 사전 · 사후 검사 설계'는 비교적 교육현장에서 자주 사용되는 방법 중 하나이다.

(1) 이질 집단 사후 검사 설계(Posttest-Only Nonequivalent Group Design)

이질 집단 사후 검사 설계는 실험 처치의 효과를 알아보기 위해서 처치를 경험한 집단과 경험하지 못한 집단을 단순히 비교하는 방법이다. 여기서 비교가 되는 집단은 단순히 실험이 종료된 후에 실험 집단과 비교하기 위한 집단으로 선정되었고, 두 집단 간에 동질화되지 않은 집단이다.

실 험	X O1
통 제	O2

이 실험 설계에서 가장 심각한 내적 타당도를 위협하는 요인으로는 '피험자의 선발', '피험자의 탈락'이다. 또한 실험 집단과 비교 집단이 동질화되지 않았기 때문에 처치의 효과인 O2−O1이 처치 X의 효과로 나타나는 것인지, 아니면 처음부터 차이가 났었던 것인지 명확하게 알 수가 없다.

예를 들어, 실험집단의 초등학생 30명에게 SNS 중독의 심각성에 대해 알려 주는 프로그램을 실시하였다고 가정하자. 프로그램이 종료된 후 참여하지 않은 아동들과 비교하기 위해 실험집단과 통제집단에 사후 검사를 실시하여 두 집단 간 차이를 확인하는 것이다.

(2) 이질 통제 집단 사전 · 사후 검사 설계(Nonequivalent Control Group Pretest-Posttest Design)

이 설계 방법은 실험 집단과 통제 집단이 있지만, 두 집단이 실험을 위하여 무선적으로 동질화된 것은 아니다. 이는 진실험 설계 방법인 사전 · 사후 검사 통제 집단 설계(pretest-posttest control group design)와 유사하지만, 단지 실험 집단과 통제 집단 간에 무선화가 되어 있지 않다는 점이 다르다. 이를 도식화하면 다음과 같다.

실 험	O1 X O2
통 제	O3 O4

'이질 통제 집단 사전 · 사후 검사 설계'에서는 실험 집단과 통제 집단의 동질성을 가정하고 있지 않기 때문에 실험 집단이 처치 후에 통제 집단보다 더 높은 점수를 얻었다고 해서 그것이 처치의 효과라고 말하기 어렵다. 예컨대, 처음부터 실험 집단이 통제 집단보다 사전 검사 점수가 높아서 실험 집단의 점수가 높게 나올 수

도 있는 것이다. 이 경우에 내적 타당성을 위협하는 요인은 '피험자의 선발'과 '성숙' 간의 상호작용이 일어날 수 있으므로 연구의 결과를 해석할 때 이러한 제한점을 신중하게 고려해야 한다.

3. 진실험 설계

진실험 설계에서는 실험 집단과 통제 집단이 있고, 연구 대상자를 각 집단에 무선적으로 할당한다. 진실험 설계의 대표적인 방법은 다음과 같다.

1) 전후 검사 통제 집단 설계(Pretest-Posttest Control Group Design)

전후 검사 통제 집단 설계에서는 실험 집단, 통제 집단이 구성된다. 이 두 집단은 무선 할당되어 채택된다. 이를 도식으로 나타내면 다음과 같다.

실 험	R O1 X O2
통 제	R O3 O4

이는 통제 집단이 있고, 실험과 통제 집단에 무선 할당을 하기 때문에 내적 타당도를 위협하는 요인들을 통제할 수 있다. 그러나 외적 타당도의 위협이 존재한다. 예를 들어, 피험자가 사전 검사를 받게 되었을 때, 이는 검사 실시의 반동 효과가 나타날 수 있다. 즉, 연구 대상자가 사전 검사에 관심을 가지게 되어 처치를 가하지 않더라도 어느 정도 변화를 가져올 수 있어, 실험 결과를 일반화하는 데 어렵게 된다. 이 밖에도 '실험 상황에 대한 반동 효과'로 외적 타당도의 위협을 받을 수 있다. 만약 피험자가 실험 집단에 속하게 된 것을 알게 되어 평소와 다른 태도나 행동을 보인다면 이 역시 실험결과에 영향을 미쳐 일반화하는 데 어려움이 있다.

2) 사후 검사 통제 집단 설계(Posttest-Only Control Group Design)

실험을 할 때 연구자는 반드시 사전 검사를 해야 하는 것으로 여기지만 사전 실험 설계에서 사전 검사가 필수적인 것은 아니다. 사전 검사를 실시하지 않아도 실험 집단과 통제 집단의 동질화를 가져올 수 있다. 사후 검사 통제 집단 설계를 도식화하면 다음과 같다.

실 험	R X O1
통 제	R O2

이 설계에서 연구 대상자는 실험 집단과 통제 집단에 무선적으로 할당하였으므로 사후 검사에서 두 집단이 동질화되었다고 본다. 물론 사전 검사를 하지 않았기 때문에 내적 타당도의 문제나 사전 검사와 실험 처치 간의 상호작용을 걱정하지 않아도 되는 장점이 있지만, 사전 검사가 없어서 실험 처치의 효과 크기를 알 수가 없는 단점을 지니고 있다. 그러므로 사전 검사를 실시하기 어려운 경우에만 사용하는 것이 좋다.

3) 솔로몬 4집단 설계(Solomon Four-Group Design)

이 설계 방법은 사전 검사로 인한 실험결과의 일반화 어려움을 극복하기 위해 사전 검사가 없는 실험과 통제 집단을 추가한 것이다. 이를 도식화하면 다음과 같다.

실 험	R O1 X O2
통 제	R O3 O4
실 험	R X O5
통 제	R O6

이 설계 방법은 실험의 타당성을 확보한다는 측면에서 가장 이상적인 형태라고 할 수 있다. 이 방법은 내적 타당도뿐만 아니라 검사 실시로 인한 반동적 효과로 인한 외적 타당도의 문제를 해결할 수 있기 때문이다. 그렇지만 솔로몬 4집단 설계를 수행할 때에는 4개의 집단을 한꺼번에 통제해야 한다는 어려움이 존재한다.

4. 실험 연구 대상 선정

1) 무선 할당

실험 연구에서는 모집단을 대표하는 연구 대상을 전국 각지에서 표본을 추출하는 '무선 표집' 방법을 사용하기 어렵기 때문에 연구자가 접할 수 있는 대상을 선정하여 실험을 한다. 이때 주로 사용하는 방법이 '무선 할당'이다.

무선 할당(random assignment)에서는 모집단으로부터 표본을 추출하는 것이 어려울 때 모집단의 일부(intact group, 기존 집단)를 선택하게 되므로, 이때는 표집에 있어서 기존 집단의 선정이 매우 중요한 역할을 하게 된다. 예컨대, 학습장애를 가진 특수아에게 서로 다른 특수한 교수 방법을 실시하여 학습성취에 차이가 있는지 알아보기 위한 연구에서 모집단은 전국에 있는 학습 장애아일 것이다. 그러나 실제로 이들을 무선 표집하는 것은 불가능하므로, 특수교육 기관 및 통합학급을 운영하는 학교에서 연구 대상을 선정할 수 있다.

2) 무선 할당의 방법

연구 대상의 모집단이 설정되고, 모집단을 대표하는 기존 집단을 선정해야 한다. 이때 기존 집단을 모집단을 대표하여 연구의 타당성이 결여되지 않도록 주의를 기울여야 한다. 기존 집단을 선정하여 실험 집단과 통제 집단에 할당하는 방법으로 단순 무선 표집 할당, 짝짓기 할당, 균형 집단 할당이 있다.

(1) 무선 표집 할당(Random Sampling Assignment)

기존 집단의 연구 대상자를 실험 집단과 통제 집단에 단순 무선 표집으로 할당한다. 이때 피험자를 각 집단에 무선적으로 할당하여 실험자가 독립변인 이외의 모든 외생 변인에 대한 영향을 동일하게 만들기 때문에, 집단 간의 동질성이 보장된다고 가정하게 된다. 실험 대상의 무선화는 외생 변인의 통제는 물론, 실험의 외적 타당성 확보를 위해서도 필요하다.

(2) 짝짓기 할당(Matching Group Assignment)

짝짓기 할당이란 모집단으로부터 선정된 기존 집단 구성원의 특성을 분석하여 연구 대상자를 개별적으로 짝지어(matching) 실험 집단과 통제 집단에 균등하게 할당하는 방법이다. 예를 들어, 연구 대상의 지능을 통제하기 위해서는 지능검사 점수가 같거나 유사한 아동들끼리 짝을 지어 각각 실험 집단과 통제 집단에 할당하는 것이다. 또는 연령이나 사회·경제적 지위에 따라 짝을 지어 각 집단에 배치할 수 있다. 그러므로 짝짓기 할당을 하려면 어떤 속성을 측정하는 검사를 실시하거나, 주어진 사전 정보에 의해 연구 대상자의 속성(지능, 성적 창의성, 사회·경제적 지위 등)을 알아야 한다.

(3) 균형 집단 할당(Balancing Group Assignment)

특정한 외생 변인을 중심으로 실험 집단과 통제 집단을 동질화시키는 방법이다. 즉, 모집단으로부터 선정된 기존 집단을 구성원의 특성에 따라 각 집단에 할당하는 것이 아니라 유사 집단을 각 집단에 배정하는 것이다. 이때는 일대일로 짝을 짓는 짝짓기 방법과 달리 집단의 중앙 집중치와 변산도에 의해 두 집단의 특성을 거의 유사하게 균형을 취하게 된다. 예컨대, 종속변인에 영향을 주는 창의성 점수에 대해 실험 집단과 통제 집단 간의 평균을 100, 표준 편차를 10으로 만들어 창의성이 미치는 영향을 통제할 수 있다.

CHAPTER

12 조사 연구

학습 목표

조사 연구란 사회학적 변인이나 심리학적 변인의 상대적 영향력이나 분포 상태 혹은 관계 정도를 밝혀내기 위하여 전집에서 추출된 표본을 대상으로 연구하고, 그것을 통해 전집의 특성을 추리하는 연구 방법이다

조사지는 개방식 질문과 폐쇄적 질문으로 구분된다. 개방식 질문은 응답자로 하여금 자유롭게 자신의 생각을 서술하도록 하는 형식이고, 폐쇄형은 연구자가 제시하는 몇 개의 범주에서 하나 또는 그 이상의 응답을 선택하도록 질문하는 형식이다.

질문지법은 비용이 적게 들고 간편하며, 사실적인 정보를 얻을 수 있고 다른 연구 방법으로는 얻기 어려운 내용을 알아볼 수 있다. 반면, 질문지는 응답자의 문장 이해력과 표현능력에 의존하기 때문에 이러한 능력이 부족한 유아에게는 적용하기 어려우며 질문지에 응답한 내용의 진위 파악이 어렵다. 또한 질문지의 회수율이 낮다는 문제가 있다.

면접은 표준화 정도에 따라 표준화된 면접과 비표준화된 면접으로 구분되고, 질문의 구조화 여부에 따라 구조화된 면접과 비구조화된 면접으로 나누어진다. 면접자에 의해 사용되는 지시 정도에 따라서 지시적 면접과 비지시적 면접으로 구분되며, 피면접자인 아동으로 하여금 모호하고 구조화되지 않은 자극을 보고 자신의 느낌이나 믿음을 간접적으로 투사하게 하여 아동의 심리 상태를 알아보는 데 사용하는 투사법이 있다.

조사 연구

CHAPTER 12

조사 연구(survey research)는 교육현장에서 주로 사용되는 연구 방법 중 하나로 이는 원인과 결과를 분석하기보다는 현재의 실체를 알아보기 위한 목적을 지니고 있고, 주로 현상을 알기 위해 적용된다. 사회 현상을 알기 위한 조사 연구를 사회 조사 연구라는 용어를 사용하기도 한다.

Kerlinger(1986)의 정의에 의하면, 조사 연구란 사회학적 변인이나 심리학적 변인의 상대적 영향력이나 분포 상태 혹은 관계 정도를 밝혀내기 위하여 전집에서 추출된 표본을 대상으로 연구하고, 그것을 통해 전집의 특성을 추리하는 연구 방법이다. 즉, 조사 연구는 연구자가 어떤 한 시점에서 전집을 가장 잘 대표할 수 있는 표본을 선정하고 그들을 대상으로 자료를 수집하여 그 자료의 특성을 기초로 전집의 특성을 추론하고자 할 때 유용한 연구이다.

따라서 조사 연구는 표집을 통해서 심리학적 변인과 사회학적 변인의 상대적 영향력, 분포 및 상호 관계를 밝히며, 설문지나 면접과 같은 직접적인 접촉을 통해서 연구자가 관심을 갖고 있는 문제의 속성이나 행동 및 태도를 연구하여 전집에 대한 정보를 수집하는 것이다. 즉, 어떤 사건이나 현상에 관련된 여러 변인 간의 관계를 파악하고 분류 · 분석하는 것도 조사 연구의 주요한 기능이다. 그러므로 어떤 처치를 가하거나 상황을 통제하지 않고 자연적 상황에서 연구를 실시할 수 있는 장점이 있지만, 인과관계를 해석하기는 어렵다. 특히 원인과 결과를 밝히고자 하는 연구일 경우에 원인 규명이 용이하지 않다.

1. 질문지법

질문지 조사법은 사회 조사 연구에서 널리 사용되고 있는 방법으로, 아동연구에서는 20세기 초 Hall이 질문지를 사용한 이래 많이 사용되고 있다.

연구와 관련된 질문지는 크게 2가지 부분으로 구분된다. 첫째는 연구에 참여하는 연구 대상의 객관적인 개인 신상 정보를 묻는 부분이고, 둘째는 연구 대상의 지각, 태도 및 의견을 알아보기 위한 부분이다.

개인 신상 정보를 알아볼 때는 꼭 필요한 사항만 묻도록 한다. 예컨대, 응답자의 연령, 직업, 가족 사항 등과 같이 개인의 사생활을 침해하지 않는 범위에서 질문해야 한다. 그렇지 않으면 이로 인해 질문지의 회수율이 낮아질 수도 있다.

질문지의 두 번째 부분은 응답자가 어떤 문제나 대상에 대해 지니고 있는 가치관, 태도, 의견, 지각 등을 물어보기 때문에 연구의 목적에 따라 다양하게 질문할 수 있다. 예컨대, 교사에 대한 태도, 아동에 대한 가치관 등이 질문지를 통하여 알아볼 수 있는 내용이다.

초보 연구자는 질문지를 남용하는 경우가 있는데, 질문지를 통하여 얻고자 하는 정보를 얻을 수 있는지, 질문지보다 더 좋은 방법은 없는지 등에 대해 사전에 다음과 같은 검토를 충분히 해야 한다.

첫째, 질문지 제작에 앞서 연구의 목적을 분명히 한다. 연구의 조사 내용이 불분명한 상태에서 질문지를 미리 제작해 놓으면 연구 방향을 잃게 되어 신뢰롭지 못한 응답을 얻게 된다.

둘째, 어떤 문항 유형을 사용할지 결정한다. 여러 종류의 문항 유형 중에서 응답자의 특성에 적절한 한 가지를 선택하거나 여러 가지를 혼용하여도 된다.

셋째, 질문지를 작성하기 전에 응답자의 익명 여부를 결정한다.

넷째, 질문지의 실시 방법을 고려한다. 연구자가 할 것인지, 우송할 것인지를 정한다.

다섯째, 질문지 결과를 어떻게 분석할 것인지 사전에 계획을 세워 놓는다.

질문지는 크게 개방식 질문과 폐쇄적 질문으로 구별할 수 있다. 개방식 질문은 응답자로 하여금 자유롭게 자신의 생각을 서술하도록 하는 형식이고, 폐쇄형은 연구자가 제시하는 몇 개의 범주에서 하나 또는 그 이상의 응답을 선택하도록 질문하는 형식이다. 다음에서 질문지의 몇 가지 형식을 알아보자.

1) 질문지 문항의 종류

(1) 자유 반응형

자유 반응형은 피험자가 주어진 질문에 자유롭게 응답할 수 있는 형태이다. 이는 응답 내용에 대한 기준이 사전에 설정되어 있지 않아서 응답자의 내면적인 사고나 창의적인 사고를 알아보는 경우에 사용할 수 있다.

자유 반응형의 장점은 폭넓은 의견을 알아볼 수는 있지만, 분석을 하기 위해서 주관성이 개입되기 쉽고, 수량화를 하기가 어렵다는 점이다. 또한 응답하는 데 시간과 노력이 요구되어 조사 응답률과 회수율이 저조하거나 무응답을 하는 단점도 있다.

(2) 체크리스트형

체크리스트형 질문은 어떤 행동이 나타났을 때 이를 관찰자가 체크할 수 있도록 목록을 열거해 놓고 체크하도록 하는 것이다. 이런 형식의 질문은 사건이나 행동의 발생 여부에 관한 사실만 체크하기 때문에 행동의 강도, 질, 지속 기간 등에 관한 정보를 얻기는 어렵다.

체크리스트형 질문에서는 가급적이면 응답자가 '모르겠다'라는 답을 하지 않도록 너무 일반적인 질문을 피하고 구체적인 질문을 하도록 한다. 또한 문항에는 표현이 '언제나', '절대로'와 같은 부사를 사용하여 문장 전체의 의미를 바꾸지 않도록 유의해야 한다.

아래 열거한 행동 특성을 읽고 자녀의 행동과 부합되는 것에 (V) 표시하시오.

1. 항상 '왜'라는 의문을 갖는다. (　　　)
2. 복잡한 특성이나 변화에 대하여 민감하게 반응한다. (　　　)
3. 사물을 자세히 관찰한다. (　　　)
4. 친구가 결석한 것을 잘 알아차린다. (　　　)
5. 환경의 변화를 잘 알아차린다. (　　　)
6. 생각을 많이 한다. (　　　)
7. 자신이 이미 알고 있는 것에 대하여 다양하게 표현한다. (　　　)
8. 무엇인가를 만들 때 다양한 자료를 사용한다. (　　　)
9. 주어진 일에 다양하게 접근한다. (　　　)
10. 다양한 방법으로 장난감을 가지고 논다. (　　　)

(3) 선다형

선다형은 연구자가 사전에 3개 이상의 선택지를 작성해 놓고 피험자에게 응답하도록 하는 형식이다. 이때 유의해야 할 사항은 선택지에 질문에 대한 주요 특성을 모두 포함해야 한다. 뿐만 아니라 선택지끼리 중복되거나 상위 또는 하위 개념이 혼용되어서는 안 된다. 이에 예비 연구를 통해 문항 분석을 실시하여 좋은 문항을 추출할 필요가 있다.

귀댁의 자녀는 만 5세 조기 입학을 하기 전에 조기 경험을 위해 다음의 어떤 기관에 다녔습니까?

1. 병설 유치원 (　　)
2. 사립 유치원 (　　)
3. 어린이집 (　　)
4. 예·체능계 사설 학원 (　　)
5. 기타 (기관명 :　　　　)

(4) 평정 척도형

평정 척도는 사전에 정해진 척도에 따라서 응답자가 척도치 중 한 가지를 선택하는 형식이다. 이는 체크리스트와 달리 단순히 존재의 유무에 관한 평가를 넘어서 특성의 정도나 질적 수준을 평가할 때 사용된다.

반응의 범주의 예는 다음과 같다.

- 찬성－중립－반대
- 대단히 만족－만족－보통－불만－대단히 불만
- 매우 중요함－중요함－보통－중요하지 않음－전혀 중요하지 않음

이는 보통 3, 5, 7단계의 척도가 많이 쓰이고 간단한 어구나 문장으로 표현(기술 평정 척도)하기도 하며, 그림으로 표현(도식 평정 척도)하기도 한다.

다음 각 항목을 하나하나 읽고, 여러분의 자녀의 행동이 어디에 속하는지 가장 적절하다고 판단되는 숫자에 ○를 하시오.

번호	문 항	매우 그렇지 않다	그렇지 않다	보통 이다	그렇다	매우 그렇다
1	자신이 알고 있는 것을 다양하게 표현한다.					
2	무엇인가 만들 때 다양한 재료를 사용한다.					
3	주어진 일에 다양한 방법으로 해결하고자 노력한다.					

평정 척도에서는 평정 척도자가 극단적으로 척도상의 너무 높거나 낮은 단계 쪽으로 평가하는 것을 피하고, 중간 점수를 주려는 경향이 있다. 또한 어떤 평정자는 일반적으로 관대하게 평정하는데, 어떤 평정자는 좀 더 엄격하게 평가하기도 한다. 평정자는 이러한 오류가 생기지 않도록 유의해야 한다.

(5) 순위형

순위형은 제시된 항목들을 일정한 기준에 따라 순위를 정하도록 하는 방식이다. 피험자는 자신의 선호도, 의견, 찬성이나 반대의 정도에 따라 주어진 항목을 순서대로 서열을 정하면 된다. 이때 서열로 정할 항목을 단일 차원으로 구성하여 혼동을 일으키지 않게 해야 한다.

다음에 열거한 영재 교사의 전문가적 특성 가운데 당신이 가장 중요하다고 생각하는 항목의 순으로 1위에서 10위까지 (　) 속에 써넣으시오.

(　　) 1. 영재의 특성과 욕구에 관한 지식
(　　) 2. 영재 판별 방법에 관한 지식
(　　) 3. 영재를 위한 특수한 교육 과정 모형에 관한 지식
(　　) 4. 영재를 위한 다양한 프로그램에 관한 지식 및 프로그램 개발 능력
(　　) 5. 담당 과목에 대한 지식과 유능한 교수법
(　　) 6. 영재 학생과 부모를 상담 및 지도할 수 있는 능력
(　　) 7. 영재 교육의 최근 동향과 추이에 관한 이해
(　　) 8. 영재 교육에 관한 연구 수행 능력
(　　) 9. 지적인 우수함을 겸비
(　　) 10. 창의력 / 문제 해결력

2) 질문지 작성 요령

첫째, 응답자의 입장에서 응답자가 마음을 열고 신뢰로운 응답을 할 수 있도록 질문지를 구성해야 한다. 특히 응답자에게 심리적인 부담이 가지 않도록 질문을 구성하여 응답자의 감정을 상하게 하는 질문은 피한다.

둘째, 최소한의 문항 수를 사용한다. 응답자에 꼭 필요한 것만 질문하여 응답자가 심리적, 신체적으로 부담이 가지 않도록 되도록 문항 수를 적게 한다.

셋째, 일차적으로 작성한 질문지를 가지고 예비 연구를 실시한다. 응답자가 이해를 못 하는 용어나 표현을 수정·보완하여 좀 더 나은 형태의 질문지를 제작한다.

넷째, 질문은 간단명료하게 한다. 모호한 표현이나, 여러 가지 의미를 담고 있는 용어나 전문 용어를 피하고, 하나의 문항에서 한 가지만 질문하도록 한다.

다섯째, 질문의 응답 시간을 고려한다. 일반적으로 20~40분 정도가 적절하며, 1시간 이상이 걸리면 회수율이 떨어진다는 것을 고려해야 한다.

여섯째, 강한 부사 사용을 유의해야 한다. 수량화 정도를 나타내는 부사 '절대로', '언제나', '자주' 등과 같은 부사는 사람에 따라 다르게 해석될 수 있기 때문에 문항에 넣는 것은 삼가야 한다.

일곱째, 부정문이나 이중 부정문은 혼란을 일으키므로 부정문은 긍정문으로 바꾸어 사용하도록 한다.

3) 질문지법의 장·단점

질문지법의 장점은 다음과 같다.

첫째, 비용이 적게 들고 간편하다는 점을 들 수 있다. 다른 방법에 비해 일시에 많은 대상으로부터 필요한 정보를 얻을 수 있고, 전문적 지식이나 훈련이 크게 필요하지 않고, 제작이 간편하다.

둘째, 연구자가 응답자에게 영향을 주지 않기 때문에 좀 더 사실적인 정보를 얻을 수 있다. 면접이나 관찰은 응답자가 연구자를 만나기 때문에 직접·간접적으로 영향을 받을 수 있으나 질문지법에서는 별로 영향을 미치지 않는다.

셋째, 다른 연구 방법으로는 얻기 어려운 내용을 알아볼 수 있다. 예컨대, 개인의 성장사나 생활 체험 등과 같이 개인의 태도나 의견 및 주관적인 내용은 다른 방법보다 질문지법이 효과적이다.

질문지법의 단점은 다음과 같다.

첫째, 질문지는 응답자의 문장 이해력과 표현 능력에 의존하기 때문에 이러한 능력이 부족한 유아에게는 적용하기 어렵다. 그러므로 신뢰성 있는 반응을 얻기 위해서 질문지는 주로 초등학교 고학년 이상에 실시하는 것이 좋다.

둘째, 질문지에 응답한 내용의 진위 파악이 어렵다. 면접이나 관찰을 통한 연구에서는 연구자가 피험자의 표정이나 행동으로 반응의 진위를 파악할 수 있지만 질문지의 경우 이런 것이 불가능하다. 때로는 질문지를 원래 응답해야 하는 사람이 했는지 제3자가 대리로 응답했는지 확인할 수 없다.

셋째, 질문지의 회수율이 낮다는 문제가 있다. 연구자가 직접 질문지를 실시하는 경우에는 별로 문제가 없지만, 질문지를 우송하는 경우에는 회수율이 낮아지게 된다. 그로 인해 조사의 결과가 성의 있는 응답자의 반응으로 편파성을 띠게 되어 표집의 대표성에 문제가 된다.

4) 회수율

우편으로 우송하여 질문지를 회수하는 경우에 가장 관심을 두어야 하는 부분이 회수율(return rate)이다. 노력하여 질문지를 작성하여 질문지를 발송했는데 회수율이 10% 정도라고 생각해 보자. 이를 어떻게 해결할 것인가? 어떻게 하면 회수율을 높일 수 있을지 생각해 보자.

회수율에 영향을 미치는 요인으로는 Bailey(1978)에 의하면 다음과 같은 10가지가 있다.

1. 질문지 조사의 실시자 및 후원 기관
2. 질문지의 길이
3. 질문지의 성격
4. 협조문의 성격
5. 질문지 응답과 반송 방법의 편의성
6. 회신에 대한 보상 및 동기 유발의 방법
7. 조사 대상의 특성
8. 우편의 종별(1종, 등기 등)
9. 조사 시기
10. 추후 독촉의 방법

이 중에서 가장 고려해야 할 사항은 응답자의 편의성에 따라 회수율이 달라지므로 우표가 붙은 반송 봉투를 발송하고, 일반적인 봉투보다는 기관의 봉투를 사용하는 것이 좋다.

또한 추후 독촉 방법에 따라 회수율이 크게 좌우된다. 추후 독촉 방법이란 일단 질문지를 배부하고 미회답자에게 다시 편지나 전화로 반송을 부탁하는 절차다. 연구마다 차이는 있지만 첫 번째 질문지 우송의 경우 40~60%이던 회수율이 추후 독촉을 통해 70~80%까지 올릴 수 있다. 질문지 발송 1~3주 경과된 후에 첫 번째 독촉을 하고, 그다음 독촉은 1, 2주 간격으로 한다. 대체로 2회 정도가 적절하다. 어느 정도의 회수율이 적절한 것인가? 추리 통계에서는 전집으로부터 추출된 표집 전체, 즉 100%의 회수율을 가정하고 있다. 그러나 100%의 회수율은 현실적으로 불가능한 수준이며, 90% 이상의 회수율도 쉽게 이루어지지 않는다. 일반적으로 추후 독촉을 통해 70% 정도의 수준에 이르면 상당히 높은 수준으로 본다(Bailey, 1978).

2. 면접법

또 다른 조사 연구의 방법으로 면접법이 있다. 이는 연구 대상에게 질문지를 사용하여 자료를 수집하지 않고 연구 대상에게 직접 질문을 제시하여 얻은 응답을 분석해 연구 목적에 부합되는 자료를 얻는 방법이다.

1) 면접의 유형

면접은 표준화 정도, 질문의 구조화 여부, 면접자에 의해 사용되는 지시 정도에 따라서 구분된다.

표준화 정도에 따라 표준화된 면접과 비표준화된 면접으로 구분된다. 표준화된 면접은 면접에 들어가기 전, 질문의 내용과 제시 방식이 미리 제작되어 이에 따라

면접을 수행하게 된다. 반면, 비표준화 면접은 면접이 진행되는 동안 피면접자의 반응에 따라 면접자에 의해 조절될 수 있도록 주제만 미리 설정해 놓는 방식이다.

다음으로 면접의 구조화 정도에 따라 구조화된 면접과 비구조화된 면접으로 나눠진다. 구조화된 면접은 자극과 반응의 구조가 미리 결정된 질문으로 면접을 하게 된다. 반면, 비구조화 면접에서는 구조화된 질문과 달리 자극과 반응 양자가 모두 한정되어 있지 않고 모호한 비구조화된 질문으로 면접을 하게 된다.

지시의 정도에 따라 면접은 지시적 면접과 비지시적 면접으로 나눠진다. 지시적 면접은 질문지에 비교될 수 있을 정도로 면접자가 면접 내용을 완전히 통제하며 피면접자의 반응이 미리 설정된 구조 내에서 이루어지도록 통제한다. 반면, 비지시적 면접은 지시적 면접에 비해 아동에게 사용하기 적절한 면접 방법으로서 정해진 주제를 아동이 이끌어 가도록 허용하는 개방적인 면접 방식을 취한다.

또 하나의 면접의 방법으로 투사법(projective technique)이 있다. 투사법은 주로 임상 심리학에서 발달된 면접법으로 피면접자인 아동으로 하여금 모호하고 구조화되지 않은 자극을 보고 자신의 느낌이나 믿음을 간접적으로 투사하게 하여 아동의 심리 상태를 알아보는 데 사용된다. 심리학에서는 Freud에 의해 '투사'라는 용어가 최초로 사용되기 시작했다. 개인의 방어적 성격 및 개인의 적응 양식을 알아볼 수 있고, 동시에 개인의 독창성과 같은 창의성도 알아볼 수 있다. 투사법은 반응을 자연스럽게 이야기할 수 있으므로 아동에게 사용하기 적절한 방법이다.

아동을 대상으로 하는 투사법으로는 통각 검사와 역할하기 기법이 있다. 통각 검사란 어떤 모호한 상태의 극적인 상황이 제시된 그림을 아동에게 제시하고 그 그림에서 과거에 어떤 일이 일어났으며, 미래에는 어떤 일이 일어날 것인지에 대해 질문을 하여 아동의 감정을 알아보는 방법이다.

역할하기란 아동에게 어떤 상황을 제시하고, 아동 자신이 아닌 다른 사람이 그 상황에 처했을 때 어떤 느낌과 믿음을 갖고 있는지에 대해 말하게 하는 기법이다.

2) 면접법의 장단점

면접법의 장점은 다음과 같다.

첫째, 글을 모르는 연구 대상에게도 실시할 수 있다. 그러므로 질문의 내용을 이해하기 어려운 유아 및 노인에게 사용할 수 있다.

둘째, 질문지보다 회수율이 높고 무응답의 가능성이 작다. 뿐만 아니라 면접자가 질문을 제시하기 때문에 피면접자의 동기 유발을 할 수 있다.

셋째, 면접은 질문이 자연스럽고 융통성이 있어서 피험자의 심리 상황을 파악하기가 쉽다. 비구조화 면접의 경우 면접을 수행하면서 연구자가 관심 있는 부분을 깊이 있게 질문함으로써 자료를 풍부하게 얻을 수 있다.

반면, 면접법의 단점은 다음과 같다.

첫째, 면접법에서 얻어진 자료는 질적 자료이기 때문에 이를 분석하고 체계화하는 데 시간이 오래 걸린다. 뿐만 아니라 이를 수량화하기 어렵고 해석하는 데에도 전문적인 기술이 요구된다.

둘째, 면접 중 연구자의 견해, 태도 등이 포함될 가능성이 있다. 따라서 이러한 영향을 최소화하기 위해 미리 질문 문항을 계획해 가거나 면접자가 여러 명일 경우 여러 번의 훈련을 통해 일관적인 방법으로 면접을 수행해야 한다.

3) 면접 준비 사항

앞서 언급한 바와 같이 면접이라고 하여 아무런 준비 없이 피면접자를 만나서 면접을 하는 것이 아니다. 면접을 통하여 타당한 연구 결과를 얻으려면 사전에 효과적인 면접이 이루어지도록 준비를 철저하게 해야 한다. 면접을 수행하기에 앞서 어떤 질문을 할 것인가를 사전에 계획해야 하는데, 질문지법과 마찬가지로 사전에 예비 면접을 통해서 연구 목적에 적절한 질문을 준비하도록 해야 한다. 질문을 만들 때 고려할 사항은 다음과 같다.

(1) 질문 내용

면접에서 가장 중요한 것은 면접의 목적에 부합하는 적절한 면접 반응 내용을 얻는 것이다. 그러므로 면접을 위한 질문은 쉽게 이해할 수 있도록 구성해야 한다. 아동에 따라 다양한 해석으로 받아들여지는 질문은 좋지 못한 질문이다. 또한 아동은 인내심이 부족하므로 여러 가지 주제에 대해 면접을 하여, 아동이 주의 산만해지지 않도록 해야 한다.

(2) 질문 반응 형식

개방형 질문으로 구성된 질문에 대해 응답을 제대로 못 하는 아동도 있으므로, 간단하게 '네', '아니오' 또는 '찬성', '반대'로 대답할 수 있는 양자택일형의 질문을 활용하도록 한다.

(3) 질문의 제시 순서

아동을 면접할 때는 면접을 시작할 때 라포가 형성되지 않으면 효과적인 면접을 하기 어렵다. 그러므로 처음에 쉽게 대답할 수 있는 내용을 준비하여 면접자와의 라포를 충분히 형성하도록 한다.

(4) 면접 시간

아동은 성인에 비해 주의 집중 시간이 짧으므로, 면접 시간을 지나치게 길지 않도록 한다. 면접을 하는 동안에 지루해하거나 피로감을 느끼면 중간에 휴식을 취하고 다시 면접을 진행하도록 한다.

(5) 면접자 특성 검토

면접자 자신의 특성을 파악해 본다. 혹시 면접자의 태도가 피면접자인 아동에게 면접을 하는 동안 영향을 줄 수도 있으므로 면접자 자신의 특성을 검토한다.

(6) 면접 기록 방법

면접을 한 결과를 어떻게 기록할 것인지 사전에 검토한다.

- 면접 결과 중에 수량화할 수 있는 것에는 어떤 것이 있는지 검토한다. '네', '아니오'와 같은 것은 수량화할 수 있으므로 반응 빈도를 기록하도록 한다. 그 외의 형식은 어떻게 기록·분석할 것인지 검토한다.
- 면접의 반응 기록을 어떻게 할 것인지 검토한다. 녹음을 할 것인지, 면접 도중에 기록을 할 것인지 생각해 보고, 그때 발생할 수 있는 오류를 생각한다.
- 어떤 방식으로 기록할 것인지 결정한다. 면접을 하기 위해 면접 용지와 노트, 녹음기, 카메라, 비디오 등을 준비한다.

CHAPTER

13 상관 연구와 발달 연구

학습 목표

상관 연구의 주요 목적은 변수 사이의 관계를 규명함으로써 중요한 현상을 이해하는 데 있다. 특히 실험실 설계가 어려운 발달 심리학에서는 변수 사이의 관계를 분석함으로써 많은 것을 알 수 있게 된다.

상관 연구는 인간 행동의 가능한 결과를 예측하는 데 있다. 두 변수 사이에 충분한 관계가 있을 때 한 변수의 점수로부터 다른 변수의 점수를 예측할 수 있다.

발달 연구는 인간의 생명이 시작되는 순간부터 죽음에 이르기까지의 전 생애에 걸친 모든 변화의 과정을 연구로 발달의 경향과 속도, 유형이나 한계 및 성장과 발달에 작용하는 여러 요인 간의 관계성 탐구를 하게 된다.

발달 연구는 크게 종단 연구와 횡단 연구로 구분되는데, 종단적 연구는 특정 연령 집단을 표집하여 일정한 기간 동안 시간의 흐름에 따른 발달적 특징과 변화 과정을 추적 연구하는 것으로 시간의 흐름에 따른 변화를 측정하여 어떤 의미를 찾고자 하는 데 목적을 두고 있다.

횡단적 연구는 여러 연령 집단을 동시에 표집하여 이들 집단으로부터 얻은 자료를 통해 연령 집단 간 차이를 밝히는 것으로 상이한 특성을 갖고 있는 집단 사이의 측정치를 비교함으로써 의미를 찾는 것이 목적이다.

CHAPTER 13

상관 연구와 발달 연구

이번 장에서는 비실험 연구의 대표적인 방법으로 상관 연구와 발달 연구에 대해서 구체적으로 살펴보기로 하자.

1. 상관 연구

'상관'(correlation)이란 어떤 사건과 사건, 현상과 현상 사이에 나타나는 관계를 말한다. '상관 연구'는 변수에 영향을 주지 않고, 변수 간의 관계를 연구하는 것이다. 즉, 어떤 사건이나 현상에 내재되어 있는 여러 변인의 일반적인 관계를 규명하는 데 역점을 두고 있다. 그래서 상관 연구에서는 어느 정도의 관계가 있는지 관계가 있다면 상관의 크기는 어느 정도인지를 확인할 수 있고, 상관의 유형은 무엇인지를 알 수 있으나, 변수 간의 관계의 원인을 밝힐 수는 없다.

상관 연구는 독립된 하나의 연구 방법으로 국한되기보다는 상관 연구의 결과는 실험 연구의 선행 연구가 될 수도 있다. 즉, 연구에서 수집된 자료를 통계적으로 분석하고 해석하는 데 초점을 두는 연구이다.

상관 연구는 연구 과정에서 기술적인 문제나 윤리적인 문제로 연구자가 변인을 조작하거나 통제하기 어려울 때, 변인 간의 관계를 파악하고자 유아 교육학에서도 널리 사용되고 있다.

1) 상관 연구의 목적

상관 연구는 인간의 행동을 설명하거나 가능한 결과를 예측해 준다. 상관 연구의 목적은 크게 해석적 목적, 예측적 목적 2가지로 나뉜다(이종승, 2009).

(1) 해석적 목적

상관 연구의 주요 목적은 변수 사이의 관계를 규명함으로써 중요한 현상을 이해하는 데 있다. 특히, 실험실 설계가 어려운 발달 심리학에서는 변수 사이의 관계를 분석함으로써 많은 것을 알 수 있게 된다. 예를 들어, 부모가 사용하는 말의 복잡성과 유아의 언어 습득 속도와의 관계를 연구할 때, 상관 연구를 통하여 언어 습득 속도에 대한 많은 것을 알게 된다.

(2) 예측적 목적

상관 연구의 두 번째 목적은 인간 행동의 가능한 결과를 예측하는 데 있다. 두 변수 사이에 충분한 관계가 있을 때 한 변수의 점수로부터 다른 변수의 점수를 예측할 수 있다. 예컨대, 유아의 학업 성취도가 초등학교에 입학한 후의 성적과 높은 관계가 있다면, 유아의 학업 성취도 점수로부터 초등학교 성적으로 예측할 수 있을 것이다.

2) 상관의 크기와 방향

두 변인 간의 상관관계를 알아보려면 상관의 크기 정도, 상관의 방향을 기본적으로 알아본다.

상관의 크기 정도는 한 변인의 점수가 증가하거나 감소함에 따라서 다른 변인의 점수가 어느 정도로 증가하느냐 감소하느냐, 그리고 그러한 증가와 감소가 같은 방향인지 다른 방향인지 알아보는 것이다.

'상관 계수'란 상관의 정도를 수치로 표시한 것인데, 두 변인을 측정했을 때, 한 변인의 변화에 따라 그에 대응하는 다른 변인이 어떻게 변화하느냐의 관계를 표시하여 주는 통계치다. 상관 계수는 보통 r로 표시하는데, 이 계수의 값은 +1.00으로부터 0을 지나서 −1.00의 값을 취한다. 그래서 상관 계수는 양수, 음수, 0의 값을 취할 수 있다.

상관 계수가 '양수'로 나타나면 '정적 관계'가 있다고 한다. 예컨대, 지능과 학업 성적 간에 높은 정적 상관이 있다면 그것은 지능이 높은 학생이 일반적으로 학업 성적도 높은 것을 의미한다.

상관 계수가 '음수'로 나타나면 '부적 관계'가 있다고 한다. 예컨대, 지능과 창의성 간에 부적 상관이 있다면 이는 한 변인의 점수가 높으면 다른 변인의 점수는 오히려 점점 더 낮게 되는 관계를 말한다.

상관관계가 '0'으로 나타나면 두 변인 간에 상관이 없고 서로 독립적인 것을 의미한다.

그 외에도 상관 연구에서는 준거 변인과 둘 이상의 예측 변인의 최적한 조합 사이의 관계를 결정하는 '중다 회귀 분석(multiple regression analysis)', 셋 이상의 변인 간의 인과 관계의 가능성을 검정하는 '경로 분석(path analysis)', 많은 문항이 포함된 검사에서 상관이 높은 변수를 인자로 묶어 그 수를 줄일 수 있는 '요인 분석(factor analysis)' 같이 보다 복잡한 상관 기술도 있으나, 지면 제한으로 이러한 내용을 여기서는 다루지 못한다.

3) 상관 계수의 종류

상관 계수는 변인 간의 상관 정도를 나타내는 통계치로서 여러 가지 종류가 있다. 상관 계수는 변인의 측정 수준이나 연구 자료의 특성에 따라 여러 가지 방법으로 계산하고 다르게 해석한다. 그러므로 상관 연구를 할 때는 연구 자료와 연구 변인의 측정 수준으로 고려하여 적합한 상관 계수를 사용해야 한다. Borg & Gall(1983)은 다음과 같이 각각의 상관 계수를 정리했다.

4) 유의점

상관 연구를 할 때 다음과 같은 3가지 사항에 유의하도록 한다.

(1) 결과 해석

상관 연구는 변인에 대한 연구자의 통제가 불가능하기 때문에 상관이 있는 것으로 밝혀졌다고 해서 반드시 인과 관계가 있다고 설명할 수 없는 제한점을 가지고 있다. 우리는 어떤 사건이 다른 사건보다 먼저 발생했다고 해서, 이전의 사건이 이후의 사건에 원인이 되는 것처럼 생각하기도 한다. 또는 두 변인 간에 상관관계가 있으면 그중 어느 한 변인이 나머지 다른 변인의 원인이라고 생각하는 경우도 있다.

물론, 어떤 두 변수 사이에 상관관계가 존재함으로 인해 그들 간에 인과 관계가 있을 수도 있지만, 또는 제3의 요인이나 우연 요인에 의해 일어날 수도 있는 것이다. 즉, 상관 연구에서는 변인 간의 인과 관계를 명확하게 증명할 수 없으므로, 상관 연구의 결과를 읽고 해석할 때 이런 점을 유의해야 한다.

(2) 통계 방법 적용

또한 상관 연구를 하는 연구자는 통계에 대한 깊은 이해와 다양한 통계 방법에 대한 지식을 토대로 하여 연구 자료의 특성이나 변인의 측정 수준에 적합한 통계 방법을 선택하여 상관 계수를 해석해야 한다.

(3) 실험 연구 수행

상관 연구에서 변인 간의 의미 있는 관련성이 밝혀진다면, 상관 연구보다는 실험 연구를 통해서 좀 더 명확하게 인과 관계를 밝히는 것이 좋다.

2. 발달 연구

'발달 연구'(developmental research)는 인간의 생명이 시작되는 순간부터 죽음에 이르기까지의 전 생애에 걸친 모든 변화의 과정을 연구한다. 예컨대, 지능, 운동 기능, 사고, 언어, 사회성, 정서, 도덕성, 신체 발달 등 모든 특성이 포함된다. 즉, 발달 연구란 유기체의 발달 과정에 따른 변화에 관심을 두는 연구로서, 연구의 목적은 발달의 경향과 속도, 유형이나 한계 및 성장과 발달에 작용하는 여러 요인 간의 관계성 탐구가 될 것이다(이종승, 1995).

1) 발달 연구의 종류

발달 연구의 수행 시 채택되는 방법은 크게 두 가지로, 하나는 종단적 연구(Longitude study)이고, 하나는 횡단적 연구(cross-sectional study)이다.

(1) 종단적 접근법

종단적 연구는 특정 연령 집단을 표집하여 일정한 기간 동안 시간의 흐름에 따른 발달적 특징과 변화 과정을 추적 연구하는 것이다. 즉, 시간의 흐름에 따른 변화를 측정하여 어떤 의미를 찾고자 하는 데 목적을 두고 있다.

예를 들어, 한 연구자가 나이의 증가에 따른 아동의 사회성 발달을 알아보고자 한다. 연구자는 초등학생 1학년 학생 100명을 무선 표집하고, 그 아이들이 초등학교 6학년이 되어 졸업할 때까지 1년 단위로 사회성 정도를 측정할 수 있다. 이때 연구자는 학년이 높아짐에 따라 사회성이 발달하는 과정뿐만 아니라, 또래관계의 변화, 인지 능력 및 언어 사용이 어떻게 변화하는지를 함께 측정함으로써, 사회성 발달과 관련된 발달의 측면도 살펴볼 수 있게 된다. 이는 동일한 대상을 추적하여 반복적으로 측정하였으므로 종단적 연구의 대표적 사례로 볼 수 있다.

이러한 종단 연구에는 수행함에 있어서 몇 가지 단점이 있다.

첫째, 무엇보다 연구 대상이 연구 도중 탈락할 수 있다. 종단적 연구는 여러 시기에 걸쳐 동일 대상의 연구 변인을 측정해야 하므로 그동안 연구 대상자가 이사, 이민, 질병 등의 이유로 더 이상 연구에 참여하지 못할 가능성이 발생하게 된다. 연구 대상의 규모가 아주 크다면 몇몇 소수의 탈락자가 연구의 결과에 큰 영향을 미치지 않을 수 있으나, 연구 대상의 규모가 작을 경우에는 연구 결과에 심각한 영향을 미칠 수 있다.

둘째, 연구기간 동안 중요한 개인적 혹은 심각한 사회적 환경 변화로 인해 연구 결과를 오염시킬 수 있다. 비록 동일 연구 대상자의 추적이 가능하다 할지라도, 장기간의 연구 기간 동안 개인적인 변화가 있을 수 있으며, 사회·문화적인 변화 역시 있을 수 있다. 이러한 요인은 개인의 정상적인 발달에 영향을 미치는 요인으로 작용할 수 있다.

셋째, 종단적 연구기간 동안 발달 양상을 측정하기 위해 사용하는 검사에 문제가 발생할 수 있다. 예를 들어, 10세의 지능검사와 20세의 지능검사 문항은 서로 다를 수 있다. 즉, 동일한 검사를 사용할 수 없는 경우가 발생하고 동일한 검사를 사용하였더라도 연습효과로 인해 검사 오염의 문제가 발생할 수 있다.

이와 같은 이유로 연구자는 동일 대상을 반복적으로 측정하는 전형적인 종단 연구의 형태에서 벗어나기 위한 대안으로 경향성 분석(trend study)이나 동류집단 분석(cohort study) 방법을 사용하기도 한다.

경향성 분석 방법은 동일한 연구 목적과 함께 연구 대상이 되는 모집단은 동일하나 측정시기에 따라 서로 다른 표본 집단을 사용하는 경우이다. 예를 들어, 초등학생 1학년에서 6학년까지 사회성 발달 변화를 1년 간격으로 알아본다면, 매년 동일 학생을 추출하지 않고, 대상 학년은 같지만 다른 그룹의 학생을 추출하여 사회성을 측정하는 것이다. 따라서 학년이 올라감에 따라, 동일한 표본 집단을 사용하여 사회성 발달 정도가 어떻게 변화되었는지 살펴보는 것이 아닌, 다른 표본 집단을 사용하여 사회성 발달의 변화 추세를 살펴보는 것이다. 반면, 엄밀하게 동일한 대상을 사용하는 경우를 패널 연구(panel study)라 한다.

〈표 13-1〉 횡단적 연구와 종단적 연구의 설계

출생연도 \ 연령	5	7	9	
1991	1996	1998	2000	횡단적 연구
1993	1998	2000	2002	종단적 연구
1995	2000	2002	2004	
1997	2002	2004	2006	

(2) 횡단적 접근법

횡단적 연구는 여러 연령 집단을 동시에 표집하여 이들 집단으로부터 얻은 자료를 통해 연령 집단 간 차이를 밝히는 것이다. 즉, 상이한 특성을 갖고 있는 집단 사이의 측정치를 비교함으로써 의미를 찾는 것이 목적이다.

예를 들어, 한 연구자가 학년의 증가에 따른 아동의 사회성 발달을 알아보고자 한다면 현재 시점의 1학년부터 6학년까지 각각의 아동들을 비교적 대규모로 표집하여 각 집단의 사회성을 측정하는 것이다. 이러한 발달적 특징을 학년별로 기록하여 사회성이 어떻게 발달하는지 분석할 수 있다.

횡단적 접근법의 장점은 종단적 접근법에 비해 적은 노력과 비용으로 짧은 시간 내에 많은 대상으로 조사할 수 있으며 종단적 방법에 비해 표집 대상자의 수가 크므로 일반화하기 쉽다는 장점이 있다.

그러나 횡단적 접근법 역시 몇 가지 단점이 있다.

첫째, 종단적 연구에서 알 수 있는 개인의 발달상 변화를 횡단적 연구에서는 파악하기 어렵다. 횡단적 접근법에서는 학년별 집단 간 변화밖에는 알 수 없으나, 종단적 접근법에서는 한 개인의 여러 발달 측면이 서로 어떻게 영향을 미치는지 추론할 수 있다.

둘째, 각 학년에서 표집을 할 때 그 표집이 그 학년을 대표하는지 표집된 대상이 얼마나 동질적 배경을 가지고 있는지를 충분히 고려해야 한다.

그럼에도 불구하고 횡단적 연구는 단기간에 연구를 완료할 수 있고 일반적인 발달적 특징을 확인하기에 수월하여 종단적 연구에 비해 많이 이루어진다.

(3) 단기간 종단적 접근 방법

앞서 기술한 종단적 연구와 횡단적 연구 방법의 이점을 절충하여 만든 것으로 서로 중복되는 연령으로 아동 집단을 선정하여 주기적으로 측정하는 방법이다. 여기에는 다음 두 가지 형태의 설계법이 사용된다.

첫째, 종단-연속적 연구로 학년이 다른 여러 집단을 동일한 종단적 연구 기간 동안 관찰하여 그 결과를 비교하는 방법이다. 예를 들어, 아동의 언어능력과 학업성취와의 관계를 알아보기 위해 1, 3, 5학년 아동을 각각 표집하여 3년간 연구를 하는 것이다. 이렇게 하면 어느 특정 시기를 중심으로 각 집단의 횡단적인 비교와 발달과정의 종단 비교가 가능하다.

둘째, 횡단-연속적 연구로 여기서는 두 번 이상의 기간에 둘 이상의 학년에 관한 자료를 추출하는 방법이다. 예를 들어, 올해는 1, 2, 3학년을 관찰하였다면 내년에는 4, 5, 6학년을 다시 표집하여 조사하는 것이다. 이는 매번 다른 대상을 관찰하게 되는 특성이 있으나, 한 관찰시기부터 다음 관찰시기에 이르기까지 동일한 피험자를 반복적으로 계속 관찰하지 않아도 된다는 이점을 갖는다.

CHAPTER

14 질적 연구

학습 목표

질적 연구란 연구자가 개별적인 사례에 참여하여 면담이나 참여관찰을 통해 경험적 자료를 수집하고 그것을 귀납적인 방법으로 연구하는 것으로, 이 연구에서는 일반적인 가설에 따라 현상을 살펴보는 연역적 방법이 아니라 특수한 맥락 속에서 일반적인 가설을 발견하는 귀납적 방식을 따른다.

사례 연구는 특정한 한 사회적 단위, 즉 개인, 집단(기관), 가족, 제도, 문화 또는 전 지역사회의 생활을 대상으로 조사 의뢰자가 당면하고 있는 상황과 유사한 사례를 찾아내어 깊이 분석하는 기술 연구 방법이다. 이를 통해서 주어진 문제에 대한 간접적인 경험과 사전지식을 갖게 됨으로써 현재 상황에 대한 논리적인 유추를 하는 데 도움을 주는 방법이다.

사례 연구 방법에는 개인의 사적 생활이나 사적 경험에 대해 직접 조사를 행하는 임상적 방법과, 그 사람이 이미 다른 목적으로 자기의 사생활에 대해 기술한 여러 가지 기록, 예를 들어 일기나 편지 등에 대하여 간접적으로 조사를 행하는 소위 생활사적 방법, 그리고 회사 집단의 개별적 성질과 내용을 관찰에 의해서 기술하는 집단에 관한 사례 연구법이 있다.

사례 연구는 타당한 사례의 선정이 어렵고 분석자의 주관적 의견이 개입될 확률이 있으며 분석자가 일정한 허위적 신뢰감을 가질 수 있다. 그리고 분석 결과의 일반화에 있어서 한계를 가지고 있다.

질적 연구

CHAPTER 14

질적 연구란 연구자가 개별적인 사례에 참여하여 면담이나 참여관찰을 통해 경험적 자료를 수집하고, 그것을 귀납적인 방법으로 연구하는 것이다(Denzin & Lincoln, 2005). 질적 연구에서는 일반적인 가설을 따라 현상을 살펴보는 연역적 방법이 아니라 특수한 맥락 속에서 일반적인 가설을 발견하는 귀납적 방식을 따른다. 즉, 관찰된 개별적인 사례에서 의미 있는 유형을 찾고 그것으로부터 전체 주제를 발견하는 방법이다. 따라서 질적 연구는 참여관찰과 면담과 같은 경험적 자료를 수집하기 위해 연구자가 직접 참여하는 것에서 시작된다. 그리고 연구자는 스스로 자료를 수집하고 분석하고 판단하고 선택한다. 이런 과정을 통해 연구자는 참여자가 연구 주제와 관련하여 구성한 의미를 발견하게 된다.

질적 연구에는 사례 연구와 역사적 연구가 있는데, 아동연구에서는 주로 사례 연구 방법이 사용된다. 그러므로 여기서는 사례 연구 방법을 중심으로 알아보기로 하자.

1. 사례 연구의 정의

사례 역사란, case history로서 환자의 현재와 과거의 질병 역사를 의미한다. 사례라는 단어는 의학에서 사용되는 용어로서 육체적, 정신적 고통을 받는 개인을 지칭한다. 그러나 아동 발달과 교육 분야에서 사용되는 사례는 병리적이 아니기 때문에 사례 역사의 의미는 생활 역사와 동일한 개념으로 사용되고 있다.

질적 연구의 하나인 사례 연구는 특정한 한 사회적 단위, 즉 개인, 집단(기관), 가족, 제도, 문화 또는 전 지역 사회의 생활을 대상으로 조사 의뢰자가 당면하고 있는 상황과 유사한 사례를 찾아내어 깊이 분석하는 기술 연구 방법이다. 이를 통해서 주어진 문제에 대한 간접적인 경험과 사전 지식을 갖게 됨으로써 현재 상황에 대한 논리적인 유추를 하는 데 도움을 주는 방법이다.

사례 연구를 하는 데 있어서 어떤 자료는 정량화가 되지만 연구의 전체 흐름은 질적인 연구다. 즉, 통계적 방법으로 양적인 측정이 가능한 경우에는 어느 정도 정확한 조사를 할 수 있지만, 양으로 환원하기 어려운 성질의 현상에 대해서는 사례 연구를 적용한다.

사례 연구를 하기 위해서는 훈련을 잘 받은 개별 연구원이 현실 문제와 눈에 보이는 징조 및 외부 조건만을 피상적으로 기록하는 데 만족하지 않고, 전체적인 문제의 상황과 사회적 배경 및 그 문제의 근원과 자연적인 발전을 이해하려고 할 때 훌륭한 자료가 될 수 있는 것이다.

사례사나 생활사는 개인적 경험과 사회적 행위를 설명하고 묘사하는 가장 오래된 방법 중의 하나로 알려져 있다. 그 근원은 동화, 우화, 서사시, 소설, 기타 각종 설화 등에서 찾을 수 있다.

사례 연구는 주로 생활 지도 전문가에 의해서 문제 행동의 교정을 위하여 이루어져 왔으며, 문제 행동 자체를 소상하게 관찰하고 그 원인을 찾기 위하여 가족 상황, 사회적 환경, 문화적 수준, 신체적인 조건, 습관, 적응, 일상생활의 만족도와 같은 것을 조사한다. Healy와 같은 정신병을 연구하는 학자는 소년 범죄의 원인에 주의를 돌리면서 인과 관계의 직관을 얻는 데 사례 연구가 필수 불가결하다는 것을 알았다.

사례 연구는 상세한 조사를 필요로 하고 있기 때문에 일반적으로 제한된 수의 사례만을 다루게 되며, 조사원의 단독 작업에 의해서 집중적으로 연구하게 된다. 오늘날의 사례 연구의 범위는 폭넓게 가계 연구, 소년 범죄, 노사 관계, 학교 등이 있다. 교육이나 특수 교육에서는 다음과 같은 사례가 사례 연구의 대상이 될 수 있다(김승국, 1992).

1) 부정적 사례

- 사회적 · 정서적 부적응 행동을 하는 아동
- 학습 문제를 가진 아동
- 운영상에 문제가 있는 학급이나 학교
- 학습 지도상의 문제가 있는 사람으로 알려져 있는 교사
- 기타 부정적 사례

2) 긍정적 사례

- 사회적 · 정서적으로 적응을 잘하는 아동
- 학업 성적이 우수한 아동
- 운영이 잘 되는 학급이나 학교
- 학습 지도를 잘 하는 사람으로 알려져 있는 교사
- 기타 긍정적 사례

이와 같이 사례 연구 방법은 통계학의 한 보조 방법으로 사회과학에 소개되었지만, 사회학의 발전과 더불어 그것은 점차 새로운 인정을 받게 되었다. 그 이후 여러 학자에 의해 사례 연구 방법이 체계적으로 사회과학에 응용되었고, 연구 자료를 수집하는 데 사용되었다.

2. 사례 연구의 방법

사례 연구 방법에는 개인의 사적 생활이나 사적 경험에 대하여 직접 조사를 행하는 임상적 방법과 그 사람이 이미 다른 목적으로 자기의 사생활에 대하여 기술한 여러 가지 기록, 예컨대 일기나 편지 등에 대하여 간접적으로 조사를 행하는 소위 생활사적 방법이 있고, 회사 집단의 개별 성질과 내용을 관찰에 의해서 기술하는 집단에 관한 사례 연구법이 있다. 사례 연구법은 하나의 조사 단위만을 계속적으로 관찰하여 그 변천을 기술적으로 파악하므로 사회 현상의 변화를 보는 방법으로서는 사례 연구 방법이 가장 좋은 방법 중의 하나라고 할 수 있다.

즉, 사례 연구는 다양한 연구 방법에 의해 수집된 자료를 체계적으로 분석 · 종합하는 과정이다.

1) 자료수집의 준비

사례 연구를 하기 위하여 다음과 같은 준비를 해야 한다(Diesing, 1972; Yin, 1984).

(1) 조사자의 바람직한 조사 태도 구비

성공적인 사례 연구를 위해 정립된 이론적인 연구 초점과 수집하려는 자료와의 부단한 상호작용 또는 적응 과정을 통해서 이루어지는 것이다.

- 연구 문제 또는 주제를 정확히 파악하고 그것을 일관성 있게 추구하는 것
- 어떤 편견(또는 선입견)이나 이념에 사로잡히지 않고 공평하게 개방적인 조사 태도를 갖는 것
- 연구 문제 또는 주제에 관한 타당한 질문, 즉 좋은 질문을 하고 그에 대한 대답 등을 바르게 해석하는 것
- 연구 상황을 분명히 파악하고, 새롭거나 또는 의외의 상황에 세심하고 신축성 있게 적응하는 것
- 연구 사례를 있는 그대로 파악하고 또 반복 확인하는 진지성을 갖는 것
- 상반된 자료나 사실을 발견하게 되면 그들을 철저히 비교·분석해 새로운 발견 가능성 등에 주의를 기울이는 것 등이다.

(2) 사례 연구를 위한 준비와 훈련

사례 자료수집에 있어 조사자 등은 당면하게 되는 각종 상황에 신축성 있게 적응하기 위해서는 훌륭한 의사 결정력이 있어야 한다.

(3) 사례 연구 진행 지침서의 작성

연구를 위한 조사 도구일 뿐 아니라 도구 사용을 위한 제반 절차와 규칙까지 제시하는 포괄적인 연구 진행 안내서로서 사례 연구 전체적인 개괄적 정보, 연구 대상과 연구 현장에서의 조사 과정, 연구 문제에 대한 일련의 조사 항목의 제시, 사례 연구 결과 보고서 작성을 위한 기준이다.

(4) 예비 사례 연구의 수행

자료수집의 마지막 단계인 예비 사례 연구에서는 분석될 사례의 특징적 성격 파악은 물론 자료수집 계획 및 절차 · 방법 등을 이해해야 한다.

3. 사례 연구를 위해 수집될 각종 자료원

사례 연구를 위해 수집될 수 있는 자료들은 다음과 같이 6가지가 있다(Yin, 1984).

1) 각종 문서(Documents)

각종 문서에는 여러 가지 형태가 있는데 다음과 같이 몇 가지로 나누어 생각할 수 있다.

- 일기, 편지, 메모, 전기 등 개인적인 문서
- 모임, 회의 등의 의제 내지 의사록, 행사 또는 사건 등에 대한 기록 문서
- 집단 또는 조직 등의 관리 운영상의 여러 문서
- 연구보고서 및 논문
- 대중 매체에 의하여 제공되는 여러 기록물 등을 지적할 수 있다.

2) 정리 보관된 기록물(Archival Records)

정리 보관된 기록물은 주로 표준화 정리되어 컴퓨터에 입력·보관되어 있는 것이 일반적이다.

- 각종 서베이 및 센서스 자료
- 통계적 집합 자료
- 개인 관계 인적 기록
- 집단 및 조직의 보관 자료
- 연구 또는 서비스를 위해 마련된 다양한 질적, 양적 자료 등

3) 면접(Interview)

면접을 통해 다양한 자료를 수집한다.

- 구조화(표준화 면접)
- 반구조화 면접
- 비구조화(비표준화) 면접
- 특수 면접법 : 패널 면접, 집중 면접, 임상 면접, 탐색 면접

4) 직접 관찰법(Direct Observation)

직접 관찰법에는 구조화 관찰과 비구조화 관찰(참여 관찰)이 있다. 구조화 관찰은 사전에 선택되거나 정립된 일정한 개념 또는 가설 및 명제 등의 이론에 입각해서 연구 대상, 즉 사례의 현장에서 사례를 직접 체계적으로 관찰하는 것을 말한다. 그러므로 조직화된 직접 관찰은 그 체계적 관찰을 위해서 사전에 마련된 관찰 진행에 의해 수행되는 것이 일반적이다. 관찰에 대해서는 15장 '관찰 연구'를 참고하도록 한다.

5) 참여 관찰(Participant Observation)

조사자나 관찰자가 관찰 대상과 동화된 구성원으로 역할을 한다. 예를 들면, 이웃 주민 내지 친구로서의 관찰자의 역할이나, 연구자임을 표방한 제3의 국외자로서의 관찰자의 역할 등이 있다.

6) 물질적 인공물(Physical Artifacts)

물질적 인공 자료는 사람들에 의해 물질적으로 만들어지는 각종 자료를 일컫는다. 예를 들면, 각종 문화적 유산, 물질적 창조물, 여러 가지 도구와 기구, 예술 작품, 산업 생산물 등 인간의 다양한 족적을 나타내는 것 등이 있다.

4. 자료수집의 기준 (Yin, 1981, 1984)

1) 다양한 자료원을 이용하는 것

다양한 자료원으로부터 각각의 자료수집이 불가피하고, 또 그렇게 하는 것이 사례 연구의 장점이다. 역사적인 것, 구조 및 제도적인 것, 행태적인 것 등 다차원의 자료를 수집할 수 있다. 이와 같은 다양한 자료원으로부터 다각적인 자료를 합리적이고, 일관성 있게 수집하여 수렴적 근거를 제시할 수 있게 한다. 이런 활동을 통하여 사례 분석의 중요한 구성적 타당성을 높이는 기반을 수립하게 된다.

2) 사례 연구를 위한 데이터베이스를 구축하는 것

초보적인 자료 데이터를 구축하기 위해 자료 노트, 문서의 정리, 도표화 정리, 언어적인 묘사 등을 사용한다. 자료 노트란 수집되는 자료 또는 정보에 대해 연구자의 어떤 한 생각이나 판단에 입각해서 요약된 것으로 궁극적으로 연구 주제, 가설, 명제, 또는 분석 방향 등에 의존하게 된다. 노트의 형태는 메모, 카드, 디스켓 등의 형태로 이루어진다.

3) 자료의 상호 연계를 구축하는 것

수집된 각종 자료가 상호 일치돼 서로 연계성을 가져야 하는 것을 뜻한다. 자료가 서로 연계성을 갖기 위해서는 각 자료의 종류와 특징 등이 밝혀지도록 분명히 규정되어야 한다. 자료는 연구를 시도하는 최초의 기초 자료부터 결론을 도출해 내는 최종 자료에 이르기까지 서로 연계되어야 한다.

5. 질적 연구와 아동사례 연구의 예

1) 한진주 · 윤재희(2015)의 유아들의 또래문화에 대한 질적 연구

이 연구는 지역적 특수성을 가진 한 곳의 유아들이 구성하는 또래문화가 갖는 의미를 살펴보기 위한 질적 연구로 구체적인 연구 문제는 세 가지다.

첫째, 유아가 사회적 관계를 형성하고 유지하는 양상은 어떠한가?
둘째, 유아가 사회적 질서를 형성하는 양상은 어떠한가?
셋째, 유아가 기존 문화에 적응하는 양상은 어떠한가?

K 어린이집을 대상으로 연구를 진행했으며, 그중에 몇몇의 영유아를 연구의 주제에 따라 초점집단이 구성되었고, 그 집단의 유아와 그들의 관계 및 교사에 대해 기술했다. 연구에서 수집한 자료는 네 종류였다. 첫째, 참여기관의 실외놀이에 참여하여 유아의 모습을 약기한 관찰자료이다. 둘째, 연구에 참여한 성인 및 유아가 구조적 또는 비구조적으로 면담한 자료가 있다. 셋째, K 어린이집에서 발행되는 문서자료와 시청각 자료가 있다. 넷째, 연구자가 연구를 시작하고 종료할 때까지 정기적으로 작성한 연구자 일지가 있다.

이렇게 수집한 자료는 체계적으로 분류되고, 조직적으로 탐구, 정리, 분석되었다. 전체적인 자료분석 과정은 전사와 분류, 의미화, 범주화가 순환적이며 반복적으로 진행되었다. 참여관찰과 면담한 자료를 전사할 때 수집된 순서에 따라 종류별, 날짜별로 정리했고, 이렇게 일정한 기준에 따라 정리된 자료는 이후에 사례를 분리하고, 기술하고, 의미를 점검하는 데 큰 도움이 된다. 정리된 자료를 의미화하는 단계는 매우 복잡한 과정이고 창의력을 요하는 작업이다. 축적된 자료를 한 주 단위와 한 달 단위로 모아 반복적으로 읽으며, 참여자에게 의미 있는 주제를 찾게 된다. 끝으로 의미화된 자료를 범주화하는 과정이다. 개방 코딩을 통해 해석된 자료는 속성과 차원에 근거하여 몇 가지 범주로 나뉘게 된다. 그렇지만 최종적인 의미를 발견하고 주제를 찾는 것은 녹록지 않은 일이다. 즉, 각각의 범주를 속성과 차원 내에서 비교하고 대조하여 주제로 구성하기가 쉬운 일이 아니다.

연구 결과는 세 가지로 분석된다. 먼저, 참여기관 유아들은 친한 또래와 함께 놀이를 하고 서로 협력하는 동시에 친하지 않은 다른 유아를 배척하여 또래집단의 동질성을 추구했다. 둘째, K 어린이집 유아들은 서로 경쟁하거나 성인의 권위에 의존하는 모습으로 또래 사이에서 사회적 힘을 얻었다. 끝으로, 참여 유아는 자신에게 제시되는 어린이집의 규칙을 교사와 다르게 해석하여 규칙에 재적용했다.

2) 정혜윤과 이경화(2019)의 수학적 모델링 활동에서의 집단 창의성 발현 사례연구 : 수학적 표현과 모델 도출 활동을 중심으로

이 연구는 중학교 3학년 학생들의 수학적 모델링 활동에서 발현되는 집단 창의성 사례를 분석하는 것이다. 이를 위해 서울 소재의 중학생 20명을 대상으로 4명씩 모둠을 구성하여 프로그램을 운영하였다. 각 모둠에는 수학적 모델링 수업을 적용하였다.

연구결과는 다음과 같다.

첫째, 수학적으로 다양하게 표현하기 단계에서, 집단에 따라 서로 다른 유형의 상호작용이 관찰되었으며, 발현된 상호작용 유형에 따라 창의적 시너지에도 차이가 나타났다.

둘째, 수학적 모델 도출을 위한 모델 수합 단계에서, 집단에 따라 메타인지적 상호작용이 관찰된 경우와 그렇지 않은 경우가 관찰되었으며 그에 따라 창의적 시너지에 차이가 있음이 확인되었다.

셋째, 수학적 모델 도출을 위한 모델 선택 단계에서, 모든 집단에서 메타인지적 상호작용과 그에 따른 창의적 시너지가 관찰되었다.

이 연구의 결론은 다음과 같다.

첫째, 수학적 모델링 단계와 모둠에 따라 상호작용 유형이 다르게 나타났다.

둘째, 발현된 상호작용 유형에 따라 창의적 시너지가 다르게 나타났다. 집단별로 여러 유형의 상호작용이 함께 발현될수록 창의적 시너지 역시 확장되었다. 특히, 메타인지적 상호작용은 수학적 표현과 모델에 대한 반복적 검토, 수정을 통해 모델의 안정성과 정교성을 높여 주었다. 창의적 시너지는 집단 창의성이 수학적 모델링에 미치는 영향으로도 볼 수 있다. 즉, 본 연구에서는 집단 창의성의 효과를 수학적 표현 측면에서 해석하였는데, 그동안 수학적 모델링 활동 중 발생하는 수학적 표현 활동을 집단 창의성 관점에서 해석한 연구를 찾아보기 힘들다는 점에서 연구의 의의가 있다.

6. 사례 연구의 제한점

사례 연구의 제한점은 다음과 같다.

(1) 타당한 사례의 선정이 어렵다.

타당한 사례가 많을 것 같지만 실제로는 선정하기가 쉽지 않다. 흔히 인접 가능한 인접 사례가 아니면 편의에 따라 선정할 가능성이 높다.

(2) 분석자(또는 자료수집자)의 편견 개입의 여지가 매우 넓다.

사례 연구의 경우 우선 자료수집에 있어서 주어진 상황에 적응하는 등 많은 신축성을 요하고, 또 다양한 자료원으로부터 각종 자료를 수집하고, 자료를 분석하는 데 있어서 여러 가지를 선별하고 조정하는 등 분석자는 훌륭한 의사 결정자로서의 역할이 대단히 요청된다.

(3) 분석자가 일정한 허위적 신뢰감을 가질 가능성이 높다.

연구를 위해 사전에 갖고 있는 전제, 가설, 사실 등에 지나치게 집착할 수도 있으므로 사례 연구 결과를 분석할 때 유의해야 한다.

(4) 분석 결과의 일반화의 문제이다.

사례 연구는 특수한 사례를 연구한 결과이므로 여기서 얻어진 연구 결과를 일반화시킬 수 없다는 제한점이 있다.

(5) 일반화 가능성 증진

일반화를 증진시키기 위해 하나 이상의 사례를 연구하거나 한 가지 사례에 대해 여러 연구자가 공동 연구를 수행할 수도 있다.

아울러 삼각측정법(triangulation)을 사용할 수 있다. 자료수집을 위해 여러 방법을 함께 사용하는 방법을 삼각측정법(Denzin, 1970)이라고 한다. 방법론적 삼각측정법에서는 면접, 관찰, 물리적인 인공물과 같이 유사성이 없는 연구 방법을 함께 사용한다. 즉, 삼각측정법에서는 질적 연구가 단일 연구, 단일 자료 원천, 단일 연구자로 인해 생기는 편견을 방지하기 위해 다양한 자료수집 방법, 다양한 원천의 자료, 둘 이상의 연구진을 구성하는 방법을 사용하게 된다(Patton, 1980). Denzin(1970)은 "한 연구 방법의 결점들이 다른 연구 방법의 장점이 된다. 그러므로 삼각측정법의 이론적 근거는 연구 방법을 함께 사용함으로써, 관찰자가 각 연구 방법의 결점을 극복하고 장점을 취할 수 있는 데서 찾을 수 있다."라고 설명했다.

이와 같이 사례 연구에서는 자료수집을 하기 위해 여러 연구 방법을 함께 사용할 수 있는 것이 주요한 장점이라고 할 수 있다(Merriam, 1994). 그러므로 사례 연구에서는 면접, 관찰, 문서로부터 얻어지는 질적 자료에 주로 의존하지만 설문지를 비롯한 다른 연구 방법으로부터 양적 자료도 질적 자료의 연구 결과를 지원하기 위해 사용될 수 있다(Merriam, 1994). 이런 과정을 거치게 되면 질적 사례 연구의 일반화 가능성을 높일 수 있다.

7. 바람직한 사례 연구의 기본 조건

바람직한 사례 연구는 다음과 같은 기본 조건을 갖춰야 한다(Diesing, 1972; Yin, 1984).

(1) 선정된 분석 사례는 유의성을 가져야 하는 것이다.

사례가 적든 많든 간에 분석 대상이 되는 사례는 이론적으로 또는 실험적으로 사람들의 관심사이거나 정책적으로 중요성을 가져야 한다.

(2) 사례 연구의 수행은 가능한 최선의 성실성을 기해야 한다.

누가 보아도 자료수집에 최선의 노력을 기울였다는 것을 믿을 수 있도록 성실하게 분석해야 한다.

(3) 각종 대안적 결과의 가능성을 전제해야 한다.

자료수집, 분석, 그 해석에 있어 서로 부합되거나 반대되는 근거 또는 사실의 존재를 그대로 인정해 어느 하나도 소홀히 취급하지 않고 철저히 비교·검토하는 것이다. 따라서 기존 이론 또는 사실의 확인, 수정 및 보완, 새로운 사실 또는 가설 등의 발견을 도모하게 되고, 때로는 획기적인 이론적 돌파일 수 있다.

(4) 사례 자료의 수집 분석에 있어 가능한 객관성 확보를 위해 노력한다.

복수나 또는 팀으로 구성된 자료수집 및 분석자들을 두어 서로를 비교·검토하거나 그러한 절차와 방법을 가능한 한 제도화 및 표준화를 하는 것이다.

(5) 분석 결과에 대한 매력 있는 보고서 또는 논문을 작성하는 것이다.

통상 사례 연구의 자료는 많고 다양해서 그 분석 결과도 복잡해 있는 그대로 장황하게 말로 묘사되므로 독자의 눈을 끌 수 있도록 논리 정연하면서도 간명하게 묘사되어야 한다.

CHAPTER

15 관찰 연구

학습 목표

관찰 연구는 연구자가 연구 대상인 아동의 주변 상황에 치중하여 내부적인 현장, 상호작용, 관계, 행위, 사건 등의 측면을 체계적으로 관찰하여 자료를 창출해 내는 방법으로 현장 상황에서 일반적으로 널리 사용되고 있다.

관찰법은 관찰 상황의 통제 여하에 따라서 자연적 관찰과 통제적 관찰로 나뉘고 관찰자와 피관찰자 간의 참여 여하에 따라 참여 관찰과 비참여 관찰로 구분하기도 한다.

일화 기록은 아동의 특성을 이해하기 위해 자연적인 상황에서 특정 시간에 일어난 구체적인 행동이나 사건을 사실적으로 기록하는 방법이다.

시간 표집 또는 빈도 표집법은 관찰하기 위해 미리 선정한 행동이 특정 시간 내에 얼마나 자주 일어나는지 행동의 출현 빈도를 수집하는 방법이다.

사건 표집은 시간 표집법과 달리 특정한 행동이나 사건을 관찰 대상으로 표집하여 자연적인 상황에서 관찰 대상 사건이 발생하였을 때 행동의 맥락, 전후 관계 등을 자세히 관찰, 기술하는 방법이다.

평정법은 관찰자가 관찰 대상 아동의 어떤 행동 특성에 대해 받은 인상이나 느낌의 강약을 일직선상의 어떤 수치 위에 체크하는 것을 의미하고, 이 방법은 관찰자가 관찰한 것을 체크한다고 해서 체크리스트라고 부르기도 한다.

관찰자에 대한 신뢰도는 한 관찰자가 다른 관찰자와 비교했을 때 얼마나 유사하게 평가했는가와 한 관찰자가 많은 특정 대상에 대하여 계속적으로 일관성 있게 측정했는가로 구분된다. 전자를 관찰자 간 신뢰도라고 일컫고, 후자는 관찰자 내 신뢰도라고 한다.

CHAPTER 15

관찰 연구

사회과학에서 관찰을 통한 연구는 오랜 역사를 지니고 있다. 관찰은 연구자가 연구 대상인 아동의 주변 상황에 치중하여 내부적인 현장, 상호작용, 관계, 행위, 사건 등의 측면을 체계적으로 관찰하여 자료를 창출해 내는 방법이다.

관찰법은 현장 상황에서 일반적으로 널리 사용되고 있는 방법으로서 집단 내에서의 상호작용에 관한 연구의 경우 집단의 구성원이 사용하는 언어의 종류 및 내용, 횟수가 관찰대상이 된다. 또한 몸짓, 눈 접촉, 거리 유지 등과 같은 비언어적 의사소통도 관찰대상이 된다. 아동의 경우 이야기를 하거나 싸우거나 장난감을 가지고 노는 것과 같은 행동을 관찰하여 아동 간의 상호작용 관계를 알아볼 수 있다. 이는 동물생태학자가 동물의 행동을 연구하고 이해하기 위해 자연 서식지에서 동물을 관찰하는 것과 같다.

자연적 상황에서의 관찰 연구는 대부분 매우 어렵고 많은 시간이 소요된다. 따라서 관찰 연구를 수행하는 데 있어 첫 번째 과제는 관찰 대상의 어떤 행동들을 관찰하고 기록할 것인가의 내용을 결정하는 것이다. 아동의 행동을 연구하는 데 있어 모든 것을 다 관찰하고 기록할 수는 없으며 그럴 필요도 없다. 아동들이 주고받는 매우 간단한 대화라도 아동이 한 말의 소리, 목소리의 높낮이와 크기, 말의 속도, 침묵의 횟수와 정도, 말을 했을 때의 제스처 등과 같은 세부 행위가 포함될 수 있으므로 이를 분석하는 데는 몇 시간이 소비될 수 있다. 따라서 연구자는 아동의 대화에서 어떤 측면에 가장 관심을 기울일 것인지 사전에 결정할 필요가 있다.

1. 관찰법의 분류

관찰 방법은 분류하는 기준에 따라 여러 가지로 구분할 수 있다. 예컨대, 관찰 상황의 통제 여하에 따라 자연적 관찰과 통제적 관찰로 나눈다. 그리고 관찰자와 피관찰자 간의 참여 여하에 따라 참여 관찰과 비참여 관찰로 구분된다.

1) 자연적 관찰

이는 관찰 상황을 조작하거나 인위적으로 어떤 특별한 자극을 주는 일 없이, 자연적인 상태에서 있는 그대로를 관찰하는 방법이다. 이 방법은 자칫 잘못하면 관찰의 신뢰도가 떨어질 염려가 있으므로 관찰자의 훈련이 특히 문제가 되고, 피관찰자에게 접근하기가 어려운 문제점이 있다. 자연적 관찰법을 사용함에 있어서는 다음과 같은 점을 유의해야 한다.

첫째, 관찰 대상의 문제를 분명히 설정해야 한다. 관찰하는 장면이 관찰자의 통제하에 있지 않기 때문에 장차 일어날 사건을 예상할 수 없고, 거기에 대해서 준비를 할 수도 없다. 따라서 불필요한 자료도 모으게 되므로 미리 관찰 대상의 문제를 똑똑히 정하고 연구에 임해야 한다.

둘째, 관찰 장면을 선택해야 한다. 모든 사건을 빠짐없이 관찰할 수는 없으므로, 관찰의 목적에 비추어서 가장 두드러지게 관찰하고자 하는 특징이 나타날 장면을 선택해야 한다. 예를 들어, 아동의 사회적 행동을 관찰할 경우에는 협동 작업이나 집단 놀이 장면을 선택하면 좋다.

셋째, 개개의 행동을 전체 장면에 관련해서 관찰해야 한다. 행동의 의미를 객관적으로 이해하는 것은 극히 어렵지만, 반드시 불가능한 것은 아니다. 개별적 행동도 전체적인 맥락 속에서 관찰하게 되면 충분히 객관적으로 파악할 수 있다.

넷째, 관찰할 때에 외형적인 행동에만 사로잡히지 말고, 그 행동을 발생시킨 상황이나 조건과 관련지어서 관찰하는 일이 중요하다. 대부분의 행동은 원인이 있어야 일어나는 것이므로 그 행동의 발생 조건을 완전히 판별하기는 쉽지 않다. 그러나 관찰 기술을 쌓고 관찰의 안목을 넓힘으로써 점차 이러한 판별 능력을 높일 수 있을 것이다.

2) 통제적 관찰

자연적 관찰에서는 관찰 대상이나 관찰 상황에 대해서 의도적이고 조직적인 조작을 가하지 않으므로, 한 번 일어난 사건을 다시 관찰하기 위해서는 오랜 시간을 기다려야 한다. 그리고 같은 행동이 발생했다고 하더라도 이전에 일어난 것과 동일한 조건 하에서 발생했다고 기대할 수 없다. 또한 자연적인 상황 하에서는 관찰자가 통제할 수 없는 원인에 의해서 행동이 좌우되므로, 어떤 조건이 행동을 유발시켰는지를 알기 어렵다. 이와 같은 결점을 보완하기 위해서 통제적 관찰을 실행할 수 있다.

통제적 관찰이란 관찰의 시간, 장면, 행동 등을 의도적으로 설정해 놓고 이러한 조건 하에서 나타나는 행동을 관찰하는 방법이다. 예컨대, 관찰자가 밖에서 들여다볼 수 있도록 장치된 방 안에서 아동을 놀도록 하고 아동의 놀이 행동을 관찰하는 것은 통제적 관찰에 속한다.

통제적 관찰은 보통 실험적 관찰법이라고도 하는데, 어떤 행동을 발생시킬 특정한 환경적 조건을 설정한 후, 필요한 동일 행동을 반복시켜 정확한 관찰을 되풀

이할 수 있게 하는 것이다. 이 방법은 독립변인을 통제할 수 있다는 인위적 조건 때문에, 종속변인으로서의 피관찰자의 행동을 분석하기 쉽고, 실험 전후의 결과를 비교할 수 있다는 장점이 있다.

그러나 관찰 조건을 통제한다는 것이 그렇게 쉬운 일이 아니라는 점과 아무리 독립변인을 통제하더라도 거기에 개입될 오차 변인 때문에 판단 및 해석에 오류를 범할 수 있다는 단점이 있다. 또한 관찰 조건의 인위성 때문에 그것이 실제 생활 장면에 그대로 적용될 수 있을 것인가 하는 의문, 즉 일반화의 범위가 제한된다는 단점이 있다.

2. 관찰 기록의 유형

아동 교육 연구에 사용할 수 있는 관찰 방법은 여러 가지가 있다. Wright(1960)는 관찰법의 종류를 6가지로 구분하였다—일화 기록법, 시간 표집법, 사건 표집법, 평정법, 장면 단위 분석 방법. 여기서는 장면 단위 분석 방법을 제외하고 아동 교육에서 주로 사용되는 5가지에 대해 알아보기로 하겠다.

1) 일화 기록

일화 기록은 아동의 특성을 이해하기 위해 자연적인 상황에서 특정 시간에 일어난 구체적인 행동이나 사건을 사실적으로 기록하는 방법이다. 관찰 대상의 특성에 대한 정보 수집에 유용하므로 관찰자는 연구 결과를 유용하게 사용하기 위해서 적절한 방법으로 기록하고 정리해야 한다.

일화 기록이 시간과 장소에 제한을 받지 않으므로 관찰자가 필요하다고 여기면 언제, 어디서나 관찰하고 기록할 수 있다. 일화 기록은 아동의 일상적인 행동을 그 아동이 속한 사회 문화적 상황, 물리적 환경과의 관련 속에서 총체적으로 서술하는 것으로 질적 자료수집 방법이다. 흔히 사례 연구를 할 경우에 이 방법이 많이 사용된다.

▣ 일화 기록 작성

일화 기록을 작성하는 데 특별한 양식이 있는 것은 아니지만 일반적으로 다음과 같은 5가지 사항에 유의하여 기록하도록 한다.

- 각각의 일화 기록에 관찰한 날짜, 시간, 장소, 장면 등을 포함시킨다. 이러한 자료는 아동의 행동에 대한 보다 정확한 해석을 할 수 있게 해 준다.
- 어떤 행동이나 사건이 언제 어떤 상황에서 발생되었는지를 객관적이고 사실적으로 기록해야 한다. 관찰자의 주관적인 의미를 내포하는 내용을 기록하여 사실을 왜곡하지 않도록 유의한다. 예컨대, 일화 기록을 할 때 '기분 좋게', '슬프게', '거칠게', '큰소리로' 등과 같은 관찰자의 주관적 해석을 사용하지 않도록 한다.
- 특정 사건, 행동, 상황을 구체적으로 기록한다. 일반적이거나 평가적인 서술을 피하는 것이 좋다. 이때 한 번에 한 가지씩만 기록하고, 단발적 사건은 사건이 일어난 직후에 기록하는 것이 좋다. 그러므로 관찰자는 언제든지 기록할 수 있도록 필기도구를 준비하는 것이 좋다.
- 여러 시기에 일어난 서로 다른 일화를 총괄적으로 기록하지 말고 각각의 일화를 독립적으로 기록한다. 이때 사건이 일어난 순서대로 기록하여 동일한 아동에 대한 장기간의 누가적 기록이 보존되도록 한다.
- 관찰 대상인 아동의 행동과 언어뿐만 아니라 그 상황에 있었던 다른 주변 사람들의 반응도 자세하게 기술한다. 대화의 명확한 의미를 기록하기 위해 아동이 사용한 언어를 그대로 기록하도록 한다. 또한 언어적인 것뿐만 아니라 자세, 표정, 목소리 등도 분위기를 파악하는 데 도움이 되므로 가급적 모두 기록하도록 한다.

〈표 15-1〉 일화기록의 양식

관찰아동		생년월일	
성　　별		날　　짜	
관 찰 자		관찰시간	
장　　면			
해　　석			
제　　언			

2) 시간 표집

시간 표집 또는 빈도 표집법은 관찰하기 위해 미리 선정한 행동이 특정 시간 내에 얼마나 자주 일어나는지 행동의 출현 빈도를 수집하는 방법이다. 시간 표집은 자연적 또는 실험적 상황에 가능하며 사건 표집, 일화 기록과 함께 아동 발달을 연구하는 데 가장 흔히 사용되는 관찰 기술이다.

이 방법을 최초로 이용한 사람은 1926~1927년 사이에 미네소타 대학교에서 아동연구소를 창설한 Olson이었다(Irwin & Bushnell, 1980). 그는 아동의 신경증적 행동을 연구하기 위한 목적으로 시간 표집법을 사용했다. Olson은 신경증적 행동을 구강적 행동(손가락 빨기, 손가락 깨물기), 콧구멍 후비거나 코를 긁적거리기, 눈을 비비거나 눈 깜박거리기, 귀를 잡아당기거나 눌러대기, 성기 만지작거리기 등 6개의 범주로 나누어 5분간 20회에 걸쳐 관찰하였다. 구체적으로 시간 표집을 설명하면 관찰자가 특정한 행동을 정해진 짧은 시간 내에 일정한 간격으로 여러 번에 걸쳐 관찰하고 기록하는 방법이라고 할 수 있다. 시간 표집법은 관찰 대상 행동이 자주 일어나지 않으면 사용 가치가 없다. 따라서 Arrington(1943)은 평균 15분에 한 번 정도는 일어나는 행동까지만 시간 표집 연구의 대상이 된다고 하였다.

이 방법은 발달 심리학 분야에서 주로 사용되는데, 사회적 힘, 싸움, 갈등, 협동성, 공격성, 모자 상호 관계, 놀이 등에 대한 연구에서 폭넓게 쓰이고 있다. 아동기에 관찰될 수 있는 자주 일어나는 행동으로는 이야기, 웃음, 울음, 놀이, 음식 먹기, 싸움, 공격 행동 등이 있다. 그리고 비교적 자주 일어나지 않는 애국심, 성공, 실패, 좌절감 같은 행동을 시간 표집법으로 연구하기는 부적합하다.

시간 표집법에서는 관찰자가 관찰하기 전에 관찰 대상이 되는 특정 행동의 출현을 어떠한 부호나 빈도로 표시할 것인지를 미리 정해야 한다. 가장 널리 사용되는 기록 방법은 두 가지이다.

▣ 행동의 출현 유무만 표시

관찰하고자 하는 행동이 단위 시간 안에 한 번이라도 보이면, 그 빈도수와 상관없이 '나타났다'라고 표시하면 된다.

▣ 행동이 나타나는 빈도수로 표시

일정한 시간 단위 내에서 행동이 나타날 때마다 세기표로 표시하면 된다.

〈표 15-2〉 시간 표집의 예

적목놀이의 발달 단계

관찰아동 1 : ____________________ 생년월일 : ____________________ (남·여)
관찰아동 2 : ____________________ 생년월일 : ____________________ (남·여)
관찰아동 3 : ____________________ 생년월일 : ____________________ (남·여)
관찰아동 4 : ____________________ 생년월일 : ____________________ (남·여)
관 찰 자 : ____________________ 관 찰 일 : ____________________

〈지 시〉

1. 자유놀이 시간 동안 적목 영역에서 놀고 있는 유아의 이름을 관찰 용지에 모두 적는다. 인원이 너무 많으면 네 명으로 제한한다.
2. 이름이 적힌 순서대로 제일 처음에 있는 유아를 30초간 관찰하고 10초간 기록한다. 30초 내에 관찰한 행동이 어느 단계에 속하는지를 평가하여 적합한 항에 V로 표시한다. 만일 관찰 아동이 30초 동안 여러 가지 단계에 속하는 행동을 보이면 나타난 모든 단계에 표시를 한다.
3. 두 번째 유아를 30초간 관찰하고 10초간 기록한다. 이름이 적힌 순서대로 돌아가며 관찰한다.
4. 각 유아당 10회의 관찰을 한다.

단계	1(나르기)	2(쌓기)	3(다리)	4(울타리)	5(설계)	6(이름)	7(구성물)
이름 1							
2							
3							
4							
5							
6							
7							
8							
9							
10							
이름 1							
2							
3							
4							
5							
6							
7							
8							
9							
10							

3) 사건 표집

사건 표집은 시간 표집법과 달리 특정한 행동이나 사건을 관찰 대상으로 표집하여 자연적인 상황에서 관찰 대상 사건이 발생하였을 때 행동의 맥락, 전후 관계 등을 자세히 관찰, 기술하는 방법이다.

이 방법은 1914년 Horn에 의해 최초로 사용되었으며, 1928년 Goodenough에 의해 세상에 널리 알려졌다(Irwin & Bushnell, 1980). 고전적인 사건 표집법의 연구는 Dawe(1934)에 의해 수행되었다. 그는 1931년 10월 9일~1932년 2월 17일 사이에 유치원 원아 41명(여아 19명, 남아 21명)의 자유놀이 시간에 발생하는 200건의 싸움 행동을 관찰했다. 관찰자는 싸움이 끝날 때까지 기다린다. 싸움이 일어나면 스톱워치를 작동시키고 관찰자도 싸움에 참여하며, 싸움이 종료되면 스톱워치를 멈춘다. 그리고 종이 위에 다음과 같이 사건의 정황을 상세하게 기록한다.

- 관찰 대상자 이름
- 싸움에 참여한 아동의 연령 및 성별
- 싸움의 지속 시간
- 싸움이 일어날 때 진행된 사실
- 싸움 행동(비참여자, 부추기는 행동, 공격적인 행동, 싸움 중 보복적인 행동, 신체 및 언어적 행동, 결과, 부작용 등)
- 가능하다면 싸움 중의 실제 대화 내용도 기록하여 둔다.

사건 표집을 하려면 다음 3가지 사항에 유의해야 한다.

첫째, 사건 표집법은 아동의 문제 행동의 원인을 알고자 할 때 매우 적합한 방법이다. 예컨대, 창의성 활동 시간에 어떤 아동이 브레인스토밍 활동을 매우 소극적으로 한다면, 그 원인을 알아보기 위해서 사건 표집법을 사용하면 좋다. 이런 경우에 단순하게 일화 기록을 한다거나, 평정법을 사용하는 것보다 사건 표집을 하면 그 원인을 잘 알 수 있다.

둘째, 관찰하고자 하는 행동이나 사건의 성격에 대해 충분히 알고 있어야 한다. 또한 어떤 장면과 어느 시간에 관찰하고자 하는 행동을 잘 관찰할 수 있는지 알고 있어야 한다. 예를 들어, 아동들의 눈과 손의 협응 작용을 관찰하려면 아동들이 조작놀이를 하거나 블록놀이를 할 때가 관찰하기 좋은 장면과 시간이다.

셋째, 사건 표집을 통해 자료를 수집하려면 관찰 대상 행동이나 사건이 나타나면 그때마다 일정한 형식에 따라 기록해야 한다. 예컨대, 교사가 유치원 학급 내에서 발생하는 문제 상황을 어떻게 창의적으로 해결하는지 살펴보기 위해 관찰자는 학급 내에서 문제 상황 사건이 발생할 때까지 기다렸다가 그 사건을 누가 일으켰는지, 어떠한 맥락에서 발생했는지, 교사의 개입으로 어떤 결과가 나타났는지 등을 상세히 기록한다.

사건 표집의 관찰 기록 방법으로 Bell과 Low(1977)는 자연스러운 상태에서 일어나는 행동의 원인과 결과를 알도록 다음과 같은 사건 표집법 기록을 고안했다. 이 방법은 관찰하고자 하는 사건이나 행동이 일어나기 전의 상황(antecnedent event : A), 사건이나 그 행동이 일어나는 것(behavior : B), 사건이나 행동이 일어난 후의 결과(consequence : C)의 순서대로 적는 것이다.

〈표 15-3〉 사건 표집 관찰 기록지의 예

관찰 기록

관찰 아동 : ____________________ 생년월일 : ____________________ (남·여)
관 찰 일 : ____________________ 관 찰 자 : ____________________
관찰 행동 : ____

시 간	사건 전	사 건	사건 후

요 약

4) 평정법

평정법은 관찰자가 관찰 대상 아동의 어떤 행동 특성에 대해 받은 인상이나 느낌의 강약을 일직선상의 어떤 수치 위에 체크하는 것을 의미한다. 이 방법은 관찰자가 관찰한 것을 체크한다고 해서 체크리스트라고 부르기도 한다. 평정법의 기술 평정 척도와 도식 평정 척도는 질문지법에서 자세하게 소개했으므로 참고하도록 한다.

〈표 15-4〉 아동연구를 위한 체계적 관찰 방법

관찰 방법	시간 단위	자료의 적용 범위	기록 방법
일기 기록법	매일 기록한다.	매일 일어났던 일 중에 특이한 행동과 사건	일기를 기록하듯이 매일 일어난 일을 기록한다.
일화 기록법	비교적 오랜 시간 불규칙적 간격으로 기록한다.	의미 있다고 생각되는 사건, 독특한 일화나 일상적 상황에서의 행동	시간 순서에 따라 짤막한 이야기체로 기술한다. 사건이 발생한 이후에 기록될 수 있다.
시간 표집법	간헐적이며 균등하게 시간을 구분하여 기록한다.	행동이나 상황 혹은 그 양자의 선택된 행동 사건	사건 현장에서 '유'나 '무'로 부호화한다.
사건 표집법	제한된 시간 내에서 일어나는 사건을 계속적으로 기록한다.	미리 선택된 행동 사건	사건 발생 시에만 기록한다. 현장에서 이야기체로 기술하거나 부호화한다.
평정법	선택된 간격 내에 평정에 따라 기록한다.	환경 특성과 그들의 행동과의 관계	자유로운 기술 방법이나 표준화된 기술 방법 혹은 그 양자를 기록한다.

3. 관찰의 오류

모든 관찰이 연구의 한 방법으로 사용되는 것은 아니다. 관찰은 모든 연구에서 자료수집을 하는 과정에서 일차적인 방법이 되기도 한다. 관찰이 연구의 방법으로 사용되기 위해서는 신뢰롭고, 타당하고, 객관적인 관찰이 이루어져야 하며, 사전에 체계적인 계획을 세워서 관찰한 기록이 의미 있게 분석되어야 한다. 그렇지만 관찰을 통한 자료수집을 하는 과정에서 관찰자의 판단 또는 평가를 요구하기 때문에 평가자의 편견이나 선입견에 의해 다음과 같은 대표적인 3가지 오류가 발생할 수 있다.

1) 후광 효과

후광 효과란 관찰 대상자가 보인 눈에 띄는 어떠한 행동에 대한 평가가 나머지 다른 평가에 또는 관찰 대상자에 대한 전반적인 평가가 세부적인 평가에 영향을 미치는 것을 의미한다. 예컨대, 다른 아동을 물어뜯는 아동의 행동을 관찰하였다면, 그 아동에 대한 부정적인 평가를 내리기 때문에 그 이후에 그 아동이 머리만 움직이면 공격적인 행동을 보인다고 규정하기가 쉽다.

2) 중심화 현상

특히 평정 척도를 사용할 때 관찰자는 대체적으로 지나치게 긍정적이거나 부정적인 판단을 회피하고 중앙에 위치한 항목에 편중하여 점수를 주려는 경향이 있다.

3) 엄격화 경향과 관대화 경향

중심화 현상과 달리 어떤 관찰자는 지나치게 엄격한 기준을 사용하여 평정하기도 하고(엄격의 오류), 또 어떤 관찰자는 지나치게 실제보다 관대하게 평가(관용의 오류)하기도 한다.

4) 관찰의 오류 해결 방안

Kerlinger(1986)가 제안한 해결 방안을 제시하면 다음과 같다.

첫째, 관찰자가 관찰 장면에 있다는 사실을 관찰 대상자가 의식하고 있을 때에는 충분한 시간을 두어 관찰자의 존재에 익숙해지도록 만든다. 관찰 대상자가 어릴수록 시간의 경과와 함께 관찰자를 쉽게 잊는다. 관찰 대상자의 눈에 띄지 않도록 일방경이 설치된 방을 사용하거나, 숨은 카메라 장치를 이용하는 것도 좋다.

둘째, 관찰자가 관찰 결과에 대해 개인적인 기대를 갖고 있을 경우 자료수집에서의 편파성이 높아지므로, 이때에는 연구자 자신이 직접 관찰하기보다는 관찰자를 훈련시켜 관찰 결과에 대한 기대를 알리지 않고 자료를 수집하는 것이 좋다.

셋째, 관찰자의 익숙해진 경험이 어떤 관찰 현상을 당연한 것으로 여기게 하는 과대 일반화는 어떤 행동의 특성이나 의의를 상실케 하므로 이를 미연에 방지하기 위해서는 관찰법을 사용하여 직접 자료수집에 대한 훈련을 한다. 이와 마찬가지로 관찰 대상에 대한 예비지식이나 관찰자의 개인적 감정이 관할 대상의 행동을 과대·과소평가하는 후광 효과(halo effect)도 있다. 예를 들어, 교사로부터 어떤 아동이 지도력이 있다는 말을 듣게 되면, 관찰자도 그 아동을 지도력 있는 아동으로 과대평가하는 것을 들 수 있다. 다른 사람의 행동도 자신의 경험 내용과 같으리라는 가정 하에서 어떤 현상에 대해 사실과는 전혀 다르게 주관적으로 설명하고 해석하게 되는 경우가 있다. 이런 오류는 연구 초보자에게서 주로 발생한다. 관찰자는 자신이 관찰하는 상황에 거의 영향을 미치지 않아야 하므로, 관찰자의 영향력을 최소화하려면 많은 훈련이 따라야 한다.

넷째, 실제 관찰한 행동에 기초한 연구 과정이 논리의 비약이 없는 과학적인 경우여야 관찰 결과는 해당 행동 특성의 설명을 적절하게 해 줄 수 있다. 그러나 연구자가 관심을 가진 특성이나 개념을 얼마나 잘 관찰 행동으로 정의하고 범주화하느냐는 관찰 연구에서 흔히 제기되는 문제이다. 특히, 행동과 구인(구성 개념) 간의 간격을 좁히는 일은 관찰자에게 제기되는 어려움 중의 하나이다.

행동 범주를 설정할 때는 조작적 정의, 범주에 제시된 행동의 명료화, 이론적 통합의 3가지 측면이 고려되어야 한다. 이 밖에 관찰 기록 방법 등 기술적인 측면이 재고되어야 한다.

4. 관찰자 간 신뢰도

관찰 연구에서 사용되는 종속 변수는 연구에 참여한 관찰자의 관찰 결과이므로, 연구 결과를 분석하기 전에 관찰 결과가 타당하고 신뢰로운지를 검증해야 한다. 이때 한 사람의 관찰자가 연구한 결과를 분석할 수도 있지만, 이렇게 하면 한 사람의 결과가 주관적일 수 있으므로 두 사람 이상의 관찰자가 관찰한 결과를 가지고 분석하는 것이 바람직하다.

관찰자에 대한 신뢰도는 한 관찰자가 다른 관찰자와 비교했을 때 얼마나 유사하게 평가했는가와 한 관찰자가 많은 특정 대상에 대하여 계속적으로 일관성 있게 측정했는가로 구분된다. 전자를 관찰자 간 신뢰도(inter-observer reliability)라고 일컫고, 후자는 관찰자 내 신뢰도(intra-observer reliability)라고 한다.

관찰자 간 신뢰도란 관찰 결과가 관찰자들 사이에서 얼마나 유사한가를 의미하므로 관찰자 간 신뢰도를 검증하는 것은 필수적이다. 이때 두 가지 기본 가정을 지켜야 한다. 첫째, 관찰자는 상호 독립적이어야 하고, 둘째, 관찰자는 동일한 대상을 동시에 관찰하여야 한다. 또한 관찰자 간 신뢰도를 구하기 전에 관찰자 내 신뢰도를 구해야 하는데, 이는 통계적인 검증 방법을 사용하기보다는 관찰자 훈련을 통하여 관찰자 내 신뢰도를 확보하여야 한다.

CHAPTER

16 연구 결과 분석 및 해석

학 습
목 표

통계란 이론을 도출, 지지, 거부, 수정하기 위하여 수집된 자료를 가지고 확률적으로 가설을 검증하는 수리적 논리다.

얻어진 자료만을 일목요연하게 정리하고자 하는 목적을 가진 기술통계라 하고, 얻어진 자료를 가지고 그 자료를 추출한 모집단의 현상이나 사실을 추정, 예견, 더 나아가 일반화하려는 목적을 지닌 추리통계하고 한다.

연구의 목적이 어떤 것이든 연구에는 연구하고자 하는 내용이 있으며 이 내용을 일컬어 변수라고 한다.

영향을 준다고 생각하는 변인, 즉 원인이 되는 변인을 독립변인이라고 하고, 영향을 받는다고 생각하는 변인, 즉 결과에 해당되는 변인을 종속 변인이라고 한다. 독립변수 이외에 종속변수에 영향을 주는 변수는 매개변수라고 한다.

1종 오류는 영가설이 '진'일 때 영가설을 기각하고 대립가설을 채택하는 오류인 α이고, 2종 오류는 영가설이 '거짓'일 때 영가설을 채택하는 오류인 β이다. 이때 α의 수준을 유의수준이라고 한다.

모집단의 분포가 정규분포일 때 사용하는 통계는 모수통계이고, 모집단의 분포가 편포일 때 사용하는 분포는 비모수통계다.

연구에서 종속변수가 단일 속성을 지닌 변수일 경우는 단일분산분석 방법을 사용하고, 다양한 변수가 섞인 복합변수일 때는 다변량분석 방법을 사용한다.

종속변수가 양적 변수일 때는 z검정, t검정, f검정을 실시하고, 종속변수가 질적 변수 또는 범주변수일 때는 χ^2검정을 실시한다.

CHAPTER 16

연구 결과 분석 및 해석

1. 통계의 개념

자연과 사회에서 일어나는 현상을 체계적으로 설명하기 위하여 이론을 수립하고, 이론을 지지하거나 거부하기 위하여 자료를 수집하여 분석하는 과학을 경험과학이라고 한다. 경험과학에는 통계가 필요하다. 통계란 이론을 도출, 지지, 거부, 수정하기 위하여 수집된 자료를 가지고 확률적으로 가설을 검증하는 수리적 논리다(성태제, 2015). 예를 들어, ICT를 활용한 교수법이 강의식 교수법보다 학업성취도를 높이는지를 검증하기 위해서 두 교수법으로 학습자에게 수업을 실시한 후 학업성취도 검사를 실시하여 얻은 자료를 가지고 두 교수법에 따른 학업성취도에 차이가 있는지의 여부를 검증할 수 있다. 이와 같이 검사 점수에 있어서 두 집단 간에 차이가 있는지를 확률적으로 밝히기 위해 사용되는 것이 바로 통계이다.

2. 통계의 종류

통계는 크게 2가지로 나뉜다. 하나는 얻어진 자료만을 일목요연하게 정리하고자 하는 목적을 가진 기술통계(descriptive statistics)로, 서술통계라고 한다. 다른 하나는 얻어진 자료를 가지고 그 자료를 추출한 모집단의 현상이나 사실을 추정, 예견, 더 나아가 일반화하려는 목적을 지닌 추리통계(inferential statistics)다(성태제, 2015).

기술통계와 추리통계의 차이점은 연구 결과의 일반화에 있다. 연구 결과를 일반화하려면 연구에 포함되는 표본 집단과 일반화의 목적이 되는 모집단이 있어야 한다. 기술통계에서는 모집단을 고려하지 않고 표본의 자료를 요약·정리하므로 일반화가 고려되지 않지만, 추리통계에서는 표본의 자료를 모집단에 일반화하여 연구 결과를 해석하게 된다.

일반적으로 추리통계가 기술통계보다 복잡하고 때로는 어려운 계산 절차를 거친다고 하여 추리통계가 기술통계보다 더 중요하다거나 모든 연구에 추리통계가 사용되어야 한다고 생각하는 것은 잘못된 것이다. 연구의 목적에 따라 기술통계만으로 충분할 수 있고, 어떤 연구에서는 추리통계가 반드시 적용되어야 하는 경우도 있다. 추리통계에서도 보다 복잡한 통계적 방법을 사용해야 논문의 질이 높아진다고 판단해서는 안 된다. 연구의 목적과 연구 문제 및 연구 가설에 따라 적합한 통계적 방법이 적용되어야 한다.

3. 변수

연구의 목적은 크게 집단비교와 상관 연구로 나뉜다. 연구의 목적이 어떤 것이든 연구에는 연구하고자 하는 내용이 있으며 이 내용을 일컬어 변수라고 한다. 이는 앞의 4장에 자세히 기술되어 있다. 변수(variable)는 변하는 수를 말하며 일반적으로 'X'나 'Y'로 표기하고, 'X_n'이나 'Y_n'과 같이 아래 첨자를 가지는 경우에는 n번째 사례의 값을 의미한다. 변수를 변인(變因)이라고도 한다.

변수의 반대개념은 상수로서, 상수(constant)는 변하지 않는 수를 말한다.

변수는 인과관계에 의하여 다음과 같이 구분된다.

1) 인과관계에 의한 변수 구분

연구자가 설정한 연구 문제 중에서 한 변인이 다른 변인에 어떤 영향을 주는지를 살펴보는 것이 있다. 이때 영향을 준다고 생각하는 변인, 즉 원인이 되는 변인을 독립변인(independent variables)이라고 하고, 영향을 받는다고 생각하는 변인 즉, 결과에 해당되는 변인을 종속변인(dependent variables)이라고 한다.

매개변수(confounding variable)는 독립변수 이외에 종속변수에 영향을 주는 변수를 말한다. 예를 들어, '교수법에 따른 학업성취도의 차이' 연구에서 독립변수는 교수법이다. 하지만 교수법 이외에 학업성취도인 종속변수에 영향을 주는 변수가 있을 수 있다. 선수학습 능력이나 지능 등도 학업성취도에 영향을 주기 때문에 이와 같은 변수를 매개변수라고 한다. 매개변수를 잡음변수라고 하기도 한다.

연구는 독립변수와 종속변수의 성격이 확실히 규명되어야 하며, 특히 실험 연구에서는 매개변수의 통제가 연구의 질을 결정하는 요인이 된다. 매개변수의 통제가 제대로 되지 않으면 연구의 내재적 타당성을 상실하게 된다(성태제, 2015).

2) 특성에 의한 변수 구분

연구 가설은 변수를 통해 규명되며, 변수의 특성에 따라 연구 가설을 검증하는 통계적 방법이 달라진다. 그러므로 변수의 특성이 무엇인지를 규명하는 것이 중요하다.

변수는 수로 표시할 수 있는지에 따라 양적 변수와 질적 변수로 나뉜다. 양적 변수(quantitative variable)는 수로 표기되는 변수로서, 다시 연속적 양적 변수와 비연속적 양적 변수로 구분된다. 양적 변수 중 연속 변수(continuous variable)는 어떤 값도 지닐 수 있는 변수를 말하는 것으로, 체중, 키 등이 연속 변수의 대표적인 예이다. 양적 변수 중 비연속 변수(discontinuous variable)는 변수의 값이 정해진 단위로 부여되는 변수로서, 일반적으로 소수점보다는 정수로 표현된다. 비연속 변수로는 사람 수, 직업 수, 지능 등을 들 수 있다.

지능이나 학업성취도의 점수는 정수기 때문에 비연속 변수로 간주되나 인간의 능력이 어떤 간격을 두고 나누어지는 것은 아니다. 비록 얻은 점수는 정수나 그 정수는 어느 점수 간격 사이에 존재하므로 연속 변수로 간주하는 경우가 많다. 예를 들어, 어떤 사람의 우울 점수가 50점 중 30점으로 나왔을 때, 그 사람의 우울 정도는 30점의 정지된 점수가 아니라 29.5점과 30.5점 사이에 존재한다는 것이다.

질적 변수(qualitative variable)는 수로 표현할 수 없는 변수로 사물을 구분하기 위한 변수다. 예를 들어, 성별, 인종, 색 등이 이에 해당된다. 질적 변수는 서열 변수와 비서열 변수로 나뉜다. 서열 변수(ordered variable)는 사물이나 사람을 위계에 의하여 구분하는 변수로서, 군인의 계급을 예로 들 수 있다. 비서열 변수(non-ordered variable)는 질적 변수 중에서 위계에 의하여 구분되지 않는 변수로서 성별이나 인종 등을 예로 들 수 있다. 뿐만 아니라 예/아니요, 찬성/반대, 정답/오답과 같이 양분되는 변수가 있다. 이런 변수는 일반적으로 질적 변수로 분류된다. 이와 같이 둘로 양분되는 변수를 이분 변수(dichotomous variable)라고 한다.

또한, 많은 연구에서 5단계 혹은 7단계 Likert 척도를 사용하여 연구 대상의 느낌, 태도, 가치관 등을 질문한다. 어떤 사실이나 사건에 대한 느낌을 '매우 만족한다', '만족한다', '보통이다', '불만족한다', '매우 불만족한다'로 묻는 이와 같은 변수는 질적 변수로 분류하기도 애매하고 양적 변수라고 하기도 어렵다. 이러한 변수를 범주 변수(categorical variable)라고 한다. 그러나 범주 변수의 특성을 지닌 다수의 문항으로 개인의 느낌, 태도, 가치관 등을 측정하였을 때, 그 점수는 양적 변수로 간주된다. 예를 들어, 프로그램에 대한 만족도를 여러 개의 문항으로 질문하여 얻은 측정치는 양적 변수가 된다.

4. 오류와 유의수준

1) 1종 오류와 2종 오류

연구자는 모집단의 특성인 모수치를 모르는 경우가 대부분이므로 표본을 추출하여 표본에서 나온 추정치로 모집단을 추정하게 된다. 여기에서 연구자는 확률이론에 입각하여 가설을 검증하게 되며, 잠정적으로 진술한 가설을 통계적 가설로 바꾸게 된다.

연구자는 연구에서 심각한 오판을 할 경우 진실인 내용을 영가설로, 영가설이 기각되었을 때 채택되는 가설을 대립가설로 설정하여 연구의 가설을 검증하게 된다. 연구자는 추정치를 가지고 확률적으로 모집단의 특성에 대한 결론을 내리게 되므로 판단의 오류를 범하게 된다. 판단의 오류에는 두 가지 종류가 있는데, 심각한 오판을 1종 오류(type I error)라고 하고 덜 심각한 오판을 2종 오류(type II error)라 한다. 영가설과 대립가설에 의하여 설명하면, 1종 오류는 영가설이 '진'일 때 영가설을 기각하고 대립가설을 채택하는 오류인 α이고, 2종 오류는 영가설이 '거짓'일 때 영가설을 채택하는 오류인 β이다. 이때 α의 수준을 유의수준(significant level)이라고 한다. $1-\beta$는 영가설이 진이 아닐 때 영가설을 기각하는 확률로 검정력(power)이라 한다. α, β, $1-\beta$는 [그림 16-1]과 같다.

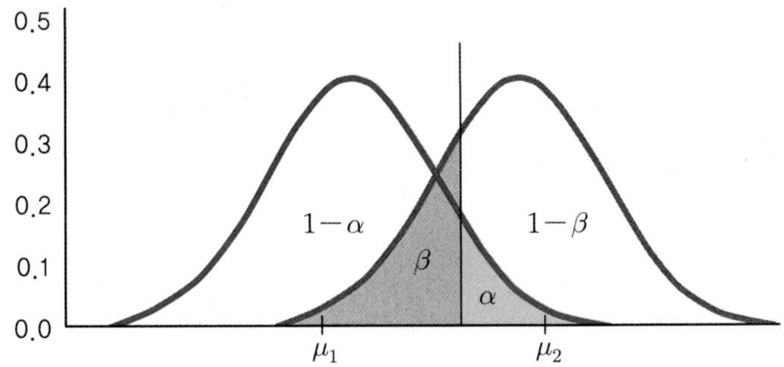

[그림 16-1]

2) 유의수준 설정과 해석

연구의 결과 부분에서 '유의수준 .05에서 영가설이 기각되었다.' 또는 '유의수준 .05에서 집단 간의 능력에 차이가 있었다.'라고 하는 경우를 자주 보게 된다. 유의수준 .01 혹은 .05 등은 연구자가 심각한 오판인 1종 오류를 범할 확률을 말한다. 오판을 했을 때 그 영향이 심각할 것이라고 생각되는 경우는 유의수준을 낮추어야 한다.

유의수준은 연구에서 범할 수 있는 오판과 관련되어 있음에도 불구하고 연구자는 연구 결과를 해석할 때 많은 실수를 범한다. 예를 들어, 유의수준 .05에서 남녀 초등학생 간에 자기주도학습 능력의 차이가 있다는 결과를 얻었다면 이에 대한 해석은 다음과 같다.

남녀 초등학생 모집단에서 일정 수의 초등학생을 추출하여 자기조절학습 능력 검사를 실시하였을 때, 남녀 초등학생의 자기조절학습 능력에 차이가 없다는 영가설 아래서 두 집단에 대한 연구 결과만큼의 자기조절학습 능력 차이가 나타날 확률은 .05의 확률로서 매우 드문 경우이므로 영가설을 기각한다는 의미다. 다시 말해서 연구에서 얻은 남녀 초등학생 집단 간의 자기조절학습 능력 점수 차이는 두 집단 간의 자기조절학습 능력에 차이가 없다는 영가설 아래서 100번 연구를 하였을 때 5번 이하의 연구가 그런 결과를 얻는다는 뜻이다. 그러므로 이와 같은 연구 결과는 두 집단 간 차이가 없다는 영가설 아래서 흔히 일어나지 않는 결과이므로 영가설을 기각하고 대립가설을 채택한다는 의미다.

5. 연구 목적에 따른 통계 방법

1) 집단비교를 위한 통계 방법

많은 연구가 집단 비교를 목적으로 한다. 남녀 간에 차이가 있는지, 부모의 직업, 가정의 경제 수준, 학습한 집단 간에 차이가 있는지를 검증하는 예와 같이 집단 간의 비교를 목적으로 하는 연구를 검증하는 통계적 방법은 모집단의 분포가 정규분포인지 편포인지에 따라 달라진다. 또한 연구에서 측정되는 종속 변수가 단일 속성인지, 여러 속성이 혼합된 복합적 속성인지에 따라 다른 통계적 방법을 사용한다.

모집단의 분포가 정규분포일 때 사용하는 통계는 모수통계(parametric statistics)이고 모집단의 분포가 편포일 때 사용하는 분포는 비모수통계(non-parametric statistics)다. 모집단 분포가 정규분포인지 아니면 편포인지는 연구자가 이론적 배경과 경험적 배경에 의하여 판단한다. 예를 들어, 일반적으로 정상인의 학업능력은 정규분포이나 학습부진아의 학업능력은 편포다. 연구에서 종속변수가 단일 속성을 지닌 변수일 경우는 단일분산분석(uni-variate analysis) 방법을 사용하고, 다양한 변수가 섞인 복합변수일 때는 다변량분석(multivariate analysis) 방법을 사용한다. 또한 종속변수가 양적 변수인지, 질적 변수 내지는 범주변수인지에 따라서도 집단 간 비교를 위한 통계적 방법이 달라진다. 종속변수가 양적 변수일 때는 z검정, t검정, f검정을 실시하고, 종속변수가 질적 변수 또는 범주변수일 때는 χ^2검정을 실시한다.

2) z검정

z검정은 모수통계를 어떤 집단의 특성이 특정 수와 같은지 혹은 집단 간의 차이가 있는지를 밝히는 방법이다. z검정을 실시하기 위해서는 다음과 같은 조건이 충족되어야 한다(성태제, 2015).

첫째, 연구의 종속변수가 양적 변수이어야 한다.
둘째, 종속변수에 대한 모집단의 분포가 정규분포여야 한다.
셋째, 두 집단의 비교일 경우 두 모집단의 분산이 같아야 한다.
넷째, 모집단의 분산을 알고 있어야 한다.

연구에서 통계적 방법을 선택할 때는 우선 그 통계적 방법을 사용하기 위해 요구되는 기본 가정을 점검해야 한다. 만약 연구의 특성이 통계적 기본 가정과 부합하지 않으면 가장 부합하는 통계적 방법을 선택하여 자료를 분석하여 타당한 결과를 얻을 수 있다.

z검정을 하는 방법을 연구 가설이나 연구 목적에 따라 단일표본 z검정, 두 종속표본 z검정, 두 독립표본 z검정으로 나뉜다.

(1) 단일표본 z검정

교육연구에서 단일표본 z검정을 사용하는 경우는 흔하지 않지만, 학업성취도나 많이 알려진 인간의 속성에 대한 연구를 실시할 경우에는 z검정을 사용한다. 예를 들어, 전국 초등학생의 어휘력에 대한 평균과 표준편차를 알고 있을 때, 어떤 특정 학교나 학군 학생의 어휘력을 검증하기 위하여 단일표본 z검정을 사용할 수 있다.

(2) 두 종속표본 z검정

두 종속표본 z검정은 하나 혹은 두 모집단에서 추출된 표본이 종속적이고 모집단의 분산을 알고 있을 경우에 사용하는 통계적 방법이다. 교육연구에서 두 종속표본 z검정을 사용하는 경우는 흔하지 않다. 남녀 자기조절학습 능력을 비교할 때 쌍둥이를 추출하여 연구할 경우, 두 종속표본 z검정을 사용할 수 있다. 쌍둥이의 남녀가 독립적이지 않기 때문이다.

(3) 두 독립표본 z검정

두 독립표본 z검정은 두 모집단에서 각기 추출된 표본이 상호 독립적이고 두 모집단의 분산을 알고 있으며 종속변수가 양적 변수일 때, 두 집단 간의 차이가 있는가를 분석하기 위해서 사용하는 통계적 방법이다. 예를 들어, 자기조절학습 능력에 대한 남녀 초등학생의 차이를 살펴보고자 할 때 이 방법을 사용한다. 그러나 두 모집단의 분산을 알지 못할 경우에는 두 독립표본 t검정을 사용하고, 사전연구가 많아 모집단에 대한 정보가 많으면 z검정을 사용한다.

3) t검정

t검정도 모집단의 분포가 정규분포이며 종속변수가 양적 변수일 경우, 평균 혹은 집단 간 비교를 위하여 사용하는 통계적 방법이다. t검정을 사용하기 위해서는 다음과 같은 기본가정이 충족되어야 한다(성태제, 2015).

첫째, 연구의 종속변수가 양적 변수이어야 한다.
둘째, 종속변수에 대한 모집단의 분포가 정규분포이어야 한다.
셋째, 두 집단의 비교일 경우 두 모집단의 분산이 같아야 한다.

z검정과 다른 것은 오직 모집단의 분산을 모른다는 사실이다. 많은 연구가 알지 못하는 사실을 밝히기 위해 이루어지므로 모집단의 분산을 아는 경우는 많지 않다. 따라서 이와 같은 경우에 t검정을 사용하게 된다. 특히 복잡하지 않은 설계에 t검정을 사용하는 경우가 흔하다. t검정도 z검정과 같이 단일표본 t검정, 두 종속표본 t검정, 두 독립표본 t검정으로 나뉜다.

(1) 단일표본 t검정

단일표본 t검정은 단일표본 z검정과 동일한 연구 목적을 지닌 가설을 검증하되 모집단의 분산을 알지 못하는 경우에 사용되는 통계적 방법이다. 예를 들어, 새로운 교수법을 개발하였을 때 새로 개발된 교수법에 의하여 학습한 집단의 평균이 어떤 특정 수치와 같은지를 검증하는 데 이 통계적 방법을 사용할 수 있다. 초등학생의 창의적 사고 능력을 증진하기 위하여 새로운 프로그램을 개발하고 나서 모집단인 서울시 초등학교 3학년 학생 중에서 30명을 추출하여 새로운 프로그램을 적용 후, 학생들의 창의적 사고 점수가 기준 점수인 80점인지 아닌지를 검증하고자 할 때 단일표본 t검정을 사용한다. 단일표본 t검정은 간단히 연구 결과를 검증할 수 있다. 그러나 단일표본 t검정이 간단하다고 하여 연구의 가치를 저하시키지는 않는다.

(2) 두 독립표본 t검정

두 독립표본 t검정은 두 표본이 추출된 모집단이 서로 독립적일 때 두 집단의 평균이 같은지를 비교하기 위해 사용되는 통계적 방법이다. 두 독립표본 t검정을 위한 기본 가정은 두 독립표본 z검정과 동일하되, 두 모집단의 분산을 모르는 경우에 사용한다. 남녀 초등학생의 창의적 인성에 대한 차이 연구와 같은 두 집단 간의 비교 연구를 할 때, 두 독립표본 t검정이 많이 사용된다. 이 경우, 초등학생의 창의적 인성이라는 변수는 양적 변수여야 하고, 남녀 초등학생 모집단은 독립적이며, 각 모집단의 인식점수 분포는 정규분포여야 한다. 모집단의 정규분포 여부는 연구자의 경험적 배경이나 이론적 배경에 의하여 판단한다. 그렇다고 해서 연구자의 주관적 판단에 의해서 모집단 분포의 정규성 여부를 판단해서는 안 된다. 만약 두 모집단의 분산이 같지 않을 경우는 welch-Aspin검정을 실시한다.

연구에서 사용되는 척도가 서열척도라도 서열척도 점수의 합이 종속변수면 양적 변수로 간주할 수 있으므로 두 독립표본 t검정을 사용할 수 있다. 종속변수가 질적 변수일 경우에는 t검정을 사용하지 않는다.

(3) 두 종속변수 t검정

두 종속변수 t검정(two dependent samples t-test, matched pair t-test)은 종속변수가 양적 변수이고 두 집단의 독립적이지 않을 경우, 두 집단의 종속변수에 대한 차이를 연구를 위하여 사용하는 통계적 방법으로 교육연구에서 자주 사용한다. 두 집단이 종속적이라는 것은 추출된 표본의 모집단이 서로 관계가 있음을 뜻한다. 대표적인 예로 남녀 비교의 경우, 남녀 표본을 남녀 모집단에서 독립적으로 추출하는 것이 아니라 부부 모집단에서 추출하는 경우를 들 수 있다. 이때 남녀 표본은 서로 관계를 가지고 있으며 두 모집단 역시 관계가 있다. 또 다른 예는 사전-사후 검사다. 사전· 검사를 실시하고 난 후 어떤 처리를 가하고 처치효과가 있는지를 검증하기 위하여 사후 검사를 실시하였을 때, 사후 검사에서 연구 대상에 어떤 변화가 나타났다면 이는 처치효과가 있음을 말해 준다. 이때 사전 검사 자료와 사후 검사 자료는 동일한 연구 대상에게 검사를 두 번 실시하여 얻은 자료기 때문에 서로 독립적이지 않으며 종속되어 있다. 이런 경우의 자료를 짝지어진 자료(matched pair data)라고도 한다.

4) 분산분석

분산분석(analysis of variance : ANOVA)은 세 집단 이상의 집단 간에 차이가 있는지를 검증하는 통계적 방법으로 다음의 기본 가정을 전제조건으로 한다(성태제, 2015).

첫째, 종속변수가 양적 변수이어야 한다.
둘째, 각 모집단의 모집단 분포가 정규분포이어야 한다.
셋째, 모집단의 분산이 같아야 한다.

분산분석은 두 독립표본 t검정의 연속으로 세 집단의 이상일 경우 집단 간의 차이가 있는지를 검증하는 통계적 방법이며, 독립변수의 수와 설계 방법에 따라 분산분석 방법의 이름이 결정된다.

분산분석은 독립변수의 수에 따라 일원분산분석, 이원분산분석, 삼원분산분석으로 이름이 달라진다.

일원분산분석 방법은 독립변수가 하나인 것으로서, 전통적 교수법, 멀티미디어 교수법, 개인교수법을 투입한 후 학습효과가 있는지 비교하는 연구를 예로 들 수 있다. 이 경우 독립변수는 하나이고, 세 가지 교수법으로 다른 수준의 처치를 하므로 이를 일원분산분석(one way analysis of variance)이라고 한다.

이원분산분석 방법은 교수법에 송환효과를 처치변수로 추가하여 독립변수가 두 가지일 경우 사용한다. 이원분산분석 방법은 교수법의 효과가 있는지 송환효과가 있는지를 알 수 있을 뿐만 아니라, 교수법과 송환효과의 상호작용도 분석할 수 있다.

삼원분산분석 방법은 독립변수가 3개 이상일 경우 집단 간 차이가 있는지, 즉 처치효과가 있는지 그리고 상호작용이 있는지를 검증하는 방법이다.

5) 다변량분산분석

다변량분산분석(multivariate analysis of variance : MANOVA)은 종속변수가 하나의 변수가 아니라 2개 이상의 변수로 합성되어 있을 때, 집단 간의 차이가 있는지를 검증하는 분산분석방법이다. 2개 이상의 변수가 합성되어 하나의 특성을 설명하며, 변수로서 합성된 변수들이 관계가 있을 때, 독립변수의 영향으로 집단 간의 차이가 있는지를 검증한다.

예를 들어, 3가지 교수법에 따라 교과별 학업성취도에 차이가 있는지를 검증할 때, 다변량분산분석을 사용할 수 있다. 이때 종속변수인 교과별 학업성취도가 단일 변수가 아니라 국어, 영어, 수학으로 나누어지기 때문이다. 그리고 이 세 변수 간에 관계가 있으므로 이런 경우 다변량분산분석을 실시한다. 만약 한 특성을 나타내는 여러 변수 사이에 관계가 전혀 없다면, 변수별로 분산분석을 실시하여도 다변량분산분석을 한 것과 같은 결과를 얻는다. 어떤 특성을 설명하기 위해서 2개 이상의 변수가 합성되었을 때, 이 변수 간에 관계가 있는지는 연구자의 이론적 혹은 경험적 배경에 의하여 판단한다. 사전 연구를 통하여 변수 간의 관계가 있는지를 검증할 수 있다.

6) x^2검정

Z검정, t검정, 분산분석은 집단비교에 있어서 종속변수가 양적 변수일 때 사용하는 통계적 방법이다. 종속변수가 질적 변수 혹은 범주 변수일 때 집단 간의 차이와 두 변수 간의 관계를 알아보기 위하여 χ^2검정을 사용한다.

예를 들어, 한국의 교육정책에 대한 연령별 인식의 차이를 연구하기 위하여 고등학생, 대학생, 직장인, 노인을 대상으로 의견조사를 하여 조사결과를 얻었을 때 χ^2검정을 실시할 수 있다. χ^2검정을 통하여 집단 간의 인식 차이를 알아내어 한국의 교육정책에 대한 방향을 수립할 수 있다.

CHAPTER

17 연구보고서 작성 및 표현 양식

학습 목표

연구논문의 서론부터 이론적 배경까지는 이론적 형성 부분으로서 이론적 틀을 말하고, 연구 방법부터 연구 결과까지는 경험적 확인을 요하는 것이다. 그리고 논의 및 결론은 이론과 경험을 연결시켜 연구의 결과를 정리하는 것이다.

서론에서는 연구의 목적과 연구의 내용을 제시하면서 연구자가 연구를 왜 하는지의 문제 제기를 한다. 구체적으로 연구의 주요 요점, 연구의 필요성, 가설이나 연구 문제 등이 서술되어야 한다.

이론적 배경은 새로운 용어의 정리와 연구와 관련된 선행 연구의 고찰, 가설 형성으로 이루어진다.

연구 방법은 누구에게 어떠한 측정 도구로 어떤 설계를 하였고 자료 수집은 어떻게 하였는지를 포함하고 자세한 연구 과정을 제시한다.

연구 결과는 자료를 요약하고 연구에서 발견된 자료 사실을 바탕으로 설정된 가설의 긍정 여부를 판단하여 정리하고 결과에 대한 해석을 기술한다. 뿐만 아니라 연구의 한계 결과의 일반화와 연구의 의의를 기술하고 이 연구에서 다루지 못한 앞으로의 방향을 제시한다.

참고 문헌은 인용된 자료에 대해 정리한다. 우리나라 참고 문헌은 저자의 이름을 가나다 순으로 먼저 제시하며 외국 자료의 경우 저자의 성을 알파벳순으로 제시한다. 이는 주로 APA양식을 따라 제시한다.

부록은 연구와 직접적으로 관련이 있으나 본문에 넣지 않은 자료, 측정 도구, 본문에 넣지 않은 연구 결과 등을 포함한다.

국문초록과 영문초록은 연구 목적과 연구 가설, 연구 방법, 연구 결과를 요약하여 국문과 영문으로 제시한다.

연구보고서 작성 및 표현 양식

CHAPTER 17

연구를 처음 시도한 초보자는 연구보고서를 작성하고 제출할 때 다음 3가지 사항에 유의한다.

첫째, 연구보고서는 표현이 간결하고 명료해야 한다. 연구자는 필요한 모든 정보를 최소한의 문장이나 단어로 표현할 수 있어야 하며 애매모호하지 않은 분명하고 명료한 글을 쓸 수 있어야 한다.

둘째, 연구보고서는 연구자가 제기했던 문제에 대한 답을 모두 포함하고 있어야 한다.

셋째, 연구보고서에서는 연구 과정이 자세하고 정확하게 밝혀져 있어야 한다.

연구가 마무리되면 최종 단계에서 연구보고서를 작성해야 한다. 아무리 연구를 계획한 대로 잘 진행했더라도 연구보고서를 제대로 작성하지 못한다면, 독자로부터 외면당할 수밖에 없을 것이다. 연구보고서의 체제와 내용은 연구의 목적, 유형, 방법에 따라 다르겠지만 일반적으로 다음과 같이 구성한다.

1. 연구보고서의 체제

일반적으로 연구보고서나 학위 논문의 조직은 크게 세 부분으로 구성된다. 즉, 앞부분, 본문 부분, 참고 부분의 셋으로 나누어지고, 이들 각 부분은 대체로 다음과 같은 내용을 포함한다.

1. 앞 부분
   1) 연구 제목
   2) 머 리 말
   3) 내용 목차
   4) 표 목 차
   5) 초 록
2. 본문 부분
   1) 서 론
      연구의 필요성과 목적
      연구 문제
      가 설
      용어의 정의
   2) 이론적 배경과 관계 문헌의 고찰
   3) 연구 방법
      연구 대상
      연구 설계
      측정 도구
      자료의 수집과 분석방법
   4) 결과 및 논의
      결 과
      논 의
   5) 요약 및 결론
      요 약
      결 론
3. 참고 부분
   1) 참고 문헌
   2) 부 록

연구계획서와 연구보고서는 중복되는 부분도 있고, 연구보고서에만 제시되는 부분도 있다. 여기서는 연구보고서에서만 고려해야 될 사항을 중심으로 다루도록 하겠다.

연구보고서의 앞부분은 연구 제목, 머리말, 내용 목차, 도표 목차 등으로 구성된다. 연구의 제목은 해당 연구의 내용과 특성을 대변할 수 있도록 하되, 될 수 있는 한 간결하게 정하는 것이 바람직하다. 연구보고서의 표지에는 연구 제목과 아울러 연구자의 성명, 연구보고서 작성일, 기관명을 기입한다. 머리말에는 연구의 중심이 되는 사항을 간결하게 쓰고, 연구 수행에 도움을 준 개인이나 기관에 대한 감사를 표시할 수도 있다.

연구보고서의 목차는 연구자가 거쳐 온 사고 과정을 단계적으로 제시하는 부분으로 본문에 기재될 제목과 일치해야 한다. 목차는 독자를 위한 배려로 연구보고서의 구조와 형태를 한눈에 볼 수 있도록 논리적으로 제시해야 한다. 내용 목차의 제목은 본문에 기재되는 제목과 일치되어야 한다. 내용 목차를 어느 정도로 자세히 할 것인가는 연구보고서의 분량에 따라서 결정할 일이다. 도표 목차는 본문에 나오는 순서대로 각기 분리하여 작성하며, 일련번호를 붙인다. 연구보고서의 본문은 연구보고서의 알맹이에 해당되는 부분이다.

본문 부분은 연구 문제와 가설을 취급하는 서론 부분을 비롯하여 연구 방법, 결과와 논의, 요약 및 결론을 기술하는 부분으로 구성한다. 본문의 구성에 관한 설명은 뒤에서 자세하게 기술할 예정이다.

참고 부분은 연구보고서의 마지막에 오는 부분으로서 참고 문헌과 부록으로 구성된다. 이 두 가지는 순서를 바꿀 수도 있다. 참고 문헌 란에서는 연구하는 과정에서 참고한 논문이나 단행본 등 참고 서적을 정리하여 제시한다.

2. 본문 부분의 구성

대체로 본문 부분은 크게 두 부분으로 나누어 볼 수 있다. 첫째 부분은 자료가 수집되기 전까지 일어난 사고와 행위로 구성되고, 다음 한 부분은 자료가 수집된 후의 결과에 관한 기술과 해석이다. 본문의 조직에는 반드시 이 두 부분이 있어야 한다. 검증된 가설이나 연구의 결과에 관련된 자료를 보고하기 전에 그 연구의 문제, 이론적 고찰, 실제로 사용한 연구 방법, 피험자 등에 관해 기술하여야 한다. 크게 둘로 나뉜 본문 부분을 다시 각각 둘로 나눌 수 있다. 실제 자료를 다루지 않는 첫째 부분은 문제를 소개하고 문헌을 고찰하는 부분과, 연구 방법 및 피험자에 관한 절차 부분으로 나뉜다. 그리고 둘째 부분은 결과 및 논의 부분과 요약 및 결론 부분으로 나뉜다.

1) 서론

서론 문체는 직접적이고 간결해야 한다. 서론은 너무 길지 않게 쓰고, 많아도 열 페이지 이내로 쓰는 것이 좋다. 연구보고서를 읽는 사람들은 연구가 이루어지게 된 동기, 그리고 왜 그런 표집과 연구 방법을 사용하고 있는지를 알고 싶어 한다. 서론은 주로 다음 4가지 (1) 연구의 필요성, (2) 연구의 목적, (3) 연구 문제 · 가설, (4) 용어의 정의를 포함한다.

(1) 연구의 필요성

본 연구가 왜 중요하고 필요한가에 대해 논의해야 한다. 이때 연구의 중요성을 독자에게 확신시켜야 하므로 독자가 연구의 필요성과 의의를 완전히 이해하도록 해야 한다. 본 연구의 진정한 가치는 무엇이며, 또한 사용하려는 연구 방법의 선택 이유 등을 설명해야 한다.

(2) 연구의 목적

연구의 목적에서는 연구자가 연구하려는 것을 간결하게 진술하여 전체적인 윤곽을 제시해야 한다. 이때는 탐구하고자 하는 연구 문제에 대한 의도를 진술하고, 이러한 연구 문제에 대해 연구할 가치가 있다는 것을 논의해야 한다. 그 외의 부분은 연구계획서에서 유의해야 할 사항과 같으므로 제6장을 참고하도록 한다.

(3) 연구 문제 또는 가설

연구의 필요성과 목적에서 제시되었던 연구 문제를 구체적 연구 문제로 진술하거나 가설을 진술하고 가설에 대한 이론적 근거를 서술한다. 연구계획서와 거의 동일하다.

(4) 용어의 정의

문헌 고찰을 끝낸 후에 해당 연구에서 사용하는 중요한 특정 용어의 정의를 서술해야 한다. 특히 가설을 검증하는 연구에서는 연구자가 연구하는 변수와 기술하는 용어 정의를 명확하게 내려야 한다. 연구보고서에는 용어의 사전적 정의나 조작적 정의가 모두 포함되어야 한다.

만약에 관련 문헌에서 내린 선행 정의가 명백하지 않다면 자신의 연구에 맞도록 수정하여 용어 정의를 내려야 한다. 이때 선행 연구와 어떻게 관계되는지를 나타내면서, 자신이 내린 조작적 정의에 대한 이론적 근거를 짧게 다루어야 한다.

2) 이론적 배경과 관계 문헌의 고찰

문헌 고찰을 서론 부분에 포함시키든, 분리된 장으로 구성하든 간에 문헌 고찰의 구조는 같다. 석사나 박사 학위 논문에서는 이론적 배경과 관계 문헌 부분이 매우 길다.

이 부분의 중요한 기능은 연구의 기초를 발전시키는 것이기 때문에, 연구보고서를 작성할 때 적절한 문헌만을 선택해서 써야 한다. 연구 문제와 가설에 관련된 선행 연구를 잘 요약하여 선행 연구의 주요 추세와 논제에 대해 다루어야 하며, 자신의 연구와의 관련성을 지어야 한다. 즉, 이 부분에서는 연구자가 읽은 모든 문헌을 나열해서는 안 되고, 현재의 연구 문제나 연구 방법 등과 직접 관련된 문헌의 내용만을 분석하여 조리 있고 논리적으로 기술하도록 해야 한다.

3) 연구 방법

실제 연구에서 사용한 방법을 명확하게 제시해야 한다. 그리하여 다른 연구자가 원한다면 그 연구를 반복 연구해 볼 수 있을 정도로 자세히 기술해 놓아야 한다. 일반적으로 아동 교육 연구 방법을 기술하는 부분에 포함될 내용은 연구 대상, 사용 도구, 연구의 설계, 자료의 수집 및 분석 방법, 연구의 가정과 제한점 등이다.

(1) 연구 대상

독자는 표집 방법뿐 아니라 '표집의 특성'을 자세히 알고자 하므로 표본의 특성을 가능한 상세하게 기술한다. 또한 어떤 방식으로 표집했는지 실제로 사용한 '표집 방법'을 서술한다. 그리고 표집의 크기에 이론적 근거가 있으면 쓴다. 또한, 연구자는 '표집의 대표성'을 검토하기 위해 전집에 대해 제시할 수 있는 자료를 모두 제시한다.

(2) 연구 설계

연구 설계의 중요성은 연구의 접근 방법에 따라 다양하다. 앞에서 소개한 연구 설계 방법을 참고하여 실험 연구, 상관 연구, 조사 연구 등에 대해 기술한다.

(3) 측정 도구

독자가 측정 도구의 타당성과 신뢰성을 평가할 수 있을 정도로 자료수집 도구에 관해 자세하게 써야 한다. 연구계획서에는 검사 도구지의 제작자, 검사 제작 연도 정도만 제시했으나 연구보고서에서는 검사 내용과 신뢰도 및 타당도 등을 비교적 자세하게 밝혀야 한다.

모든 도구는 특징상, ① 표준화된 도구, ② 표준화하지 않았지만 선행 연구에서 사용된 도구, ③ 현재의 연구를 위해 연구자가 새로 만든 도구의 세 종류로 구분될 수 있다.

① 표준화된 도구

표준화 과정에서 얻어진 신뢰도와 타당도가 있으므로 이러한 자료를 현재 연구에 이용할 수 있다. 이 경우에는 사용한 도구를 밝히고 연구자가 원래의 신뢰도와 타당도를 믿는 이유를 제시하면 된다. 단, 현재 연구에서 사용하는 표본이 표준화 과정에서 사용된 표본과 거의 일치할 때만 표준화 도구를 사용해야 한다.

② 표준화되지 않았지만 선행 연구에서 사용된 도구

선행 연구에서 얻어진 신뢰도와 타당도를 그대로 쓸 수 있다. 그러나 현재 연구에서 다시 신뢰도와 타당도를 산출하는 것이 바람직하다. 현재 연구의 결과가 선행 연구와 일치하지 않으면, 도구의 신뢰도 수준이 두 연구에서 다르게 작용했다는 설명이 가능하기 때문이다.

이런 비판에 대처할 수 있는 유일한 방법은 연구에서 사용한 도구의 신뢰도를 아는 것이다. 현재 연구의 신뢰도와 타당도를 산출하든 안 하든, 그 도구에 관해 원래 계산된 자료를 보고해야 한다. 자료수집 전에 미리 측정 도구를 검토하고 적절성 여부를 가려내는 것이 좋다.

③ 연구자가 새로 만든 도구

연구의 목적을 위해 안정되어 있고 타당해야 하므로 연구를 시작하기 전에 신뢰도와 타당도를 산출해야 한다. 새로운 검사나 설문지를 작성하고 신뢰도와 타당도를 구하는 데 많은 시간이 소요되므로 가능하면 기존의 도구를 사용하는 것이 좋다.

(4) 자료의 수집과 분석

자료수집 방법에 관해서도 모든 점을 자세히 밝혀야 한다. 예를 들어, 자료수집에 사용한 도구의 특성, 자료수집의 단계, 각 단계에서 실시된 도구, 실시 순서 및 소요 시간 등을 자세하게 쓰고 검사를 실시할 때 한 지시를 부록에 포함시켜야 한다.

자료수집 방법과 아울러 기술할 사항은 자료의 분석 방법이다. 여기에는 어떠한 통계적 방법을 사용했으며, 그러한 방법을 사용하는 근거는 어디에 있는지 등을 밝힌다. 그리고 가설을 검증할 때 적용할 통계적 의의도 수준을 미리 밝히고 자료를 어떤 식으로 제시할 것인가에 관해서도 언급한다.

여기까지는 연구계획서와 중복되는 부분이 많이 있지만, 결과 및 논의, 요약 및 결론은 반드시 연구보고서에만 제시해야 한다. 연구보고서에만 제시될 수 있는 결과 및 논의와 요약 및 결론 부분에 대해 살펴보기로 하자.

4) 결과 및 논의

결과를 기술하는 부분에서는 객관적으로 자료를 제시하고, 논의를 기술하는 부분에서는 결과의 의미와 어떻게 그런 결과가 나왔는지를 서술한다.

(1) 결과

결과는 연구의 목적이나 가설의 순서에 따라서 통계적 자료와 더불어 제시한다. 결과의 해석은 이론적 배경 또는 연구자의 주관적 사고에 근거를 두고 얻어진 연구 결과에 의미와 의의를 부여하는 일이다. 일반적으로 연구 결과에 이어서 결과의 하나하나에 해석을 붙이거나, 혹은 결과와 해석을 따로 구분하여 기술하기도 한다.

결과 부분은 완전하고도 공정하게 보고되어야 한다. 해석과 논의에서는 연구에 따라 서로 불일치하는 점이 있을 수 있지만, 결과의 제시에는 모두가 만족해야 한다. 이것은 수집된 자료 중에서 가설을 지지하고 예측과 일치되는 면에 관심을 기울이는 만큼, 가설을 부정하고 개인적인 예측과 불일치되는 면에도 관심을 써야 한다는 것을 의미한다. 또한 결과 중에서 설명하기 힘든 면도 제시해야 함을 의미한다.

결과는 연구의 가설에 근거하여 조직한다. 즉, 가설을 서술한 순서대로 하나씩 취해서, 그 가설을 검증하기 위해 수집된 자료를 통계적으로 분석한 것을 제시하고 가설의 긍정 여부에 관한 결론을 내린다. 가설을 명백하게 진술하지 않은 연구에서는 서론에서 제기한 연구 문제가 결과 부분의 조직 근거로 사용될 수 있다.

결과에서 제시되는 자료는 최소한 빈도분포표와 같이 정리된 것이어야 한다. 그러나 평균과 표준편차와 같은 통계치로 제시되는 것이 일반적이다. 사례 연구를 제외하고는, 각 연구 대상으로부터 얻은 개인적 자료를 제시하는 것은 의미가 없는 일이다. 그럼에도 불구하고 개인에 관한 자료를 제공하고 싶으면 부록에 싣는 것이 적절하다.

연구보고서에 제시하는 연구 결과의 자료는 간단한 검토 과정을 거치는 것이 좋다. 즉, 그 자료를 빼면 독자가 연구의 결과를 올바로 이해하는 데 지장이 있다고 판단되는 것은 연구보고서에 포함시켜야 된다. 그러나 별로 필요치 않은 자료는 본문에서 제시하는 대신에 부록으로 돌리는 것이 좋다. 연구 문제에 기본적이고, 가설에 관련이 있고, 이해에 필요한 사항을 연구보고서에 포함시킨다.

(2) 논의

연구 보고에 있어서 연구자의 주관적 견해가 비교적 자유스럽게 개입될 수 있는 부분이 논의이다. 얻어진 연구 결과를 다른 연구와 관련지어 보고, 결과에 대한 일반화의 한계, 문제점 등을 다룰 수 있다. 또한 연구를 진행하는 과정에서 느낀 점, 표집이나 측정 도구의 문제, 연구 방법상의 문제를 기술함으로써 다음에 이와 같은 연구를 할 사람이 참고할 수 있도록 한다.

논의에서도 연구자는 연구 결과의 모든 면을 포괄적으로 다루어야 한다. 가능한 모든 해석을 고려해야 하며, 연구자가 가장 크게 느낀 부분만 논의해서는 안 된다. 연구자가 받아들이기 싫은 견해도 정직하게 제시해야 하는 것이다. 이렇게 하면 그런 입장을 거부한 이유를 자유롭게 밝힐 수 있다. 논의 부분에서 연구 결과 이외의 중요한 자료는 관련된 참고 문헌이다. 그것은 서론에서 고찰한 선행 연구와 이론에 의거해서 자료를 해석하기 때문이다. 문헌 고찰의 내용이 서론 부분에서는 연구의 방향을 세웠고, 논의에서는 새로운 자료를 논의하는 데 참고점을 제시한다. 그러나 문헌의 참고가 논의의 첫 부분에 나와서는 좋지 않다. 연구자는 결과와 선행 연구 및 이론이 서로 일치 혹은 불일치하는지를 논의하면 된다.

연구 결과가 가설을 부정하고 이론적 근거와 불일치하는 것으로 나왔다면, 논의 부분에서 새로운 결과에 비추어 이론을 재고하고, 그 분야에 대해 다시 생각할 것을 제시할 수 있다. 연구자 본인에게는 자신의 자료가 정확하고, 선행 연구의 결과가 틀렸다는 생각으로 논의를 쓰는 것이 주제 넘는다고 여겨질지도 모른다. 그러나 이 문제는 주제넘은 것도 아니고 누구의 자료가 맞고 틀리고 하는 것도 아니다. 단지 앞으로 이 분야의 후속 연구에서 사실을 밝힐 문제이다.

5) 요약 및 결론

(1) 요약

요약은 전체 연구보고서를 읽지 않아도 연구의 윤곽을 파악할 수 있도록 간결하면서도 포괄적인 것이 되도록 한다. 연구보고서를 읽는 독자에게 편의를 제공하고 연구자 자신도 자신의 연구를 정리해 본다는 측면에서 의미가 있다. 연구보고서에는 요약이 반드시 들어가야 하며, 간단하게 정리하면 된다.

요약에는 연구의 목적, 가설, 연구 방법, 그리고 결과를 포함시키는데, 연구의 중요한 요소를 짧게 압축하도록 하고, 특히 결과에 중점을 두고 기술한다. 요약에서는 문헌 고찰에 관한 서술은 아주 짧게 하거나 모두 생략할 수도 있다. 이때 문헌을 인용하지 않는 것이 상례이다.

(2) 결론

결론 부분에서 연구자는 이미 기술한 연구 결과에 근거를 두고 일반적 사실이나 어떤 법칙을 진술한다. 그러므로 결론을 쓸 때 본 연구에서 얻은 결과와는 동떨어진 비약된 해석이나 지나친 일반화가 되지 않도록 주의해야 한다. 결론 부분에서는 다음과 같은 세 가지 사항에 유의하도록 한다.

첫째, 결론 부분에서는 연구를 자극한 원래의 문제로 되돌아가서 그 문제에 관해 한정적인 진술을 하게 된다. 즉, 연구 문제에 대해서 최종적인 답을 하는 것이므로 이 부분에서 연구자는 결과의 의미에 관해 마지막으로 진술하게 된다. 이때에는 명확하고 좀 더 일반적이어야 하며 애매하지 않게 써야 한다.

둘째, 시사점을 제시한다. 가설을 검증하는 연구에서는 가설이 지지된 정도에 관한 진술을 포함하고, 비가설 검증 연구에서는 연구 문제와 관련된 전반적 이론과 실제에 대한 연구 결과의 시사점을 제시하면 된다. 즉, 시사점을 제시할 때는 이 연구의 결과가 이론과 현실에 주는 의미가 무엇인지에 대해 밝히는 것이다. 여기서는 연구자가 기존의 이론이나 선행 연구를 연결시킬 수 있으므로 참고 문헌을 제시한다.

셋째, 해당 연구의 결론에 대한 제한점을 분명히 밝히는 것이다. 제한점을 밝히는 이유는 독자가 이 연구를 결정적인 것으로 완전히 받아들이고 결과에 근거해서 어떤 생각을 하고 행동을 취하기 전에 고려해야 할 사항을 알려 주는 데 있다.

3. 참고 부분

1) 참고 문헌

참고 문헌록은 국내 문헌을 가나다순으로 먼저 제시하고, 다음에 양서를 알파벳순으로 배열한다.

첫째, 참고 문헌은 본문에 인용 또는 언급된 것으로 제한한다.

둘째, 참고 문헌의 배열순서는 국내 문헌, 외국 문헌 순으로 열거하되, 국내 문헌은 저자 성명의 가나다순으로, 외국 문헌은 저자 성의 알파벳순으로 열거한다.

셋째, 국내 문헌 참고 문헌 작성 시에 단행본과 정기 간행물의 책명은 고딕체로 작성하고 정기 간행물 내의 논문 제목은 명조체로 작성한다.

2) 부록

부록은 본문에 넣으면 너무 번잡스럽고 흐름과 해석상에 지장이 있을 정도로 장황하지만 해당 연구의 이해에 꼭 참고가 될 만한 내용을 수록하는 부분이다. 따라서 부록은 선택적으로 제시될 수 있다. 예컨대, 긴 도표, 연구자가 사용한 질문지나 도구의 내용, 연구 결과의 상세한 통계 자료, 실험 처치의 내용 등이 이에 속한다.

4. 연구논문의 표현양식

다른 사람에게 자기가 수행한 연구 결과를 알려 주기 위하여 연구자는 연구를 끝마친 다음에 보고서를 작성한다. 독자에게 연구 내용을 효과적으로 전달할 수 있도록 연구보고서를 잘 쓰는 일은 매우 중요하다. 아무리 훌륭한 연구를 했어도 연구보고서의 작성이 제대로 되지 못하면 연구 전체가 나쁘게 평가받기 쉽기 때문이다. 연구보고서에는 연구의 목적과 문제, 방법과 절차, 결과 및 해석 등을 포함시킨다. 각각에 대한 작성 방법 및 표현양식을 기술하면 아래와 같다.

1) 인용문 작성 요령

다른 연구를 인용하려면 독자를 위해 출처를 밝히고, 연구 마지막에 있는 참고문헌 목록에서 그 정보의 출처를 찾을 수 있게 해야 한다.

(1) 한 연구자에 의한 하나의 연구 인용

국내 문헌의 경우, 연구자나 저자 이름의 다음에 괄호를 치고 발행년도를 표기한다. 외국 문헌의 경우에도 본문에 원문 이름을 기입하고 동일한 방식으로 표기한다. 단, 영문 저자의 경우는 성만 기입하고 전체 이름은 참고 문헌에 제시한다.

예 전경원(2019)은 아동의 창의성 프로그램 …

예 …라고 해석하였다(전경원, 2019).

예 Runco(2012)의 연구는 창의성의 정의를 …

(2) 둘 이상의 연구자가 수행한 연구 인용

① 저자가 2인일 경우

두 명의 연구자의 연구를 인용할 때에는 본문에 그 연구가 인용될 때마다 두 사람의 이름을 모두 적는다. 국내 문헌의 경우는 가운뎃점(·) 으로 구분하고, 외국 문헌의 경우에는 '&'를 사용하여 구분한다.

예 전경원 · 김누리(2014)는 …

예 …라고 진술했다(전경원 · 김누리, 2014).

예 Runco & Garrett (2012)는 …

예 …라고 주장하였다(Runco & Garrett, 2012).

② 저자가 3~5인일 경우

한 연구의 연구자가 셋 이상 다섯 사람 이하일 때는 처음 인용될 때에만 모든 연구자의 이름을 적되, 국내 문헌의 경우는 가운뎃점 (·)으로 구분하고 외국 문헌의 경우에는 쉼표 (,)로 구분하다가 마지막에는 '&'로 구분한다. 그다음 인용 시에는 국내 문헌의 경우에는 첫 번째 저자의 성과 이름을 적고 그 뒤에 '외'라고 적는다. 외국 문헌의 경우에는 첫 번째 저자의 성만 적고 그 뒤에 'et al.'이라고 적는다.

예 박인영 · 송승민 · 전경원(2019)은 …개발하였다(첫 인용 시).
박인영 외(2012)는 …(두 번째 이후 인용 시)

예 Brown, Jones, & Ridley(2000)에 의하면 …
앞의 연구 결과(Brown et al., 2000)에 의하면 …

③ 저자가 6인 이상일 경우

여섯 명 이상의 연구자가 함께 연구한 경우에는 국내 문헌일 때 처음 인용 시 첫 번째 연구자의 성과 이름 뒤에 '외'라고 쓰고 연도를 기록한다. 외국 문헌의 경우 첫 번째 연구자의 성 뒤에 'et al.'이라고 쓰고 연도를 기록한다. 참고 문헌 목록에서는 저자의 이름을 모두 적는다.

예외 만약 여섯 명 이상의 저자가 쓴 두 참고 문헌이 똑같은 형태로 제시될 경우, 국내 문헌의 경우 참고 문헌이 구별되는 저자의 성과 이름까지 모두 쓰고 그 뒤에 '외'라고 쓰고, 외국 문헌의 경우 두 참고 문헌이 구별되는 저자의 성까지 모두 쓰고 그 뒤에 'et al.'이라고 기록한다.

예 차민정 외(2010)에 의하면

예 Brown et al.(2000)에 의하면

(3) 기관의 연구 인용

본문 중에 기관에서 수행한 연구가 인용될 때에는 국내 기관의 경우 보통 기관명을 밝히고 외국 기관의 경우는 어떤 기관의 이름은 첫 인용 시에만 표기되고 그 이후에는 생략된 약어를 표기하기도 한다. 기관명을 약자로 쓸 것인지는 독자가 참고 문헌 목록에서 쉽게 찾을 수 있도록 본문 인용 시에 충분한 정보를 주었느냐에 따라 결정해야 한다. 만약 기관명이 길고 번거롭다면, 그리고 약자가 친숙하거나 이해하기 쉽다면, 두 번째 인용 이후에는 약자를 써도 좋다. 만약 이름이 짧거나 약자로 쓰는 것이 이해하기 어렵다면, 매번 약자로 쓰지 않고 완전히 적어야 한다.

예 약어로 쓸 수 있는 경우

- 본문에 첫 인용 시 : (한국교육개발원 : KEDI, 2019)
- 두 번째 인용 시 : (KEDI, 2019)

예 완전히 적어야 하는 경우

- 모든 본문 이용 시 : (한국교육개발원, 2019)

(4) 연구자가 없거나 익명의 연구

연구자가 없는 연구일 때는 참고 문헌에 적힌 첫 서너 단어(대부분 제목인 경우가 많다)와 연도를 본문에 표기한다. 연구의 제목이나 장에는 따옴표를 이용하고 정기 간행물이나 책의 제목에는 밑줄을 친다. 그리고 연구자가 익명일 때에는 본문에 익명이라고 쓴 뒤 연도를 기록한다.

예 …라고 해석하였다("아동의 언어는," 2000).

예 단행본 초기발성(2000)

예 on free care("Study Finds," 2002)

예 the book College Bound Seniors(2002)

(5) 같은 성과 이름을 가진 연구자

참고 문헌 목록에 같은 성을 가진 2명 이상의 연구자의 출판물이 포함된 경우, 국내 문헌일 때 이름이 같으면 출판 연도로 구별된다. 외국 문헌의 경우 혼동을 피하기 위해 출판 연도가 다르더라도 본문 인용 시마다 저자 이름의 첫 글자를 모두 쓴다.

예 김철수(2010)와 김철수(2010)는 …

예 김철수 외(2010)와 김철수 외(2010)의 연구에서 …

예 S. E. Dykes(1983)와 B. A. Dykes(1980)는 또한 …

예 S. E. Dykes et al.(1983)과 B. A. Dykes et al.(1980)의 연구에서 …

(6) 한 괄호 안에 두 편 이상의 연구 표시

같은 괄호 안에 둘 이상의 연구가 인용될 때, 다음 지침에 다라 참고문헌 목록에 나타난 순서대로 표기한다.

① 같은 연구자의 연구가 2개 이상 인용될 때는 출판된 연도 순으로 적는다.

예 이전의 연구(성은현 · 김누리, 2010, 2011)에서는 …

② 같은 연구자들이 같은 연도에 출판된 경우 국내문헌의 경우 제목의 가나다 순으로, 외국문헌의 경우 제목의 알파벳 순으로, 연도 뒤에 a, b, c를 붙여 표기한다. 참고문헌 목록에서도 이 순서대로 기록한다.

예 최근 연구(김누리, 2018a, 2018b)에서는 …

예 여러 연구(김누리, 2018a, 2018b; 전경원, 2014)에서는 …

예 몇몇의 연구(Farrell & Hammond, 1977a, 1977b)에서 …

예 이 밖에도 많은 연구(Bruce, 1980a, 1980b, 1980c; Wolman, 1983)는 …

③ 같은 괄호 속에 여러 연구자들의 연구가 2개 이상 표기될 때는 국내 출판물의 경우 저자 이름의 가나다순으로, 외국 출판물의 경우 저자의 성의 알파벳순으로, 연구와 연구 사이에는 세미콜론을 찍는다.

예 그와 같은 결과를 보인 연구들(김누리, 2018; 전경원, 2014)은 …

예 몇몇의 연구(Dorow & O'Neal, 1979; 1978; Talpers, 1981)는 …

(7) 재인용

재인용은 본문에서 인용할 경우 다른 연구의 인용 방법과 같으나, 국내 문헌이나 외국 문헌 모두 인용 연구논문의 연도 뒤에 쉼표를 하고 '재인용'이라고 적어 준다. 참고 문헌에서는 '재인용'이라는 표기 없이 재인용한 연구나 저서를 다른 저서나 연구와 똑같은 양식으로 기록한다.

예 김누리(2018, 재인용)는 …

예 …라고 하였다(김누리, 2018, 재인용).

예 Runco(2012, 재인용)는 …

예 …을 제시하였다(Runco, 2012, 재인용).

(8) 문헌의 구체적인 부분을 인용 시

문헌의 구체적인 부분을 인용할 때는 본문의 적당한 위치에 페이지, 장, 그림, 표, 공식을 적는다. 대개 인용한 부분의 페이지를 적는다. 특정 페이지는 연도 다음에 쌍반점(:)으로 구분하고 해당 쪽수의 숫자만 기입한다. 몇 쪽에 걸쳐 있는 경우는 하이픈(-)으로 연결한다.

예 (전경원, 2019: 21)

예 (전경원, 2019: 15-21)

예 (전경원, 2019, pp.15-21)

2) 참고 문헌 작성 요령

연구자는 본문에 인용된 참고 문헌만을 참고 문헌 목록에 작성해야 하며 자료의 정보를 정확하게 제공하여야 한다. 또한 참고 문헌은 연구물을 접하는 독자를 위한 것이므로 독자가 참고 문헌을 효과적으로 읽을 수 있도록 일관성 있게 작성해야 한다. 따라서 연구자는 제시된 목록이 본문과 참고 문헌에 모두 있는지, 그리고 두 가지가 일치하는지 확인해야 한다. 작성 요령은 다음과 같다.

(1) 참고 문헌의 작성 순서

참고 문헌의 순서는 국내 문헌, 동양 문헌, 서양 문헌의 순으로 작성한다. 국내 문헌의 경우, 성과 이름을 적고 이어서 ( ) 안에 출판 연도를 적고 마침표를 한다. 그리고 책 이름이나 논문제목을 적고 마침표를 한 다음에 출판사항을 적어준다. 외국 문헌의 경우 연구자의 성을 적고 쉼표를 한 다음 이름을 약자만 대문자로 적고 마침표를 한다. 그다음에 ( ) 안에 출판 연도를 적고 마침표를 하고 책이름이나 논문제목을 적고 마침표를 한 다음에 출판사항을 적어준다. 이때 논문집이나 책의 이름은 국내 문헌의 경우 고딕체를 쓰고 외국 문헌의 경우는 이탤릭체로 쓴다.

예 김누리(2009). 학업탄력성 척도 개발 및 타당화. 숙명여자대학교 대학원 박사학위논문.

예 Runco, M. A (2008). Commentary: Divergent thinking is not synonymous with creativity. *Psychology of Aesthetics, Creativity, and the Arts, 2*(2), 93-96.

(2) 저자 이름의 표기 방법

국내 출판물의 경우 저자의 전체 이름을 생략하지 않고 성-이름순으로 기입한다. 그리고 서양문헌의 경우에는 성만 쓰고 나머지 이름은 첫 번째 머리글자만 대문자로 기입하는 것을 원칙으로 하며, 연구자를 구분하거나 명확히 하고자 할 경우에는 전체 이름을 기입할 수도 있다. 단체가 저자인 경우 단체의 공식적인 명칭을 저자의 위치에 배열한다. 이때 약칭을 쓰지 않으며, 다만 괄호 안에 일반화된 약칭을 덧붙일 수 있다.

국내 출판물의 경우 첫 번째 저자 성의 가나다 순서대로 배열하고, 외국 출판물의 경우 첫 번째 저자 성의 알파벳 순서대로 배열한다. 즉, 글자 하나하나의 가나다 또는 알파벳 순서를 비교한다. 아무것도 없는 것이 있는 것보다 앞에 온다.

그리고 동일한 저자에 의한 자료가 여러 개일 경우에는 출판 연도가 빠른 순서부터 먼저 배열한다.

예 김순일(2000).
김순일(2000).
김순일(2002).
Brown, J. R.(2000).
Browning, A. R.(2000).
Browning, A. R.(2002).

(3) 문헌이 두 줄 이상이 되는 경우의 작성 방법

문헌이 두 줄 이상이 되는 경우, 각 참고 문헌 사이의 구별을 쉽게 하기 위하여 각 자료의 첫째 행은 내어 쓰기를 하여 작성한다. 이때 내어 쓰기를 하는 정도는 1cm 내외가 좋다.

예 최현준, 김누리(2019). 교수자의 피드백 제공이 학업적 자기효능감, 수업 참여, 학업적 자기조절 및 학업성취도에 미치는 영향. **학습자중심교과교육연구**, **19**(4), 959-979.

예 Runco, M. A (2008). Commentary: Divergent thinking is not synonymous with creativity. *Psychology of Aesthetics, Creativity, and the Arts*, *2*(2), 93-96.

(4) 역서의 표기 방법

역서는 원저자를 기준으로 출판물을 분류하고 원저자의 이름을 그대로 쓴다. 그러나 출판 연도, 저서나 연구 제목, 출판사 역서에 따른다. 역자의 제시는 저서나 연구 제목 다음에 역자 이름을 쓰고 국내 문헌인 경우 '역', 외국 문헌의 경우는 'Trans' 라고 적는다.

예 Rubin, Z.(1990). **아동의 우정**. 유효식 역. 서울: 세계사.

예 Luria, A. R.(1969). *The Mind of a Mnemonist*(L. Selotaroff, Trans.). New York : Avon(Original work published 1965).

(5) 연구자가 둘 이상일 때는 국내 문헌의 경우의 표기 방법

연구자가 둘 이상일 때는 국내 문헌의 경우 연구자 사이를 '·' 로 연결해 주고 외국 문헌의 경우 마지막 연구자와 그 앞의 연구자 사이는 ' & ' 로 연결하고 나머지 연구자 사이는 ' , ' 로 연결한다.

① 단일 연구를 공동연구보다 앞에 쓴다.

예 김아영(2004).
김아영 · 박인영(2001).

예 Zimmerman, B. J. (1989).
Zimmerman, B. J., Bandura, A. & Martinez-Pons, M. (1990).

② 첫 번째 연구자는 같고 두, 세 번째 연구자가 다른 경우에는 두 번째 연구자의 성의 가나다순이나 알파벳 순서에 따른다.

예 김아영 · 조영미(2001).
김아영 · 차정은(2003).

예 Renninger, K. A., Hidi, S. & Krapp, A. (1992).
Renninger, K. A. & Lechrone, T. G. (1991).

③ 똑같은 연구자의 연구일 때는 출판 연도가 빠른 것부터 쓴다.

예 김아영(2001).
김아영(2004).

예 Berlyne, D. E. (1960).
Berlyne, D. E. (1974).

④ 저자와 출판 연도가 모두 같은 경우 제목의 첫 자의 가나다순이나 알파벳 순서대로 쓰며 연도 제시 ( ) 안에 알파벳 소문자를 적어 준다.

예 김아영(2001a).
김아영(2001b).

예 Browning, A. R.(2000a).
Browning, A. R.(2002b).

(6) 외국 문헌의 경우 표기 방법

외국 문헌의 경우 같은 성을 가진 다른 연구자들의 연구일 경우에는 연구자의 이름의 첫 자의 알파벳 순서대로 한다.

예 Eliot, A. L.(1983).
Eliot, A. L.(1980).

(7) 기관의 연구나 연구자가 없는 연구의 표기 방법

① 기관의 이름 중 의미 있는 첫 단어의 가나다순이나 알파벳 순서대로 쓴다.

예 한국사회과학연구소
University of Michigan, Department of Psychology

② 연구자가 익명일 경우에는 국내 문헌의 경우 '익명', 외국 문헌의 경우 'Anonymous'라고 쓰고, 익명이나 anonymous가 이름인 것처럼 가나다순이나

알파벳 순서대로 기입한다.

③ 연구자가 없는 경우에는 연구자의 이름 대신 제목을 적고, 제목의 첫 의미 있는 단어의 가나다순 또는 알파벳 순서대로 한다.

(8) 인쇄 중인 문헌의 표기 방법

인쇄 중일 때는, 국내 문헌일 경우 저자나 연구자 다음에 출판 연도를 적는 부분에 '(인쇄중)'이라고 적고, 외국 문헌의 경우 저자나 연구자의 성 다음에 연도를 적는 부분에 '(in press)'라고 적고 나머지 부분은 다른 참고 문헌 제시 양식에 따른다.

예 김환기(인쇄중). **아동발달**. 서울: 청구사.

예 Wimmer, H. & Hartl, M.(in press). The child's understanding of own false beliefs. *British Journal of Developmental Psychology*.

3) 참고 문헌 표기의 실례

(1) 정기간행물

① 학회지

[1인]

- 한기순(2006). 델파이 조사를 통한 유아영재교육의 방향 탐색. **미래유아교육학회지**, **13**(3).
- Runco, M. A. (2008). Commentary: Divergent thinking is not synonymous with creativity. *Psychology of Aesthetics, Creativity, and the Arts, 2*(2), 93-96.

[2인 이상]

- 최현준 · 김누리(2019). 교수자의 피드백 제공이 학업적 자기효능감, 수업참여, 학업적 자기조절 및 학업성취도에 미치는 영향. **학습자중심교과교육연구**, **19**(4), 959-979.
- Runco, M. A. & Garrett, J. J. (2012). The Standard Definition of Creativity. *Creativity Research Journal, 24*(1), 92-96.

② 인쇄 중인 학회지

- 이영환(인쇄 중). 낯선 상황에서 아버지에 대한 영아의 애착의 질에 관한 사례 연구. **아동학회지**.
- Corcoran, D. L. & Williamson, E. M. (in press). Unlearning learned helplessness. *Journal of Personality and Social Psychology*.

③ 잡지

- 최은희(1992, 11). 내 아이를 남에게 맡겨야 할 때. **젊은 엄마**, 122-125.
- Gardner, H. (1981, December). Do babies sing g universal song?. *Psychology Today*, 70-76.

④ 학회 소식지

- 김광웅(1991, 3). 정신지체아의 사회적 기술 결핍. **인간발달교수연구회지**, **11**, 9-11.
- Staff(1980, September 1). Professional face tax as DRS targets personal-service corporation. *Behavior Today*, *5*.

⑤ 신문

[익명]

- 86년의 사회지표 (1988, 1, 24). 조선일보, 5.
- 취학전 교육의 진흥시책 (1980, 10, 23). 한국교육신문, 7.

[비연속 페이지]

- 배유현(1992, 12, 5). 어린이 영어교육 프로그램 개발. 중앙일보, 1, 13.

⑥ 연구소나 대학 논문집

- 유가효(1986). 학동기 이후 자녀에 대한 농촌 아버지의 역할. 과학논문집(계명대학교), 12, 20-24.
- 정연희(1988). 어머니-자녀 애착관계의 고찰. 논문집(동의대학교 인문사회과학편), 15, 403-418.

• 현길자 · 염미경(2014). 다문화교육에 대한 교사의 인식 : 제주시지역 다문화교육 중심학교 사례를 중심으로. 교사교육연구(부산대학교, 사범대학 과학교육연구소), 53(1), 304-320.

(2) 단행본

① 책

[1인]

• 전경원(2019). **영유아 창의성교육**(2020). 정민사.

• Sattler, J. M. (1988). *Assessment of Children*(3rd ed.). San Diego: Jerome M, Sattler, Publisher.

[2인 이상]

• 전경원 · 김누리(2015). **아동연구방법**. 서울: 창지사.

• Mussen, P. H., Conger, J. J., Kagan, J., & Huston, A. C. (1990). *Child development and personality* (7th ed.). New York: Harper & Row, Publishers.

[개정판]

• 전경원 · 김누리(2020). **아동연구방법**(개정판). 서울: 창지사.

• Cohen, J. (1977). *Statistical power analysis for behavioral science* (rev. ed.). New York: Academic press.

② 책(출판사가 저자인 경우)

• 한국갤럽조사 연구소(1980). **한국의 아동과 어머니**(제1권). 서울: 한국갤럽조사 연구소.

• American Psychiatric Association (1980). *Diagnostic and statistical manual of mental disorders* (3rd ed.). Washington, DC: Author.

③ 편저나 편역

- 이재연(편저) (1988). **아동발달**. 서울: 문음사.
- Letheridge, S. & Cannon, C. R. (Eds.).(1980). *Bilingual education: Teaching English as a second language*. New York: Praeger.
- 최경숙 · 신현욱(편저) (1986). **아동행동지도**. Krumblotz, H. 의 Changing Children's Behavior. 서울: 교문사.

④ 번역 책

- Salkind, N. J. (1991). **인간발달의 이론**. 정옥분(역). 서울: 교육과학사.(원본 발간일, 1985).
- Suransky, V. P. (1992). **아동기의 실종**. 윤종희, 이재연(역). 서울: 교보문고. (원본 발간일, 1982).

⑤ 비정기 간행물

- 박미령 (1992). 도시 저소득층 가족의 부모 자녀 문제. 한국가족학 연구회 (편), 현대사회와 가족문제, pp.55-98.
- 이은해 · 이기숙 (1992). 유아교육프로그램의 효과, 청삼아동연구시리즈(시리즈 2). 서울: 청삼아동문제연구소.

⑥ 세미나, 심포지움 및 토론자료

- 김재은 (1992). 창의성 교육과 방향과 전략. 조기교육의 현황과 전망, 한국아동학회 추계 학술대회 자료집, pp.3-10.

⑦ 기타 연구보고서

- 정문자 · 이은해 · 박경자 (1992). 베일리 유아발달 척도의 표준화를 위한 연구. **한국학술진흥재단**.
- 유영주 · 이기춘 · 문숙재 (1991). 가정관리학과 교육프로그램 개발연구. **한국대학교육협의회**.

(3) 학위논문

- 육진경(2008). 성취목표지향성에 따른 귀인경향과 학교생활적응의 차이 분석. 숙명여자대학교 대학원 석사학위논문.
- 김누리(2009). 학업탄력성 척도 개발 및 타당화. 숙명여자대학교 대학원 박사학위논문.
- Hong, K. O. (1985). Generational differences in educational and occupational expectations of korean Americans. Unpublished Master's thesis, University of Minnesota.
- Devins, G. M. (1981). Helplessness, depression, and mood in end-stage renal disease.
- Unpublished doctoral dissertation, McGill University, Montreal.

(4) 기술보고

① 정부기관의 보고

- 한국개발연구원(2000). 영재교육 중장기 종합 발전 방안. 세종: 한국개발연구원.
- 한국교육개발원(2019). 온라인 학습분석 기반 맞춤형 교육지원 방안 연구(RR2019-08). 서울: 한국교육개발원.

② 대학부설기관의 보고

- 전용신(1971). 고대-비네검사 요강. 서울: 고려대학교 행동과학연구소.

③ 필 름

- 박성수 · 이연섭 · 정원식(1984). 아동심리와 가정교육[필름]. 공개대학시리즈 13, 서울: KBS-TV.

④ 카세트 테이프

- 유애열(해설자) (1985). **유아를 위한 음악활동의 이론과 실제**. 서울: 응성 출판사.

(5) 약어 사용

참고 문헌 목록에서 외국 문헌의 경우 많은 약어가 쓰여지는데, 생략 방법은 다음 예시에 따른다. 학술잡지나 책의 이름은 약어를 쓰지 않고 완전한 형태로 적어 준다.

예

chapter	chap.
edition	ed.
revised edition	rev. ed.
second edition	2nd ed.
Editor(Editors)	Ed.(Eds.)
Translator(s)	Trans.
page(pages)	p.(pp.)
Volume	Vol.
volumes	vols.
Number	No.
Part	pt.
Technical Report	Tech. Rep.
Supplement	Suppl.

부 록

다양한 연구논문 기사의 예

1

아동연구를 너무 어렵게 생각하지 말고 신문에 소개된 연구를 접하고 머지않아 연구계획서를 작성해 보고, 연구를 할 수 있는 자신감을 갖도록 한다. 아래에 소개된 바와 같이 4학년 재학생이 SCI 국제 학술지에 논문이 게재된 경우도 있다.

대학생이 제1저자인 논문, SCI급 학술지에

대학 4학년생이 제1저자로 참여한 과학 논문이 국제과학기술논문인용색인(SCI)급 국제 학술지에 실렸다.

광주과학기술원은 이 대학 서지원 교수팀이 식물의 광합성 단백질과 유사한 인공 안테나 단백질을 합성한 연구 결과가 유기화학 부문 권위지인 '오가닉 레터스'(Organic Letters) 3월 8일자 온라인 판에 게재됐다고 22일 밝혔다.

이 논문은 식물이 광합성을 하는 과정에서 빛을 흡수할 때 사용하는 단백질을 인공적으로 만들어내는 연구 결과물을 담았다. 서 교수팀의 논문 작성에는 광주과기원 화학과 4학년 강보영 학생이 제1저자로 참여했다. SCI는 세계적으로 권위 있는 과학기술 분야 학술지 3700여 종의 색인을 수록한 데이터베이스로 이공계 분야 학술 논문의 질적 수준을 판단하는 기준으로 활용되고 있다.

연구팀은 인공 단백질을 만들 때 많이 활용되는 펩토이드를 사용해 5가지 형태의 광합성 안테나 단백질을 만들어냈다. 서 교수는 "인공 단백질은 용도에 맞게 만들어 쓸 수 있어 태양전지 개발 등에 큰 도움이 될 것으로 본다"고 말했다.

[중앙일보] 2013.04.23 .

1. 연구의 유형, 연구 대상, 연구 목적, 독립변인과 종속변인 등이 무엇인지 토의해 보자.

> 아침 식사가 실제 학생들의 학업성취도를 높이는 효과가 있다는 초등학교 교사의 연구논문이 발표됐다.
>
> 10일 경기도교육연구원에 따르면 시흥소래초등학교 양민석 교사가 2012~2013년 경기교육종단 연구(GEPS) 자료를 활용해 도내 초·중·고 학생 1만4천44명(초 4천801명, 중 5천70명, 일반계고 4천173명)을 대상으로 분석한 '아침 식사가 학업성취도에 미치는 영향' 연구논문에서 이 같은 결과를 나왔다.
>
> 분석 결과 지난해 기준으로 일주일에 초등학생은 약 4.76회, 중학생은 약 4.20회, 고교생은 약 3.86회 아침 식사를 하는 등 고학년으로 올라갈수록 아침 식사 빈도가 줄어들었다.
>
> 아침 식사와 학업성취도의 관계에서는 아침 식사 횟수가 주 1회 증가할수록 국어·영어·수학 점수가 0.44~0.56점, 중학생은 0.36~0.54점, 일반고생은 국어 0.24~0.39점 정도 높아지는 것으로 분석됐다.
>
> 그러나 개인적 특성과 시기적 특성을 통제했을 경우에는 통계적으로 의미 있는 효과가 입증되지 않았다.
>
> 다만 사회·경제적 배경에 따라 집단을 나눠 분석한 결과 저소득층 초등학생은 아침 식사 횟수가 1회 증가할 때 수학 점수가 0.55점 상승하는 것으로 나타났다.
>
> 양민석 교사는 "이번 연구 결과만으로 아침 식사 효과를 일반화하기에는 무리가 있으나 9시 등교정책 시행의 근거 중 하나인 아침 식사의 효과를 다시 생각하게 한다."며 소득계층별 차별적인 정책 개입, 결식률이 높은 저소득층 초등학생 대상 아침급식 프로그램 운영 등을 제안했다.
>
> [기호일보] 2014년 12월 11일

2. 연구의 유형, 연구의 대상, 연구의 목적을 생각해 보자.

"母 학력・직업 자녀 창의성에 영향 없어… 소득수준・거주지는 상당한 영향"

어머니의 학력이나 직업은 자녀의 창의성에 별 영향을 미치지 않는다는 연구 결과가 나왔다. 호서대 성은현 교수와 숙명여대 교육학부 김누리 박사는 국내 광역시와 군 단위 농촌지역 초등학교 5곳의 4・6학년 학생 403명의 창의성과 가정환경을 연구조사한 결과 이 같은 결론을 내렸다고 4일 밝혔다.

분석결과 유머・호기심・상상력 등 자녀의 창의성을 나타내는 '창의적 인성합'은 고졸이하 자녀(153.79), 전문대졸 자녀(147.20), 대졸 자녀(154.43), 대학원졸 자녀(154.22) 등으로 나타나 통계적으로 유의미한 차이가 없었다.

이는 부모의 교육수준이 자녀와의 의사소통 방식과 내용을 결정해 자녀의 발달에 큰 영향을 미친다는 기존 연구 결과와 다른 것이다.

성 교수는 "이는 학력이 양육태도, 의사소통, 상호작용에 미치는 부정적 영향을 다양한 부모교육이나 강좌로 극복・보완한 결과로 보인다."고 말했다.

우리나라 어머니들은 누구나 자녀교육에 높은 관심을 보이기 때문에 다른 조건이 동일하다면 낮은 학력이 큰 문제가 되지 않는다는 것이다.

또 어머니의 직업유형에 따른 자녀의 창의성 수준은 노동직(142.61), 피고용기술(154.69), 서비스(152.88), 자영업(152.05), 사무직(155.93), 전문직(138.00) 등으로 조사됐지만 역시 통계적으로는 의미가 없었다.

하지만 가정의 소득수준과 거주지역은 아동의 창의성에 상당한 영향을 미치는 것으로 확인됐다.

월 소득이 100만 원 이하인 가정 자녀의 '창의적 인성합'은 130.25로 월소득 100만~300만 원(148.26)과 300만~500만 원(153.69), 500만~700만 원(155.90), 700만 원 이상(165.26)에 비해 확연히 낮았다.

거주 지역에 따른 차이도 상당해 광역시에 사는 어린이(158.85)가 군 단위 중소도시나 시골에 사는 어린이(146.69)보다 더 창의적인 것으로 조사됐다.

[연합뉴스] 2009-11-04

3. 아래의 신문 기사를 읽고 자료를 수집하는 과정에서 어떤 어려움이 있었을지에 대해 생각해 보자.

"우유·유제품 먹으면 치매 발생 위험 낮춘다"

우유와 유제품 섭취가 알츠하이머병(노인성 치매), 혈관성 치매 등 치매 발생 위험을 낮춘다는 연구 결과가 발표됐다.

지난 10일 한국건강식품소통학회·우유자조금관리위원회 공동 주최로 서울에서 열린 '우유와 인지능력의 의미 있는 관계' 국제심포지엄에서 일본 규슈대학 의학대학원 니노미야 도시하루 교수는 후쿠오카 인근 지역에 사는 65세 이상 주민 1081명을 17년간 추적 관찰한 결과를 소개하며 이같이 밝혔다.

연구팀은 1일 우유·유제품 섭취량에 따라 4개 그룹(44g 이하, 45~96g, 97~197g, 198g 이상)으로 나눠 분석했다. 97~197g(반 컵~1컵) 섭취한 그룹에서 치매 발생 위험이 가장 낮았다. 또 니노미야 교수팀의 노인 대상 연구에서 규칙적인 운동이 알츠하이머병 발생 위험을 40%나 낮추는 것으로 밝혀졌다.

니노미야 교수는 "우유·유제품 섭취를 늘리는 것이 모든 종류의 치매 예방에 이롭다는 것이 연구의 결론"이라며 "고혈압, 당뇨병(식후 고혈당), 흡연, 일부 유전인자가 치매의 위험 요인이라면 우유, 운동 등은 예방 요인"이라고 말했다.

이날 심포지엄에서 호주 사우스 오스트레일리아대 조르지나 크라이튼 박사는 "우유에 풍부한 칼슘, 마그네슘, 유청 단백질, 불포화지방, 칼륨 등이 비만, 고혈압, 이상지질혈증(고지혈증), 2형 당뇨병 등 각종 만성생활습관병의 예방을 돕는다."고 설명했다. 만성질환은 뇌의 미세혈관에 악영향을 미치거나 대뇌 백색질을 변성시켜 주의·정보처리 속도·기억력 등을 낮추는 요인으로 알려져 있다.

건국대병원 신경과 문연실 교수는 "우유를 마시는 것이 인지기능 향상에 도움이 되지만 고지방 우유의 지나친 섭취는 오히려 인지기능 악화를 초래한다는 연구 결과가 있다."고 밝혔다.

4. 연구의 유형, 연구의 대상, 표집 방법 등을 생각해 보자.

아동 자존감 발달, 부모 중 '실질적 권한' 가진 쪽에 달렸다

아동들의 자존감(self-esteem) 형성에 더 많은 영향을 끼치는 것은 어머니와 아버지 둘 중 어느 쪽일까?

영국 일간 데일리메일은 7일(현지 시간) 아동의 자존감 발달에 대한 책임은 부모 중 누구든 육아 및 훈육에 대한 실질적인 권한을 지닌 사람에게 있다는 연구 결과를 영국 서식스 대학교 연구팀이 발표했다고 보도했다. 여기서 연구팀이 말하는 '자존감'이란 '개인이 자기 자신을 능력 있고 성공적이며, 중요하고 가치 있는 사람이라고 여기는 정도'를 의미한다.

자존감이 낮아질 경우 아동들은 공격적 행동, 반사회적 행동, 불안증, 소심함, 우울증 등 다양한 문제를 보일 수 있다. 따라서 자존감의 관리는 아동 정서발달에 있어 중요한 사안이다.

연구팀은 영국 런던 서부에 살고 있는 영국인 가정 및 인도인 가정 125가구의 7~9세 자녀들을 조사, 부모의 육아 방식이 자녀의 자존감에 끼치는 영향을 연구했다. 연구 결과, 우선 영국 아동은 부모 중 주로 어머니에게서 부정적인 육아 행태(무관심, 간섭, 일관적이지 못한 훈육, 자녀를 통제하려는 태도 등)가 나타날 경우 그 영향을 받아 자존감이 낮아지는 현상을 보였다. 반면 인도 가정들의 경우 어머니보다는 아버지들이 부정적 육아방식을 보일 때 아동들의 자존감이 낮아지는 현상이 많이 관찰됐다.

연구팀은 아동들의 자존감에 핵심적 영향을 미치는 주체가 이렇듯 서로 다른 것은 영국과 인도 각 문화권에서 어머니와 아버지가 가지는 가정 내의 권한이 서로 다르기 때문이라고 전했다. 연구팀에 따르면 최근 서양권의 경우 집안에서의 훈육과 양육을 중점적으로 맡는 것은 어머니일 때가 많다. 반면, 더 보수적인 인도 문화권의 경우 아버지들의 가정 내 영향력이 비교적 강하다는 것.

연구팀은 이번 연구를 통해 "부모 중 한쪽에 권한이 집중돼 있는 상황이 아동에게 어떠한 영향을 미치는지 드러났다"며 "문화권별로 다르게 나타나는 부모 양측의 권한 차이를 반영해 육아 방식을 달리해야 할 것"이라고 전했다.

[서울신문] 2015-10-08

5. 아래 제시된 두 연구의 유형, 연구 대상, 연구의 목적을 각각 생각해 보자.

중고생 자녀 둔 40대, 소득 56% 교육비로 '빈곤 악순환'

〈한겨레〉가 지난 2~13일 전북 전주의 돌봄서비스 분야에서 일하는 기혼 여성 115명에게 물어보니, 일해서 버는 돈의 주된 지출 내역으로 생활비(49%)에 이어 자녀 교육비(38%)를 꼽았다. 대부분 월 100만 원 이하를 버는 가난한 비정규직 여성들이 소득의 상당 부분을 교육비로 쓰고 있는 것이다.

교육비 지출 부담은 이들을 다시 빈곤층에 머무르게 한다. 한국 여성 노동자의 상당수를 차지하는 비정규 돌봄노동자들은 이러한 '교육빈곤층'(에듀푸어)의 형성과 밀접한 관련이 있다. 교육빈곤층은 가계 빚이 있고 소득에 비해 지출이 많은 적자 상태임에도 평균보다 많은 교육비 지출로 빈곤하게 사는 가구다.

전주시 통계를 보면, 지난해 기준 전주시내 가계소비 가운데 교육비 비중은 26%다. 특히 중고등학생 자녀를 둔 전주시내 40대 부모는 소득의 절반 이상인 56%를 교육비에 쓴다.

최형재 고려대 교수(경제학과)의 논문 '자녀 교육과 기혼 여성의 노동공급'(2008)을 보면, 미취학 자녀를 둔 기혼 여성의 소득활동 참가율은 43.5%인 데 비해, 막내 자녀의 연령이 초등학생(59.4%), 중학생(65.3%), 고등학생(66%)으로 올라갈수록 증가했다. 사교육비 부담이 늘어날수록 기혼 여성의 소득활동 참가율이 급격히 높아지는 것이다.

그 양상을 더 들여다보면 계층별 차이가 있다. 월평균 60만 원 미만의 사교육비를 지출하는 저소득층 가구의 경우 기혼 여성의 소득활동 참가율이 70.1%인 반면, 사교육비로 월평균 60만 원 이상을 쓰는 중산층 이상 가구의 경우엔 기혼 여성 소득활동 참가율이 53.9%였다. 최형재 교수는 "사교육비가 증가하면 저소득층 여성들은 이를 마련하기 위해 노동시장에 남아 있으려는 성향이 있는 반면, 고소득층 여성들은 오히려 노동활동을 포기하고 집안에서 자녀교육을 지원·지도하는 성향이 작용하는 것으로 보인다"고 분석했다.

기혼 여성의 종사상 지위에서도 계층 격차가 드러난다. 사교육비 지출이 월평균 60만 원 이상인 중산층 가구의 경우 임금근로자 비율은 34%였다. 반면 60만 원 미만인 저소득층 가구는 임금근로자 비율이 45%로 훨씬 높았다.

전문가들은 이런 점에서 사교육비 경감이 교육빈곤층의 고통을 덜고, 저임·불안정 노동에 속박된 기혼 여성을 위하는 길이라고 지적한다. 사교육비 경감이 모든 국민에게 필요한 문제이지만, 특히 교육빈곤층 여성에게 더 절실하다는 것이다.

최형재 교수는 "당장 급한 사교육비 부담 때문에 기혼 여성들이 열악한 일이라도 받아들이고 하향 취업하는 경향이 있다. 사교육비 부담이 줄면 기혼 여성들의 저임금·비정규직 취업 요인도 줄어들어 만연한 여성 비정규직 일자리의 질이 개선되는 데 영향을 줄 것"이라고 말했다.

최 교수는 "저소득층 자녀의 교육과 그 어머니의 노동 여건을 함께 고민하지 않는다면 제대로 된 교육정책이 나올 수 없다. 노동정책에도 기혼 여성의 자녀교육 상황을 반영해야 한다. 여성 노동시장 정책과 교육문제를 서로 보완적으로 설계하는 정책이 나와야 실효성이 있다"고 지적했다.

아동관련 학회지 논문 투고 규정

2

1 아동교육학회(아동교육) www.childedu.or.kr

1. 저자 표기

(1) 논문 첫 페이지에 상단에 논문 제목을 쓰고, 바로 아래에 저자 이름을 기재하고, 반드시 교신저자의 이름에 각주를 달아 교신저자의 이메일을 기재한다.

저자 이름 아래에는 논문 저자의 소속 기관을 기재한다.

예 가정환경과 아동의 학업 성적과의 관계*

홍 길 동**

한국대학교

---

* 이 논문은 2009학년도 한국대학교 학술연구비지원에 의한 논문임(석사, 박사학위 요약본도 표기합니다).

** 교신저자 : hkd@hanmail.net / 010-1234-5678

(2) 저자 이름 영문 표기의 경우, [성, 이름]으로 표기한다.

예 Hong, Gil-Dong

2. 원고 작성

(1) 한글 97 이상 워드프로세서 프로그램으로 아래와 같이 작성한 투고할 논문을 투고신청서와 함께 학회 편집간사 이메일(eun-hee1248@hanmail.net)로 제출한다.

(2) 한글 사용을 원칙으로 하되, 의미에 혼동 가능성이 있는 경우에 한하여 (　　) 속에 한자나 원어를 써넣는다.
단, 영어로 된 인명은 그래도 표기한다.

(3) 논문 내용의 요약(가로 80행, 세로 10열 이내)을 논문 제목 아래 부분에 제시한다.

(4) 논문의 내용에서 핵심이 되는 단어(핵심어, key word)를 4~5개를 국문요약부분 안의 가장 아래 줄에 제시한다. 영문요약 부분 아래에는 영어 핵심어를 제시한다.

(5) 영문초록은 1,000단어 이내로 반드시 작성하여 제출한다.

(6) 원고의 분량은 요약, 삽화, 도표, 참고 문헌, 영문초록을 포함하여 A4 용지 15쪽 이내를 원칙으로 하되, 필요한 경우 이보다 많을 수 있으나 최대 25쪽을 초과할 수 없다.

(7) 편집 시 환경설정은 다음과 같다.

① 편집용지는 A4(210mm×297mm)로 하며, 다단은 나누지 않는다.

② 용지여백은 위쪽 20mm, 아래쪽 15mm, 왼쪽 · 오른쪽 30mm, 머리말 · 꼬리말 15mm로 설정한다.

③ 논문 전체의 글자체는 신명조 또는 바탕체로 한다.

④ 논문 제목의 글자는 진하게 15point로 하고, 문단은 가운데 정렬로 한다.

⑤ 본문의 글자는 신명조(바탕체) 10point, 장평 100%, 자간 0%로 하고, 줄간격은 160%로 설정한다.

⑥ 요약, 표와 그림(의 제목) 등의 글자 크기는 10point, 인용의 글자 크기는 9point로 하고, 줄 간격은 160%로 설정한다.

⑦ 참고 문헌의 글자 크기는 10point로 하고, 줄 간격은 160%로 설정한다.

⑧ 본문에서 문단의 첫 줄은 들여쓰기 2칸으로 설정한다. 단, 한글요약과 영문요약은 들여쓰기 하지 않으며, 한 문단으로 작성한다.

3. 제목 번호 붙임

1단계 : Ⅰ, Ⅱ, Ⅲ … (12.5 point, 신명조 또는 바탕체, 진하게, 가운데 정렬)

2단계 : 1, 2, 3 … (10.5 point, 신명조 또는 바탕체, 2칸 들여쓰기)

3단계 : 1), 2), 3) … (10 point, 신명조 또는 바탕체, 2칸 들여쓰기)

4단계 : (1), (2), (3) … (10 point, 신명조 또는 바탕체, 2칸 들여쓰기, 이하 동일)

5단계 : ①, ②, ③ …

4. 인용

인용하는 내용이 짧은 경우에는 본문 속에 인용부호 “ ”를 넣어 기술하고, 긴 경우(3줄 이상)에는 본문에서 따로 떼어 기술한다.

따로 떼어 기술하는 경우에는 인용부분의 아래, 위를 본문에서 한 줄씩 비우고 좌우로 각각 3칸씩 들여 쓴다.

5. 각주와 후주

(1) 각주(footnote)는 사용하지 않으며, 주가 필요한 경우에는 후주(endnote)를 사용한다.

(2) 후주는 본문에 표기하기 어려운 보충적인 내용이나 설명에 한하여 사용

하고, 단순히 자료의 출처나 참고 문헌을 밝히는 후주의 사용은 금한다.

(3) 후주는 해당 문장이나 용어 말미에 위첨자로 일련번호를 달아 표시하고, 후주의 내용은 참고 문헌을 제시하기 직전의 논문 말미에 일괄적으로 싣는다.

6. 본문 내의 인용 문헌

(1) 인용하는 저서나 저자명이 본문에 나타나는 경우에는 괄호 속에 발행 연도, 해당 쪽수를 표기한다. 본문에 인용된 문헌은 반드시 참고 문헌에 기재한다.

인용된 저서는 참고 문헌에 반드시 기재한다.

예 이 문제에 관하여 홍길동(1993)은 …

홍길동(1993: 25-26)은 … (1993년도 문헌의 페이지 25-26을 의미함)

(2) 인용하는 저자나 저자명이 본문에 나타나지 않는 경우에는 해당 부분 말미에 괄호를 치고, 그 안에 저자명, 발행 연도 및 해당 쪽수를 기입한다. 하나의 사항에 여러 문헌을 인용하는 경우에는 인용 문헌들 사이를 쌍반점(;)으로 가른다.

예 최근의 연구(김선달, 1998; 홍길동, 1999, 2001; Zimmerman, 1998)에 의하면

(3) 저자가 다수일 경우 3인까지는 모두 표시하고, 4인 이상은 처음 인용될 때는 모두 기록하되 두 번째 이후에 계속 인용될 때는 첫 번째 저자만 나타내고 그다음은 국문의 경우 'ㅇㅇㅇ등', 영문의 경우는 'et al.'로 나타낸다.

예 홍길동 등(1992)은 …

Wittrock et al. (1996)은 …

… 제시하였다(Wittrock et al., 1996).

7. 참고 문헌의 작성

논문의 말미에 아래와 같은 요령으로 제시한다.

(1) 참고 문헌의 배열순서는 동양서(한, 중, 일), 서양서 순으로 열거하되, 동양서는 가나다순으로, 서양서는 저자 성명의 알파벳순으로 열거한다.

(2) 동양서 참고 문헌 작성 시에 단행본과 정기간행물의 책명 및 권수는 진하게 설정한다.

(3) 영문책명 및 권수 기재는 이탤릭체로 표기한다.

(4) 영어 논문 제목은 첫 단어만 대문자로 표기하고, 나머지는 모두 소문자로 쓴다. 단행본의 경우에도 이와 같다. 단, 정기간행물의 책명은 이탤릭체로 표기하되, 각 단어를 대문자로 표기한다.

예

[단행본의 경우]

김정수(2006). 아동교육의 이해. 서울: 미래사.

Sternberg, P. W. (2006). *Classroom assessment*. N.Y.: McGraw-Hill.

American Psychological Association (2006). *Publication manual* (3rd ed.). Washington, DC: Auther.

[정기간행물 속의 논문의 경우(반드시 해당 쪽수를 밝힐 것)]

이은규, 이찬희(2006). 영유아기를 위한 가정 중심 부모 교육 프로그램의 효과. 교육학연구, 37(4), 1-28.

Brookhart, S. M. & Freeman, D. J. (2006). Characteristics of teacher candidates. *Review of Educational Research, 79*(1), 37-65.

[학위논문의 경우]

서숙영(1993). 가정의 환경적 과정변인과 아동의 학업 성적의 관계. 박사학위논문. 영남대학교.

또는

서숙영(1993). 가정의 환경적 과정변인과 아동의 학업 성적의 관계. 박사학위논문. 영남대학교 대학원.

김기원(1992). 관여도에 따른 광고에 대한 태도변인의 타당도 검증. 석사학위논문. 계명대학교 교육대학원.

Gold, N. C. (1981). *Meta-evaluation of selected education projects.* Unpublished doctorial dissertation, University of Massachusetts.

[웹 문서의 경우]

보건복지부. (연도미상). 의약분업 실시에 따른 영향분석 설명자료. 2000년 6월 25일 검색: http://www.mohw.go.kr

Nielsen, M. E. (n.d.). *Notable people in psychology of religion.* Retrieved August 3, 2001, from http://www.psywww.com/psyrelig/psyrelpr.htm

[신문기사의 경우]

기고자의 이름이 분명히 밝혀진 경우는 내주는 (저자, 발행연도, 면수)의 형식으로 기재한다. 저가가 분명치 않은 경우, 내주는 식별될 수 있는 사항까지 간략히 나타낸 "기사명"으로 저자명을 대신한다.

내주 : ("초등생, 공부에 혹사," 2012, p. 7)

참고 문헌 : 초등생, 공부에 혹사(2012, 2. 6). 조선일보, p. 7.

[번역서의 경우]

원저자(번역서의 출판연도)를 기입한다.

내주인용 : Lazarus와 Folkman(1973/1984)은

내주 : (Lazarus & Folkman, 1973/1984)

참고 문헌 : Lazarus, R. S. & Folkman, S. (1984). 스트레스와 평가 그리고 대처 (김정희 역). 서울: 대광 문화사. (원서 1973년 발행)

[편저의 경우]

Shairo, B. A. & Kaplanl, M. J. (1998). Mental illness and horticultural therapy practice. In P. S. Simpson & C. M. Strauss (Eds.), *Horticulture as Therapy* (2nd ed., pp. 157-197). Binghamton, NY: Haworth press.

(5) 여기에 예시되지 않은 사항은 APA(American Psychological Association) 양식을 따른다.

8. 표와 그림

(1) 표와 그림은 본문 중에 삽입하고, 일련번호를 붙인다. 표에는 〈 〉, 그림에는 [ ]와 같은 괄호를 사용하여 표의 제목은 상단에 왼쪽 정열로, 그림 제목은 하단에 가운데 정렬로 제시한다.

〈표 1〉, [그림 1] …

(2) 표를 그릴 때는 최상단과 최하단, 주요 경계에만 한 줄로 그린다. 좌, 우측의 세로선은 그리지 않는다.

(3) 표 및 그림은 원본 그대로를 인쇄할 수 있도록, 저자가 완벽하게 그려서 저자가 본문 안에 삽입한다.

2 한국창의력 교육학회(창의력 교육연구) www.cred.or.kr/

1. 원고작성

(1) 흔글 2005 이상으로 작성한다.

(2) 논문은 한글 사용을 원칙으로 하되, 의미에 혼동 가능성이 있는 경우에 한하여 ( ) 속에 漢子나 원어를 써넣는다. 단, 영어로 된 인명은 그대로 표기한다.

(3) 전체 원고분량이 A4 15쪽 이내를 원칙으로 한다. 필요한 경우 이보다 많을 수 있으나 최대 25쪽을 넘지 않는다.

(4) 편집 용지: A4(폭 210, 길이 297)

여백주기 : 위 20, 아래 55, 왼쪽 35, 오른쪽 35, 머리말 13, 꼬리말 12, 제본 0

(5) 본문

글자 크기 및 모양 : 10point, 신명조, 장평 95, 자간 −5

문단모양: 들여쓰기 10, 줄 간격 160%

2. 제목의 번호 및 글자크기

(1) 논문제목 : 신명조 16point, 진하게 (들여쓰기 0, 가운데 정렬)

제출자 이름 : 굴림, 진하게, 10point / 소속: 신명조, 9point

(2) 본문 : 신명조 10point (들여쓰기 10, 좌우정렬)

(3) 단계별 번호

- 1단계 : Ⅰ,Ⅱ,Ⅲ. … : 글자크기 14point (신명조, 진하게, 들여쓰기 0, 가운데 정렬)
- 2단계 : 1, 2, 3, … : 글자크기 12point (신명조, 진하게, 들여쓰기 10, 좌측정렬)
- 3단계 : 가, 나, 다, … : 글자크기 11point (신명조, 진하게, 들여쓰기 10, 좌측정렬)
- 4단계 : 1), 2), 3), … : 글자크기 10point (신명조, 진하게, 들여쓰기 10, 좌측정렬)
- 5단계 : 가), 나), 다), … : 글자크기 10point (신명조, 들여쓰기 10, 좌측정렬)
- 6단계 : 단순한 나열은 ①, ②, ③, …

3. 인용문

(1) 인용하는 내용이 짧은 경우에는 본문 속에 인용부호를 넣어 기술하고, 긴 경우(3줄 이상)에는 본문에서 따로 떼어 기술한다. 이 경우 따옴표를 생략하고, 인용 부분의 아래 위를 본문에서 한 줄씩 비운다.

(2) 글자크기 9point, 들여쓰기 10, 왼쪽 여백 4, 오른쪽 여백 4, 줄간격 150%

(3) 저자가 다수일 경우 2인까지는 모두 기재하되 그 이상은 처음에 인용할 때만 모두 기록하고 그 이후에는 다시 기록할 때는 첫 번째 저자만 나타낸다. 이 경우 본문 속에서 인용할 때에는 이름 뒤에 '외'를 붙여주며, 괄호 속 참고 문헌 제시에서는 'et al.'로 나타낸다.

4. 표와 그림, 삽화

(1) 표와 그림에는 일련번호를 붙이되, 표에는 〈 〉, 그림에는 [ ]과 같은 괄호를 사용하여 표의 제목은 상단에 왼쪽 정렬로, 그림의 제목은 하단에 가운데 정렬로 제시한다. (예 : 〈표 V-1〉, [그림 III-2])

(2) 표와 그림, 인용 등의 글자: 9point, 줄 간격 160%로 한다.

(3) 삽화와 도표는 e-mail로 보낼 때 손상되지 않도록 한다.

5. 각주

각주의 사용은 금하고 후주를 사용한다.

6. 요약

(1) 국문요약을 가로 80칸, 세로 12줄 이내로 한 문단으로 작성하여 제목 아래 부분에 제시한다.

(2) 논문의 끝에 영문요약을 175단어 이내, 한 문단으로 기재한다(영어 논문의 경우는 한글요약).

(3) 국문요약 아래에 주제어를, 영문요약 아래에는 Key Words 3~5개를 명시한다.

(4) 국문요약 : 9point, 왼쪽 0, 오른쪽 0, 들여쓰기 10, 줄간격 170%, 신명조, 9point, 장평 95, 자간 −6

영문요약 : 제목 글자 크기(신명조, 진하게, 16point, 가운데 정렬), 제출자 이름(신명조, 10point, 우측정렬), 본문글자크기(신명조, 10point, 들여쓰기 10, 좌우정렬), 장평 95, 자간 −6, 줄간격 160%

7. 참고 문헌

(1) 본문에서 인용된 문헌만 참고 문헌에 기재할 수 있다.

(2) 목록의 제목('참고 문헌'이라는 글자) : 글자크기 14point, 장평 100, 들여쓰기 0, 가운데 정렬

(3) 목록의 내용 : 글자크기 10point, 장평 100, 여백주기 왼쪽 8, 내어 쓰기 10, 줄간격 160%

(4) 참고 문헌의 배열순서는 동양서(한, 중, 일) 서양식 순으로 열거하되, 동양서는 가나다순으로 서양서는 알파벳순으로 열거한다. 여기에 예시한 이외의 서양 참고 문헌의 작성법은 대체로 APA양식을 따른다.

(5) 동양서의 경우, 단행본과 정기간행물의 책명은 중고딕으로 작성한다. 기타 글자체는 신명조로 작성한다.

(6) 서양서의 경우, 단행본과 정기간행물의 책명은 신명조 기울임으로 작성한다. 단행본의 책명은 첫 단어만 대문자로 표기하고, 정기간행물의 책명은 각 단어의 첫 글자를 모두 대문자로 표기한다. 기타 글자체는 신명조로 작성한다.

(7) 참고 문헌 예시

1) 단행본의 경우

홍길동 (2011). 한국의 창의력교육 연구. 서울: 동문사.

2) 정기간행물 속의 논문의 경우(반드시 해당 페이지를 밝힐 것)

홍길동 (2011). 창의력교육의 이론과 과제. 창의력교육연구, 10(1), 1-28.

3) 학위논문의 경우

홍길동 (2011). **창의력 향상을 위한 프로그램 개발 연구**. 석사학위논문. ○○ 대학교 일반대학원.

4) 영문 참고 문헌의 경우

– 정기간행물의 단독저자 논문 (Journal article, one author)

예 Baer, J. (1994). Divergent thinking is not a general trait. *Creativity Research Journal*, *7*(1), 35-76.

– 정기간행물의 복수저자 논문 (Journal article, multiple authors)

예 Gladwell, S. M. & Benjamin, D. J.(2011). Creativity. *The Journal of Creativity*, *62*(1), 37-65.

– 단행본 (book)

예 Runco, M. A. (2007). *Creativity.* San Diego, CA: Elsevier Academic Press.

– 편저 (edited book)

예 Colangelo, N. & Davis, G. A. (Eds.) (2003). *Handbook of gifted education* (3rd Ed.). Boston, MA: Allyn & Bacon.

– 편저의 장 또는 논문 인용(article or chapter in an edited book, two editors)

예 Bjork, R. A. (1989). (1972). Retrieval inhibition as an adaptive mechanism in human memory. In H. L. Roediger & F. I. Craik (Eds.), *Varieties of memory and consciousness* (pp. 309-330). Hillsdale,

NJ: Erlbaum.

– ERIC (Educational Resources Information Center)의 자료 인용

예 Mead, J. V. (1992). *Looking at old photographs: Investigating the teachers tales* (Report No. NCRTL-RR-92-4). East Lansing, MI: National Center for Research on Teacher Learning. (ERIC Document Reproduction Service No. ED346082)

– 번역서의 경우

예 Kaufman, J. C. (2011). 창의성의 평가[이순묵 · 이효희 역]. 서울: 학지사. (원본출간년도: 2008).

– 그 외 참고 문헌의 경우 APA 형식을 따른다.

5) 인터넷에 탑재된 자료를 인용한 경우

예 김철수 (2004). 창의성교육의 필요성과 방향 탐색. http://www.credu.or.kr (검색일: 2011. 12. 1.).

Electronic reference formats recommended by the American Psychological Association. (2000, October 12). Retrieved October 23, 2000, from http://www.apa.org/journals/webref.html

Eid, M. & Langeheine, R. (1999). The measurement of consistency and occasion specificity with latent class models: A new model and its application to the measurement of affect. *Psychological Methods,* 4, 100-116. Retrieved November 19, 2000, from the PsycARTICLES database.

6) 신문기사를 인용한 경우

예 ㅇㅇ신문 2014. 1. 3일자 3면 기사: 창조경제가 대세다.

ㅇㅇ일보 2014. 2. 5일자 7면 기사: 창의성과 혁신.

3 발달심리학회(한국심리학회지: 발달) www.baldal.or.kr

(1) 논문은 반드시 HWP file로 작성하여야 한다.

(2) 논문의 길이는 20페이지 이내여야 하며, 아래 양식에 따라 편집해야 한다.

(3) 그림이나 표가 있는 경우 HWP file에서 본문과 함께 바로 열릴 수 있는 형식으로 작성해야 한다.

- 그림이나 표는 각 페이지의 상단 또는 하단에 밀착시킨다.
- 그림은 흑백으로 작성하여 명료하게 인쇄될 수 있어야 한다.
- 인쇄상의 문제로 흐린 선, 가는 점선, 계조 흑백(예: 회색), 색채 등은 포함되지 않아야 한다.

(4) 영문초록에는 영문제목, 영문저자명, 영문소속(소속 학교 및 학과명)을 반드시 넣어야 한다.
(영문초록의 위치는 참고 문헌의 다음이다.)

(5) 논문의 송부 파일을 e-mail에 첨부하여 보내야 한다.

(6) 문의사항 접수 논문 양식과 관련한 질문이 있을 경우에는 아래의 편집위원회로 연락주시기 바람.

1. 논문작성 양식

(1) 기본 사항

- 제목 및 초록은 1단 편집, 본문은 2단 편집 (단 간격 5.0mm)
- 편집용지: 사용자 정의, 폭 190mm, 길이 260mm
- 용지 여백: 위쪽 25mm, 아래쪽 16mm, 왼쪽 22mm, 오른쪽 22mm, 머리말 14mm, 꼬리말 15mm
- 용지 방향: 좁게
- 문단모양: 들여쓰기 10, 줄간격 160%, 장평 95, 글자간격(자간) −10

- 마침표 다음: 한 칸 띄도록(두 칸이 아님)
- 본문, 참고 문헌: 신명조, 10호, 보통모양
- 국문초록, 영문초록: 신명조, 9호, 보통모양, 국문초록 600자 내외, 영문초록 1,000자 이내
- 쪽수 표시

(2) 세부 형식

제 목	- 신명조, 20호, 진하게, 가운데 [그다음에 두 줄 띄우십시오]
저 자	- 신명조, 11호, 진하게, 가운데, 한 글자씩의 간격을 두어 표기 - 저자가 복수인 경우에는 이름간의 간격을 세 칸 두어 표기 [그다음에 한 줄 띄우십시오]
소 속	- 신명조, 10호, 진하게, 가운데 [그다음에 한 줄 띄우십시오]
국문초록 시작	- 신명조, 9호, 보통모양, 양쪽 혼합, 첫 칸을 띄지 않고 시작 문단모양 여백: 왼쪽 15, 오른쪽 15 [그다음에 한 줄 띄우십시오]
주요어	- 중고딕, 9호, 보통모양 [그다음에 두 줄 띄우십시오]
본문 시작	- 신명조, 10호, 보통모양, 양쪽 혼합 여기서부터 2단 시작 (좌우 양단으로 편집함. 단 간격은 5mm)
본문 소제목	- 중고딕, 10호, 진하게, 양쪽 혼합 [제목이 끝나면 한 줄 띄우십시오]
방 법	- 신명조, 11호, 진하게, 가운데 [그다음에 한 줄 띄우십시오]
연구 대상, 측정 도구, 절차 등	- 중고딕, 10호, 진하게, 양쪽 혼합, 좌측 첫째 칸에서 시작 [그다음에 한 줄 띄우십시오]
연구 대상, 측정 도구, 절차의 내용	- 신명조, 10호, 보통모양, 양쪽 혼합, 첫 칸을 띄고 시작 [그다음에 한 줄 띄우십시오]

결 과	- 신명조, 11호, 진하게, 가운데 [그다음에 한 줄 띄우십시오]
결과의 내용	- 신명조, 10호, 보통모양, 양쪽 혼합, 첫 칸을 띄우고 시작
표 1 표제목	- 중고딕, 9호, 보통모양, 표 제목은 표의 위쪽 좌측에, - 제목이 길어서 두 줄 이상을 차지하는 경우에는 들여쓰기나 내어 쓰기를 하지 않고 그대로 표기
그림 1 그림제목	- 중고딕, 9호, 보통모양, 그림 제목은 그림 아래쪽 좌측에
논의	- 신명조, 11호, 진하게, 가운데 [그다음에 한 줄 띄우십시오]
참고 문헌	- 신명조, 11호, 진하게, 가운데 [그다음에 한 줄 띄우십시오]
참고 문헌의 내용	- 신명조, 10호, 보통모양, 양쪽 혼합, 문단 첫 줄부터 여백; 왼쪽 여백 4, 오른쪽 여백 0 첫째 줄; 내어 쓰기 15 정렬; 양쪽 혼합

[영문초록]

영문 제목	- 신명조, 20호, 진하게, 가운데, 페이지를 바꾸어서 시작 [그다음에 한 줄 띄우십시오]
영문 저자명	- 신명조, 11호, 진하게, 가운데, 이름을 성보다 먼저 제시하고 이름과 성 중간에 ‘,’ 는 넣지 않아야 하며, 이름사이에는 하이픈(-)을 넣는다.
영문 소속	- 신명조, 10호, 진하게, 가운데 [그다음에 한 줄 띄우십시오]
영문초록 시작	- 신명조, 9호, 보통모양, 양쪽 혼합 문단모양 여백: 왼쪽 15, 오른쪽 15 [그다음에 한 줄 띄우십시오]
keywords	- 신명조, 9호, 이탤릭체, 양쪽 혼합, 첫 칸을 띄지 않고 시작 문단모양: 왼쪽 15, 오른쪽 15 [부록이 있을 경우 페이지를 바꾸십시오]
부 록	- 신명조, 11호, 진하게, 가운데 [그다음에 한 줄 띄우십시오]

부록의 제목	- 신명조, 10호, 진하게, 가운데 (부록이 여러 개인 경우 부록마다 일련번호를 붙임)
부록의 내용	- 신명조, 9호, 보통모양, 양쪽 혼합

(3) 기타 주의사항

① 본문에서 인용한 참고 문헌 표기

– 본문 안에서는 '와/과'를 사용.

예 임꺽정과 장보고(1999)

임꺽정, 장보고와 홍길동(2000)

Henman과 Brown(1992)

Henman, Brown과 Smith(1999)

– 괄호 안에서는 쉼표(영문 &) 사용.

예 지적이 있다(임꺽정, 장보고, 1999).

(임꺽정, 장보고, 홍길동, 2000).

(Henman & Brown, 1992).

(Henman, Brown & Smith, 1999).

② 통계치 제시방법

– M, t, F 등 통계치는 이탤릭으로 표기할 것.

– df를 표기할 것.

– … 유의미하게 나왔다, F(1, 25) = 25.43, p〈.05

4 아동권리학회(아동권리연구) www.kccr.or.kr

1. 논문내용 구성 순서
    - 제목
    - 국문초록
        1. 서론
        1. 연구 방법
        1. 결과 및 해석
        1. 논의 및 결론
    - 참고 문헌
    - 영문초록
    - 연구자의 이름, 소속, e-mail 주소, 연구비 수혜 명기, 학술대회 주제발표 등을 첫 페이지에 기입한다.
2. 논문은 국문 또는 영문으로 쓰되 적어도 제목을 국문과 영문으로 병기한다. 모든 논문에는 국문초록을 맨 앞에 넣고, 국문 논문에는 200단어 이내의 영문초록을, 영문 논문에는 400단어 이내의 국문초록을 참고 문헌 다음에 첨가한다.
3. 논문의 주요어(Keywords)를 3~5개 이내로 선정하되, 아동권리에 관한 주요를 반드시 포함시킨다. 국문초록 하단에는 한글 주제어로, 영문초록 하단에는 영문 주제어를 각각 표기한다.
4. 논문의 분량은 B5용지 15장 내외로 한다(참고 문헌 목록 포함). 편집양식은 다음과 같다.

[예 시]

→ 용지설정 (사용자 정의)	
판형 :	46배판 / 폭 길이 : B5(182.0mm × 257.0mm)
여백 :	위 쪽 25.4mm 아래쪽 25.4mm 오른쪽 25.4mm 왼 쪽 25.4mm 머리말 0mm 꼬리말 15mm 줄간격 200

5. 번호의 나열 방법

1) "아래 한글판"을 기준으로 한다.

2) 「모양」 → 편집용지 창을 열어 전체 편집을 설정한다.

[예 시]

논문 제목	(신명 태명조, 글자크기 : 16, 장평 : 95, 자간 : −3, 가운데 정렬)
저 자	(휴먼명조, 글자크기 : 12, 장평 : 95, 자간 : −3, 오른쪽 정렬)
차 례	(휴먼명조, 글자크기 : 10, 장평 : 95, 자간 : −3)
	→ 들여 쓰기 : 2, 정렬 방식 : 양쪽 혼합, 낱말간격 : 30
장 제목	(글자체 : 신명 태명조, 글자크기 : 13, 장평 : 95, 자간 : −3)
각 주	(글자체 : 신명 태명조, 글자크기 : 13, 장평 : 95, 자간 : −3)
	→ 왼쪽여백 : 4, 내어 쓰기 : 2
인용문	(글자크기 : 10, 장평 : 98, 자간 : −3)
	→ 왼쪽여백 : 4, 오른쪽여백 : 4, 줄간격 : 160

3) 「모양」 / 글자모양 창을 열어 글자 양식을 설정한다.

6. 번호의 나열 방법

1단계 : Ⅰ, Ⅱ, Ⅲ, …

2단계 : 1, 2, 3, 4, …

3단계 : 1), 2), 3), …

4단계 : (1), (2), (3), …

5단계 : ①, ②, ③, …

7. 표-그림 및 사진 표기 방법

1) 모든 표와 그림 및 사진 제목과 설명은 영문으로 한다. 단, 영어로 표기하기가 불가능하거나 내용의 전달을 위해 한글 또는 영어를 병행하는 것이 바람직할 경우에는 논문 제출 시 사유를 첨부하고, 편집위원회에서 이를 인정할 경우는 예외로 한다.

2) 그림, 사진 표기 방법

(1) 그림 및 사진의 제목과 설명은 영문으로 한다. 번호는 그림, 사진을 합하여 [Figure 1], [Figure 2] 등의 일련번호를 붙이고, 번호를 [Figure 1.1], [Figure 1.2] 등으로 세분하지 않도록 한다.

(2) 그림 및 사진을 본문에 인용할 때는 [Figure 1] 등으로 표시한다.

(3) Figure의 일련번호와 제목 및 설명은 그림이나 사진의 하단에 중앙 정렬하여 기재하고, 본문을 참조하지 않아도 내용을 알 수 있을 정도로 간결, 명확하게 표기한다.

3) 표의 표기 방법

(1) 표의 제목과 설명은 영문으로 한다. 표의 번호는 〈Table 1〉, 〈Table 2〉 등의 일련번호를 붙이고, 번호를 〈Table 1.1〉, 〈Table 1.2〉 등으로 세분하지 않도록 한다.

예 〈Table 1〉 Korea's Major Children's Indicators

(2) 표를 본문에 인용할 때는 〈Table 1〉 등으로 표시한다.

(3) Table의 일련번호와 제목 및 설명은 표의 상단에 왼쪽 정렬하여 기재하고, 본문을 참조하지 않아도 내용을 알 수 있을 정도로 간결, 명확하게 표기한다.

(4) Table은 각각 별도의 쪽에 작성하며, 가급적 인쇄 후 한 쪽을 초과하지 않도록 한다. Table이 다른 쪽이나 다른 Table로 이어지는 경우는 끝에 "continued"를 표기한다.

(5) Table 밑에 각주(footnote)를 달 때는 Table 내용 중 설명하려는 단어 또는 문장 끝에 아라비아 숫자 1), 2), 3)으로 나타낸다. *, **, *** 표시는 통계분석의 유의확률이 *p*〈 0.05나 *p* 〈 0.01, *p*〈 0.001을 나타낼 때만 사용한다. *p*는 이탤릭체로 하며 '〈'과 '〉'의 앞뒤로 한 칸씩 띄어 쓴다. 다중범위검정에서는 a, b, c, d 등을 사용하고 표 하단에 그 내용을 표시한다.

8. 인용방법

1) 본문 중에 인용되는 참고 문헌은 저자명과 연도별로 인용하며, 영문으로 표기함을 원칙으로 한다.

2) 인용되는 문헌은 해당 부위에 영문성(Family name)으로 된 저자명과 연도를 괄호로 하여 표기한다. 저자가 1인과 2, 3인일 때는 저자의 성만 표기하고, 4인 이상일 때는 제 1저자의 성을 표기하고 'et al.'을 쓴다. 동일 저자의 같은 연도 발표논문인 경우에는 연도 뒤에 a, b, c로 표기한다.

3) 문장 처음에 오는 경우

- 저자가 1인: Lee(2011)는

- 저자가 2인: Lee and Park(2010)은
- 저자가 3인: Lee, Park, and Kim(2010)은
- 저자가 4인 이상: Lee et al.(2011)은

4) 문장 끝에 오는 경우
   - 저자가 1인: (Lee, 2011).
   - 저자가 2인: (Lee & Park, 2010).
   - 저자가 3인: (Lee, Park & Kim, 2010).
   - 저자가 4인 이상: (Lee et al., 2011).

5) 두 개 이상의 다른 저술을 인용할 때는 각 저자의 이름을 알파벳순으로 표기하고, 연도가 같은 경우에는 제 1저자의 영문성명의 알파벳순으로 나열하며, 각각의 사이에 세미콜론을 표기한다(단, 영문저자명이 제시되지 않은 연구의 경우에는 국내 연구를 먼저 기재한다).

   예 (홍길동, 2011; Jung & Lee, 2006; Kim, 1999; Lee et al., 2010)

6) 다른 저자이나 영문성과 출판 연도가 모두 동일한 참고 문헌을 본문에서 인용할 경우, 저자의 first name의 첫 번째 이니셜을 함께 표기한다.

   예 (B. Lee, 2011; S. Lee, 2011)

9. 참고 문헌 작성 방법

1) 참고 문헌은 본문 뒤에 일괄기재하며, 영문 표기를 원칙으로 한다. 단, 영문 표기가 불가능한 단행본이나 보고서, 신문 및 잡지 등의 기사 및 기고 등의 경우에는 예외로 한다.
2) 참고 문헌 목록은 본문에 인용 또는 언급된 것으로 제한한다.
3) 참고 문헌은 국문, 한문(일어 포함), 영문 순으로 적는다. 배열순서는 저자의 국문명의 자모순으로 한 후, 뒤이어 영문성의 알파벳순으로 한다.

4) 국문 학술지 논문과 학위논문은 원본에 제시된 영문 제목과 저자 이름을 그대로 사용함을 원칙으로 한다. 국문학술지 영문명과 영문학술지 학술지명 권(호)과 도서명은 이탤릭체로 표기한다.
5) 영문 참고 문헌의 경우 논문제목이나 서명은 첫 단어의 첫 번째 spell만 대문자로 쓰고, Journal명은 매 단어마다 첫 spell을 대문자로 쓴다.
6) 인터넷 자료의 인용은 저자, 논문명, 웹주소의 순으로 한다.
7) 국내에서 발간된 참고 문헌 중 영문표기가 불가능한 단행본이나 보고서, 신문 및 잡지 등의 기사 및 기고 등의 경우는 국문 그대로 제시한다.
8) 예

(1) 단행본

한국아동권리학회 (2001). 한국의 아동지표. 서울: 학지사.

Haser, R., Brown, B. & Prosser, W. (1997). *Indicators of Children's Well Being.* N.Y.: Russell Sage Foundation.

(2) 학회지

Lee, E. (2011). Rights of Non-discrimination for Children in Multicultural Families. *Journal of Korean Council for Children & Rights, 15*(4), 521-539.

* 영문성, 이름약자. (연도), 논문제목. 학술지명, 권(호), 페이지.

(3) 학위논문

Suh, J. (2009). The effect of child's temperament, mother's parenting style and goodness of fit on korean children's intellectual ability. Unpublished doctoral dissertation. Seoul National University, Seoul.

* 영문성, 이름약자. (연도). 논문제목. 미출판 ㅇㅇ학위논문, ㅇㅇ대학교, 대학 소재 도시명
* 석사학위논문은 Unpublished master's thesis로, 박사논문은 Unpublished doctoral dissertation으로 표기

(4) 번역서

Cresswell, J. (1998). 조흥식 · 정선옥 · 김진수 · 권지성 공역 (2005). 질적 연구 방법론: 다섯 가지 전통. 서울: 학지사.

(5) 보고서

유해미 · 김은설 · 황옥경 · 김재원(2011). 육아지원기관에서의 아동권리 실태와 증진방안 연구. 육아정책연구소 연구보고서.

(6) 인터넷 자료

헌법재판소. http : //www.ccourt.go.kr

(7) 학술대회 발표 논문

이재연 (2007). 한국의 아동권리: 지난 10년 앞으로 10년. 한국아동권리학회 10주년 기념 학술대회 자료집, 17-31.

(8) 일간지 및 주간지의 기사와 칼럼

경향신문 (2011). [10대가 아프다](1)집과 학교는 감시 · 통제의 감옥…'10대'라는 형벌. 2011. 12. 14. 3면.

(9) 일본인 저자명

丸山眞男(마루야마 마사오) (1964). 現代政治の思想と行動. 東京: 未來社.

▣ 참고 문헌 작성 시 사용하는 기호

내 용	사용 기호
edition	ed.
revised edition	rev. ed.
second edition	2nd ed.
Editor(s)	Ed.(Eds.)

| 참고 문헌 |

경제기획원 (1988). 한국통계연감(35호). 서울: 경제기획원조사통계국.

고려대학교부설행동과학연구소 편 (1998). 심리척도핸드북. 서울: 학지사.

교육학대사전 (1994). 서울: 교육도서.

권대봉 · 현영섭 (2004). 인문사회과학 연구방법. 서울: 학지사.

김계현 · 황매향 · 선혜연 · 김영빈 (2004). 상담과 심리검사. 서울: 학지사.

김광웅 (1976). 사회과학연구방법론. 서울: 박영사.

김광웅 (1991, 3). 정신지체아의 사회적 기술 결핍. 인간발달교수연구회지, 11, 9-11.

김누리 (2009). 학업탄력성 척도 개발 및 타당화. 숙명여자대학교 대학원 박사학위논문.

김석우 (1997). 교육조사방법론. 서울: 학지사.

김석우 · 최태진 · 박상욱 (2015). 교육연구방법론. 서울: 학지사.

김석우 · 최태진 · 박상욱 (2015). 교육조사방법론. 서울: 학지사.

김승국 (1992). 사례연구방법. 서울: 도서출판 특수교육.

김은희 · 이영 (1991). 학령전 아동의 대인간 문제해결능력에 관한 연구. 아동학회지, 12(1), 52-47.

김재은 (1971). 교육 · 심리 · 사회연구방법. 서울: 익문사.

김재은 (1992). 창의성 교육과 방향과 전략. 조기교육의 현황과 전망, 한국아동학회 추계 학술대회 자료집, 3-10.

김종서 (1995). 교육연구의 방법. 서울: 배영사.

김호권 (1963). 연구 문제 발견과 설정(현대교육총서 12). 서울 : 현대교육총서출판사.

박미령 (1992). 도시 저소득층 가족의 부모 자녀 문제. 한국가족학 연구회 (편), 현대사회와 가족문제, 55-98.

박성수 · 이연섭 · 정원식 (1984). 아동심리와 가정교육[필름]. 공개대학시리즈 13, 서울: KBS-TV

박성윤 (1999). 목표지향성, 자기조절학습, 학업성취와의 관계 연구. 숙명여자대학교 대학원 석사학위논문.

백은주 (2014). 융합인재교육 개념에 근거한 3-5세 누리과정 교사용 지도서의 과학과 미술 통합 활동 유형 분석. 한국유아교육학회, 34(4), 93-112.

서울대학교 교육연구소 (1995). 교육학용어사전. 서울: 하우동설.

성태제 (1998). 교육연구방법의 이해. 서울: 학지사.

성태제 (2013). 교육연구방법의 이해. 서울: 학지사.

성태제 (2015). 교육연구방법의 이해. 서울: 학지사.

성태제 (2016). 교육연구방법의 이해. 서울: 학지사.

성태제 (2019). 교육평가의 기초. 서울: 학지사.
성태제 · 시기자 (2006). 연구방법론. 서울: 학지사.
송인섭 (2002). 신뢰도. 서울: 학지사.
송인섭 · 박소연 · 이희현 · 김누리 · 한윤영 (2008). 실제 논문작성을 위한 연구방법론. 파주: 교육과학사.
송인섭 · 정미경 · 최지은 · 박소연 · 이희현 · 김누리 (2013). 교육평가. 파주: 양서원.
오경자 (1988). K-WISC Profile을 통한 학습장애자의 인지특성 분석. 인문과학(성균관대학교, 인문과학연구소), 17, 139-157.
유가효 (1986). 학동기 이후 자녀에 대한 농촌 아버지의 역할. 과학논문집(계명대학교), 12, 20-24.
유애열(해설자) (1985). 유아를 위한 음악활동의 이론과 실제. 서울: 융성 출판사.
유영주 · 이기춘 · 문숙재 (1991). 가정관리학과 교육프로그램 개발연구. 한국대학교육협의회.
이경원 (1999). ADHD 아동을 위한 집단미술요법 사례 연구. 이화여자대학교 교육대학원 석사학위논문.
이옥 (2000). 가정관리학의 아동분야 20년의 평가. 한국가정관리학회지, 18(1), 203-216.
이옥 (2003). 아동연구의 윤리적 관점. 아동권리연구, 7(3), 377-397.
이은해 (1985). 아동연구방법. 서울: 교문사.
이은해 · 이기숙(1992). 유아교육프로그램의 효과, 청삼아동연구시리즈(시리즈 2). 서울: 청삼아동문제연구소.
이재연(편저) (1988). 아동발달. 서울: 문음사.
이종승 (1984). 교육연구법. 서울: 배영사.
이종승 (1989). 교육연구법. 서울: 배영사.
이종승 (1995). 교육연구법. 서울: 배영사.
이종승 (2009). 교육, 심리, 사회 연구방법론. 파주: 교육과학사
임재택 (1990). 아동연구. 서울: 양서원.
전경원 (1997). 브레인스토밍의 문제점과 해결방안에 관한 연구. 열린유아교육연구, 2(1), 1-23.
전경원 (1999). 창의성을 중심으로 한 유아연구방법론. 서울: 창지사.
전경원 (2001). 창의성을 중심으로 한 유아연구 방법론. 서울: 창지사.
전경원 (2010). 창의력 측정. 서울: 창지사.
전경원 (2010). 창의력 측정: 행복한 생존을 위한 창의력. 서울: 창지사.
전경원 (2014). 창의성 교육의 이론과 실제. 서울: 창지사.
전경원 · 김누리(2015). 아동연구방법. 서울: 창지사.
전용신 (1971). 고대 - 비네검사 요강. 서울: 고려대학교 행동과학연구소.
정문자 · 이은해 · 박경자 (1992). 베일리 유아발달 척도의 표준화를 위한 연구. 한국학술진흥재단.

정선아 · 이혜경 (2003). 관찰 및 조사 연구 참여에 대한 아동의 권리. 한국아동권리학회. 2013 춘계학술대회자료집, 19-34.

정연희 (1988). 어머니 - 자녀 애착관계의 고찰. 논문집(동의대학교 인문사회과학편), 15, 403-418.

정혜윤 · 이경화(2019). 수학적 모델링 활동에서의 집단 창의성 발현 사례연구: 수학적 표현과 모델 도출 활동을 중심으로. 수학교육학연구, 29(2), 251-282.

조용환(1998). 질적 연구: 방법과 사례. 서울: 교육과학사.

주정일 · 이소희 (1992). 아동복지학(개정판). 서울: 교문사.

최경숙 · 신현욱(편저) (1986). 아동행동지도. Krumblotz, H. 의 Changing Children's Behavior. 서울: 교문사.

최은희 (1992, 11). 내 아이를 남에게 맡겨야 할 때. 젊은 엄마, 122-125.

한국갤럽조사 연구소 (1980). 한국의 아동과 어머니(제 1권). 서울: 한국갤럽조사 연구소

한국교육개발원 (1988). 취학전 유아의 문자지도에 관한 연구(연구보고 PR 88-30). 서울: 한국교육개발원.

한국성인교육학회 (2004). 교육평가용어사전. 서울: 학지사.

한진주 (2015). 유아들의 또래문화에 대한 질적 연구. 영남대학교 대학원 박사학위논문.

한진주, 윤재희 (2015). 규칙에 대한 유아의 경험 분석: 실외놀이 정리정돈 규칙을 중심으로. 유아교육학논집, 19(5), 475-500.

홍혜경 (1990). 한국 유아의 수단어 획득에 관한 연구. 아동학회지, 11(2), 5-23.

황정규 (1998). 학교학습과 교육평가. 서울: 교육과학사.

황정규 · 이성진 · 원호택 · 임인재 · 윤정일 · 박성익 · 문용린 · 김종택 (1997). 한국교육심리검사총람. 서울: 프레스빌.

American Psychiatric Association (1980). *Diagnostic and statistical manual of mental disorders*(3rd ed.). Washington, DC: Author.

American Psychological Association (2001). *Publication Manual of the American Psychological Association*(5th ed.). Washington: American Psychological Association

American Psychological Association (2010). *Publication manual of the American Psychological Association*(4th ed.). Washington, DC : Author.

Anastasi, A. (1988). *Psychological Testing*(6th ed.). New York : Macmillian.

Arrington, R. E. (1943). Time sampling in studies of social behavior: A critical review of techniques and results with research suggestions. *Psychological Bulletin*, *40* (2), 81-124.

Bailey, K. D. (1978). *Methods of social research*. New York: Macmillian.

Bandura, A (1977). Self-efficacy: Toward a unifying theory of behavioral change. *Psychological*

Review, 84(2), 191-215.

Becker, L. J. & Seligman, C. (1981). Welcome to the energy crisis. *Journal of Issues, 37*(2), 1-7.

Bell, D. R. & Low, R. M. (1977). *Observing and recording children's behavior*. Richland, WA: Performance Associates.

Borg, W. & Gall, M. D. (1983). *Educational Research*(5th ed.). New York: Longman.

Bryman, A. (1988). *Quantity and quality in social research*. London: Unwin Hyman.

Campbell, D. T. & Stanley, J. C. (1963). *Experimental and quasi-experimental designs for research*. Chicago: Rand McNally.

Cohen, J. (1977). *Statistical power analysis for behavioral science* (rev. ed.). New York: Academic press.

Dawe, H. C. (1934). An analysis of two hundred quarrels of preschool children. *Child Development, 5*, 139-157.

Denzin, N. K. (1970). *The research act: A theoretical introduction sociological methods*. New York: McGraw-Hill.

Denzin, N. K. (1978). *The research act: A theoretical introduction to sociological methods* (2nd ed.). New York: McGraw-Hill.

Denzin, N. K. & Lincoln, Y. S. (2005). *The sage handbook of qualitative research* (3rd ed.). Thousand Oaks, CA: Sage.

Devins, G. M.(1981). Helplessness, depression, and mood in end-stage renal disease. Unpublished doctoral dissertation, McGill University, Montreal.

Diesing, P. (1972). *Patterns of discovery in the social science*. London: Routledge & Kagan Paul.

Fraenkel, J. & Wallen, N. E. (1996). *How to design and evaluate research in education* (3rd ed.). New York: McGraw-hill, Inc.

Gall, J. P., Gall, M .D., Borg, R. (1999). *Applying Educational Research: A Practical Guide*. New York: Longman.

Gardner, H. (1981, December). Do babies sing g universal song?. *Psychology Today*, 70-76.

Good, C. V. (1959). *Dictionary of Education*. New York: Teachers College Press.

Gronlund, N. E. & Linn, R. L. (1990). *Measurement and evaluation in teaching*. New York: Macmillian.

Hong, K. O. (1985). Generational differences in educational and occupational expectations of korean Americans. Unpublished Master's thesis, University of Minnesota.

Irwin, D. M. & Bushnell, M. M. (1980). *Observational strategies for child study*. New York: Holt, Rinehart and Winston.

Kerlinger, E. N. (1979). *Behavioral research*. New York: Holt, Rinehart and Winston.

Kerlinger, E. N. (1986). *Foundations of behavioral research*(3rd ed.). New York: Holt, Rinehart & Winston.

Letheridge, S. & Cannon, C. R. (Eds.). (1980). *Bilingual education: Teaching English as a second language*. New York: Praeger.

Luria, A. R. (1969). *The Mind of a Mnemonist* (L. Selotaroff, Trans.). New York: Avon(Original work published 1965).

MacMillan, J. H. & Schumacher, S. (1989). *Research in education: A conceptual introduction*(2nd ed.). Glenview, IL: Scott, Foresman.

Merriam, S. B. (1988). *Case study research in education-A qualitative approach*. San Francisco: Jossey-Bass Publishers.

Merriam, S. B. (1994). *Case study research in education-A qualitative approach*.

Mussen, P. H., Conger, J. J., Kagan J. & Huston, A. C. (1990). *Child development and personality* (7th ed.). New York: Harper & Row, Publishers.

Mussen, P., Conger, J. & Kagan, J. (1979). *Child development and personality*(4th ed.). New York : Harper & Row.

Paivio, A (1975). Perceptual comparisons through the mind's eye. *Memory & Cognition*, *3*, 635-647.

Patton, M. Q. (1990). *Qualitative evaluation and research methods*. Newbury Park, Calf : Sage Publication, Inc.

Rubin, Z. (1990). 아동의 우정. 유효식 역. 서울: 세계사.

Salkind, N. J. (1991). 인간발달의 이론. 정옥분(역). 서울: 교육과학사. (원본 발간일, 1985).

Sattler, J. M . (1992). *Assessment of Children*(3rd ed.). San Diego: Jerome M, Sattler, Publisher.

Staff (1980, September 1). Professional face tax as DRS targets personal-service corporation. *Behavior Today*, 5.

Stevens, S. S. (1951). *Handbook of experimental psychology*. New York: Wiley.

Suilivan, T. N., Farrell, A. D., Bettencourt, A. F. & Helms, S. W. (2008). Core Competencies and the Prevention of Youth Violence. *New Directions for Child and Adolescent Development*, *122*, 33-46.

Suransky, V. P. (1992). 아동기의 실종. 윤종희, 이재연(역). 서울: 교보문고. (원본 발간일, 1982).

Wiersma, W. (1995). *Research methods in education*(6th ed.). Boston: Allyn and Bacon.

Wright, H. F. (1960). *Observational child study*. Handbook of research methods in child development. New York: Wiley.

Yin, R. K. (1980). *Cast study research: Design and methods*. Newbury Park, Calif.: Sage.

Yin, R. K. (1984). The case study crisis: Some answers. *Administrative Science Quarterly*, *16*(March), 58-65.

국가전자도서관 http://www.dlibrary.go.kr
누리미디어 http://www.dbpia.co.kr
뉴논문 http://www.newnonmun.com
한국발달심리학회(한국심리학회지: 발달) www.baldal.or.kr
한국아동교육학회(아동교육) www.childedu.or.kr
한국아동권리학회(아동권리연구) www.kccr.or.kr
정책연구관리시스템 http://www.prism.go.kr
한국교육심리학회 www.kepa.re.kr
한국교육학술정보원 http://www.riss.kr
한국창의력 교육학회(창의력 교육연구) http://www.cred.or.kr

INDEX 찾아보기

(ㄱ)

가설 68, 71, 247, 248, 249
가설 설정 41
가설의 유형 68
가설적 개념 50
가설적 구인 50
각종 문서 200
개념 49
개발 17
객관도 149
검사 115, 155
검사 실시와 실험 처치 간의 상호작용 효과 158
검사를 실시할 때 123
검정력 233
결과 253
결과 해석 188
결론 45, 255
경로 분석 187
경향성 분석 190
경험적 구인 50
공인 타당도 147
공화국 21
관계 문헌 95, 249
관계적 가설 68, 70
관대화 경향 223
관찰 44
관찰 기록 214
관찰 연구 17, 33, 34
관찰 장면 212
관찰법 212
관찰의 오류 222
관찰자 간 신뢰도 225
관찰자 내 신뢰도 225
구성 개념 50
구성 요소 49
구인 50
구인 타당도 148
국가전자도서관 93
국립중앙도서관 93
국회도서관 93
군집 110
군집 표집 110
귀납법 36
귀납적 방식 195
규준 24, 116, 117
규준 집단 117
균형 집단 할당 166
근거이론 연구 35, 36
기대되는 결과 85
기술적 가설 68, 70
기술적 연구 18
기술통계 84, 229
기하학적 평균 55
김광웅 267
김누리 258, 270
김석우 18, 32, 64
김승국 197
김재은 67, 269
김치도 259

(ㄴ)

난수표 107
내용 타당도 146
내적 타당도 154
논의 45
누리미디어 94
뉴논문 94

(ㄷ)

다변량분산분석 240
다변량분석 235
다차원적 척도 55
단기간 종단적 접근 방법 192
단순 무선 표집 107, 108
단일 집단 사전 · 사후 검사 설계 160
단일 집단 사후 검사 설계 159
단일 집단 설계 159
단일분산분석 235
단일표본 t검정 237
단일표본 z검정 236
대립가설 69
데이터베이스 95, 202
독립변인 52, 60, 82, 214
동간 척도 54
동류집단 분석 190
동형 검사 신뢰도 143
두 독립표본 t검정 238
두 독립표본 z검정 236
두 종속변수 t검정 238
두 종속표본 z검정 236
두 집단 설계 161
또래문화 203

(ㅁ)

매개변수 231
면접 44, 181, 201
면접 기록 방법 182
면접법 178, 180
면접의 유형 178
명명 척도 54
모수적 통계 54
모수통계 235
모집단 105
목적 표집 111
무선 할당 165
문숙재 269
문제 발견 41, 42
문항 내적 합치도 144
문헌 고찰 41, 42, 91
문헌 연구 17, 97
문헌 연구의 절차 100
문화 36
문화기술 연구 35, 36
물질적 인공물 201
미국 심리학협회 26

(ㅂ)

박경자 269
박미령 269
박성수 270
박성윤 270
반복 연구 64
반분 신뢰도 143
발달 17
발달 연구 33, 189
배유현 267
백분위 45, 54, 118
백분위 점수 118
변산 계수 55
변수 230
변인 49, 51, 52
보편적 가설 68, 70
복지 증진 19
본문 부분 247, 248
부록 256
부적 관계 187
분산분석 239
브레인스토밍의 문헌 고찰 96
비례 유층 표집 109

비모수적 방법 54
비모수통계 235
비밀 보장 27
비비례 유층 표집 109
비실험 연구 33
비연속 변수 231
비연속적 변인 53
비율 척도 55
비판적 독서 67
비판적인 독서 101
비확률적 표집 106, 111
빈도 45

(ㅅ)

사건 표집 219
사건이나 그 행동이 일어나는 것 220
사건이나 행동이 일어난 후의 결과 220
사례 역사 196
사례 연구 35, 195, 196, 205
사례 연구 방법 195
사례 연구의 방법 198
사후 검사 통제 집단 설계 164
삼각 측정법 206
삼각화 35
상관 계수 187
상관 연구 33, 185, 186, 188, 250
상관의 크기 186
색인 98
서론 80, 248
서열 척도 54
선다형 172
선발 처치의 상호작용 158
선행 문헌 연구 98
선행 연구 63, 97
성격 141
성숙 155, 157
성태제 18, 37
솔로몬 4집단 설계 164
순위 상관 54
순위형 174
스노우볼 표집 112
시간 표집 216
시간 표집법 217
시계열 실험 설계 160
신뢰도 133, 141
신뢰도 계수 142
신현욱 269
실용성 150
실험 상황의 반동 효과 158
실험 연구 18, 32, 153, 250
실험 연구 수행 188
심리검사 115
심리연구윤리기준위원회 26

(ㅇ)

아동 17
아동 전기 21, 22
아동발달연구회 26
아동용 성격 검사 135
아동용 언어 능력 검사 135
아이젱크 성격차원이론 133
양수 187
양적 변수 231
양적 변인 53
양적 연구 32, 38
엄격화 경향 223
에밀 22
역사 154
역사적 연구 35, 195
역서 264
역할하기 179
연구 17, 18

연구 가설 69, 82, 84
연구 결과 45, 254
연구 계획서 75
연구 대상 82, 83, 250
연구 대상 선정 44
연구 목적 101
연구 문제 41, 59, 61, 63, 67, 91, 101, 247, 248, 249
연구 방법 82, 101, 250
연구 설계 41, 250
연구 유형 31
연구 절차 83
연구 제목 60, 75
연구 주제 59, 75, 91
연구가설 68
연구계획서 76, 80
연구계획서 양식 77
연구대상 45
연구보고서 245, 247
연구의 목적 45, 248, 249
연구의 주요 결과 101
연구의 필요성 248
연구자의 호기심 65
연속 변수 231
연속적 변인 53
연역적 방법 195
영가설 69
예비 자료 98
예언 타당도 147
예측적 목적 186
오차 141
외적 타당도 157
요약 255
요인 분석 149, 187
용어 248, 249
우연적 표집 112
원자료 99
원점수 116
웩슬러 아동용 지능검사 126
유가효 267
유아 17
유아 종합 창의성 검사 132
유아용 검사의 종류 125
유애열 270
유영주 269
유층 표집 109, 110
윤리적 문제 26
음수 187
의사소통 76
이기춘 269
이론적 배경 82, 249
이연섭 270
이영환 267
이옥 25
이은해 63, 67, 269
이재연 269
이종승 67, 186, 189
2종 오류 233
이질 집단 사후 검사 설계 161
이질 통제 집단 사전 · 사후 검사 설계 162
2차 자료 99
인터넷 자료원 92
일반적 과정 41
일반화 45
1종 오류 233
1차 자료 99
일화 기록 214
일화 기록 작성 215

(ㅈ)

자기조절학습 91
자료 검색 92
자료분석 44
자료분석 방법 84
자료수집 44

자료의 수집 252
자연적 관찰 212, 213
자유 반응형 171
재검사 신뢰도 142
적률상관계수 54
전경원 96, 257, 258
전수조사 105
전용신 270
전의 상황 220
전집 105
전체 집단 105
전후 검사 통제 집단 설계 163
절차 82
정기간행물 266
정리 보관된 기록물 200
정문자 269
정상분포 118
정연희 267
정원식 270
정의 51
정적 관계 187
정책연구관리시스템 94
조사 연구 33, 83, 153, 169, 250
조용환 34
조작적 정의 51
종단 연구 189
종단적 연구 189, 192
종속변인 52, 60, 82
종의 기원 23
준거타당도 147
준실험 설계 153, 159
준실험 연구 32
중다 처치 간섭 159
중다 회귀 분석 187
중심화 현상 223
중앙치 54
지능 141
지능 검사 24
직접 관찰법 201
진실험 설계 153, 163
진실험 연구 32
질문지 115, 117
질문지 문항 171
질문지 작성 175
질문지법 170, 176
질적 변수 232
질적 변인 53
질적 연구 35, 38, 45, 195
집단 놀이 장면 212
짝짓기 할당 166
직접 관찰법 201

(ㅊ)

참고 문헌 256
참고 부분 247, 256
참고문헌 45, 266
참여 관찰 201
창의력 96
창의성 63, 141
창의적 사고능력 52
처치 효과 156
척도 53, 117
체계적 표집 111
체크리스트 222
체크리스트형 171
초등 도형 창의성 검사 129
초등 창의적 특성 검사 130
초록 45, 95
초록(abstract) 98
최경숙 269
최은희 267
추리통계 84, 230
측정 도구 82, 84, 150, 251
측정 도구의 변동 155

(ㅋ)

카이제곱(χ^2)검정 241
코딩 36

(ㅌ)

타당도 133, 145
타당성 25
통계 229
통계 방법 44
통계 방법 적용 188
통계 분석 54
통계적 가설 68, 69
통계적 회귀 156
통제적 관찰 213
투사법 179
특정 가설 68, 70

(ㅍ)

편람 99
평균치 54
평정 척도 115
평정 척도형 173
평정법 222
표본 251
표본 집단 105
표준 편차 54
표준점수 116, 117
표준화 과정 251
표준화 심리검사 116
표준화 정도 178
표집 105, 106
표집 방법 106
표집의 크기 112
피험자 탈락 156
피험자의 선발 156, 157

(ㅎ)

학습 준비도 115
학업성취 91
한국 웩슬러 아동 지능검사 125
한국갤럽조사연구소 268
한국교육학술정보원 92, 93
한국사회과학연구소 265
한국판 아이젱크 성격 검사 133
한진주 203
할당표집 111
해석적 목적 186
행동의 출현 유무만 표시 217
협동 작업 212
확률적 표집 106, 107
회수율 177
횡단적 연구 189, 192
횡단적 접근법 191
후광 효과 223, 224

(A)

Anastasi 119
APA 77
Arrington 217

(B)

Bailey 177, 178
Bell 220
Berlyne 265
Binet 24
Borg 188
Briggs 135
Bryman 37
Bushnell 217, 219

(C)

Conger 23
Cronbach α 120, 145

(D)

Darwin 23
Dawe 219
Denzin 35, 195, 206
Devins, 270
Diesing 198, 207

(E)

EBSCO Publishing 94
Eliot 265
ERIC 94
Eysenck 133

(F)

Fels Institute 24
Fraenkel 63
Freud 23

(G)

Gall 36, 188
Gesell 24
Good 68
Goodenough 219
Gronlund 146

(H)

Hall 170
Healy 197
Hobbs 22
Hong, 270
Horn 219

(I)

Irwin 217, 219

(J)

Jung 135

(K)

KABC-II 카우프만 아동용 지능검사 128
Kagan 23
Kerlinger 18, 111, 169, 224
Kuder−Richardson 144

(L)

Likert 척도 54
Lincoln 195
Linn 146
Locke 22
Low 220
Luria 128, 264

(M)

Macmillan 18
MBTI 135
Meisels 137
Meisgeier 135
Merriam 206
Merril-Parlmer 24
MMTIC 135
Murphy 135
Mussen 23
Myers 135

(N)

NAEYC 137

(O)

Olson 217

(P)

Patton 206
Pearson 적률 상관 계수 142
Pestalozzi 22
Piaget 23
Platon 21
Proquest 94

(R)

Rorschach 137
Rousseau 22

(S)

Sage 94
Salkind 269
Sattler 122
Schumacher 18
Spearman–Brown 공식 143
Stanley 154
Suransky 269

(T)

Tiedemann 22
Torrance 137
t검정 237
T점수 118, 130

(W)

Watson 23
Wiersma 112
Wright 214
Wundt 133

(Y)

Yin 198, 200, 202, 207

(Z)

z검정 235
Z점수 118

저자 소개

전경원

현재

- 광주대학교 보건복지교육대학 유아교육과 교수
- 전경원의 행복한 창의성 연구소 Founder
- 한국창의력교육학회 고문

경력

- 한국창의력교육학회 회장
- 하버드대학교 객원학자
- 퍼듀대학교 객원 조교수
- 아시아-태평양 영재학회 부회장
- Gifted Education International 학술지 편집위원
- 퍼듀대학교 교육심리학 철학박사

김누리

현재

- 목포해양대학교 교양과정부 교수
- 한국창의력교육학회 이사 및 편집위원
- 한국영재교육학회 이사

경력

- 광주대학교 아동학과 교수
- 서울시립대학교 교수학습개발센터 연구교수
- 호서대학교 교수학습센터 책임연구원
- 숙명여자대학교 교육학과 박사 상담 및 교육심리 전공

제2판

아동연구방법론

초 판 1쇄 발행 2015년 12월 31일
제2판 1쇄 발행 2020년 2월 27일

지은이 | 전경원 · 김누리
펴낸이 | 김기섭
편집인 | 김민수
펴낸곳 | 창지사 www.changjisa.com
08589 서울시 금천구 가산디지털 1로 83 파트너스타워 1차 9층
전화 (02) 719-2211~3
팩스 (02) 701-9386
등 록 | 1977년 4월 28일·제1-421호

ISBN 978-89-426-1314-4 (93370)

값 20,000원

「이 도서의 국립중앙도서관 출판예정도서목록(CIP)은 서지정보유통지원시스템 홈페이지(http://seoji.nl.go.kr)와 국가자료공동목록시스템(http://www.nl.go.kr/kolisnet)에서 이용하실 수 있습니다.(CIP제어번호: CIP2020007568)」